SÉRIE
INFORMÁTICA

Lógica de programação

Dados Internacionais de Catalogação na Publicação (CIP)
(Jeane Passos de Souza – CRB 8ª/6189)

Xavier, Gley Fabiano Cardoso
Lógica de Programação / Gley Fabiano Cardoso Xavier. – 13ª ed. – São Paulo : Editora Senac São Paulo, 2014. – (Nova Série Informática)

ISBN 978-65-5536-520-7 (Venda internacional)

1. Lógica 2. Programação (Computadores) 3. Programação lógica I. Título. II. Série.

14-190s CDD-005.1

Índice para catálogo sistemático:

1. Lógica de programação : Computadores : Processamento de dados 005.1

Lógica de programação

Gley Fabiano Cardoso Xavier

13ª edição

Editora Senac São Paulo – São Paulo – 2014

Gerente/Publisher: Jeane Passos de Souza (jpassos@sp.senac.br)
Coordenação Editorial/Prospecção: Luís Américo Tousi Botelho (luis.tbotelho@sp.senac.br)
Dolores Crisci Manzano (dolores.cmanzano@sp.senac.br)
Administrativo: grupoedsadministrativo@sp.senac.br
Comercial: comercial@editorasenacsp.com.br

Edição de Texto: Léia Maria Fontes Guimarães
Preparação de Texto: Maristela S. da Nóbrega
Revisão de Texto: Ivone P. B. Groenitz (coord.)
Projeto Gráfico, Editoração Eletrônica e Capa: Fabiana Fernandes
Ilustrações: Studio 33

Editora Senac São Paulo
Rua 24 de Maio, 208 – 3º andar – Centro – CEP 01041-000
Caixa Postal 1120 – CEP 01032-970 – São Paulo – SP
Tel. (11) 2187-4450 – Fax (11) 2187-4486
E-mail: editora@sp.senac.br
Home page: http://www.editorasenacsp.com.br

Sumário

Apresentação

O que é a Série Informática

A Série Informática foi criada para que você aprenda informática sozinho, sem professor! Com esta série, é possível estudar temas importantes sem dificuldade. O texto de cada volume é complementado por arquivos eletrônicos disponibilizados pela Editora Senac São Paulo.

Neste volume, você encontrará informações básicas de lógica de programação. Ele foi estruturado a partir de atividades que lhe permitem entender conceitos e praticar comandos básicos passo a passo. Assim, você deverá ler com atenção e seguir corretamente todas as instruções. Se encontrar algum problema durante uma atividade, volte ao início e recomece; isso irá ajudá-lo a esclarecer dúvidas e superar dificuldades.

Estrutura do livro

Este livro está dividido em capítulos, que contêm uma série de atividades práticas e informações teóricas sobre lógica de programação.

Para obter o melhor rendimento possível em seu estudo, evitando dúvidas ou erros, é importante que você:

- leia com atenção todos os itens do livro, pois sempre encontrará informações úteis para a execução das atividades;
- conheça e respeite o significado dos símbolos colocados na margem esquerda de determinados parágrafos do texto, pois eles servem para orientar seu trabalho;
- faça apenas o que estiver indicado no item e só execute uma sequência após ter lido a respectiva instrução.

Significado dos símbolos

	**Dica** Quando este símbolo aparecer, você terá informações adicionais sobre o assunto, como dicas, atalhos e sugestões para facilitar o trabalho. Sua leitura não é obrigatória para o desenvolvimento da atividade, mas lembre-se: quanto mais informações você tiver, melhor será o seu aproveitamento.
	**Observação** Este símbolo marca um texto com observações sobre o assunto tratado. Embora importante, sua leitura não é obrigatória nem interfere diretamente na atividade em execução.

(cont.)

Atenção

Toda vez que se deparar com este símbolo, leia com muita atenção o texto que o acompanha, pois as informações que ele contém afetarão os passos seguintes da atividade. Isso evitará dúvidas posteriores.

Utilizando o material da Série Informática

Para a execução das atividades dos capítulos, disponibilizamos no site da Editora Senac São Paulo arquivos compactados que serão desenvolvidos ao longo do livro.

Atividades – fluxogramas e diagramas

1. Faça o download do arquivo no endereço:

   http://www.editorasenacsp.com.br/informatica/logica_programacao/atividades.zip

2. Após o download, crie uma pasta na área de trabalho (ou local de sua preferência) de seu computador com o nome *LógicadeProgramação*.
3. Copie para dentro dessa pasta o arquivo baixado.
4. Descompacte-o.

Exercícios propostos

Além da representação em fluxogramas das atividades do livro, neste arquivo você terá uma lista de exercícios propostos para exercitar os conteúdos abordados em cada atividade, bem como suas respostas.

5. Faça o download do arquivo no endereço:

   http://www.editorasenacsp.com.br/informatica/logica_programacao/exerciciospropostos.zip

6. Copie para dentro da pasta *LógicadeProgramação* o arquivo baixado.
7. Descompacte-o.

Pronto para começar?

Agora que você já sabe como utilizar este material, dê início ao estudo de lógica de programação, partindo da Introdução. E não se esqueça: leia com muita atenção e siga todos os passos para obter o melhor rendimento possível em seu aprendizado.

Boa sorte!

Introdução

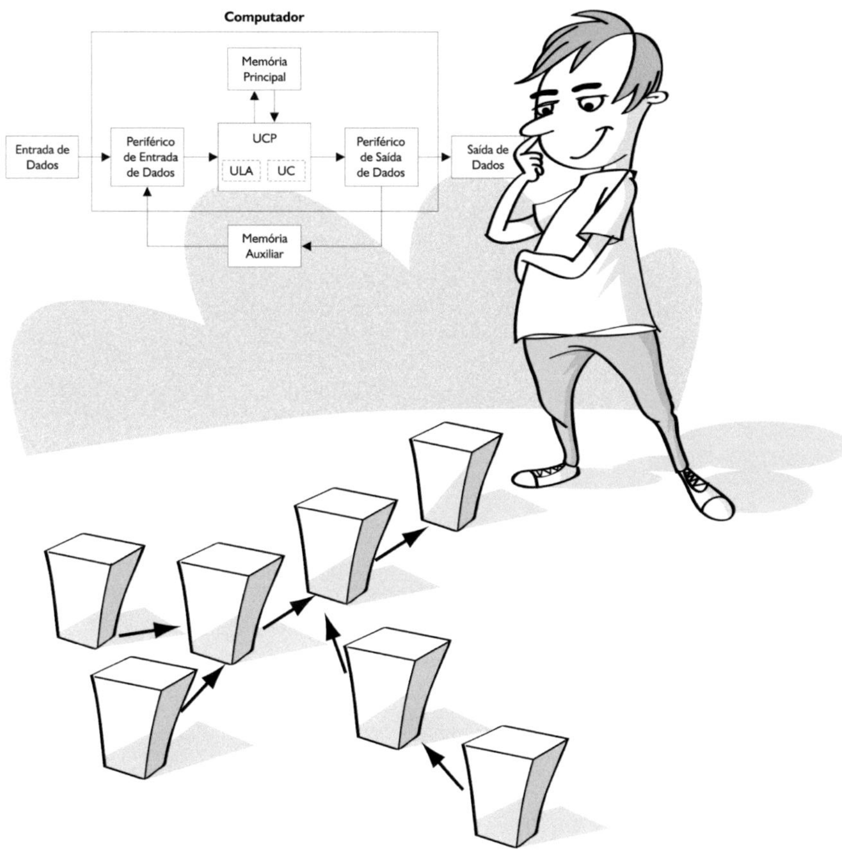

OBJETIVOS

- Entender o que são hardware e software
- Familiarizar-se com os termos de programação

Conceitos iniciais

Desde os primórdios, o homem vem tentando resolver seus problemas com a maior rapidez e o menor esforço possíveis, procurando automatizar as tarefas rotineiras. Isso possibilitou o aparecimento de instrumentos como roda, roldana, alavanca, carro e até o computador.

No entanto, as tarefas que devem ser realizadas pelo computador de forma automática têm de ser anteriormente pensadas e colocadas em uma sequência de ações para, posteriormente, serem inseridas na máquina. A essa sequência de ações denomina-se *Programa* e a fase de formular soluções que gerem programas denomina-se *Lógica de programação.*

A meta principal de qualquer programador é resolver problemas por meio de soluções lógicas para obter resultados eficientes (corretos) e eficazes (com qualidade). Porém, se as soluções não forem bem planejadas (passo a passo), com certeza essa meta não será atingida.

Antes de iniciar o estudo de lógica de programação, conheça alguns conceitos básicos importantes.

Hardware

Todo computador é composto de duas partes essenciais para o seu funcionamento: hardware e software. Sem uma dessas partes, ele não pode funcionar. Para entender melhor o que isso significa, pense em um carro, composto de uma parte mecânica e outra elétrica. O carro não funciona apenas com uma parte, pois é impossível dar a partida sem a ignição (parte elétrica) ou dirigi-lo sem o volante (parte mecânica).

Hardware é a parte física do computador, ou seja, é o conjunto formado pelos circuitos eletrônicos, processador, gabinete, pelas placas, etc. Essa palavra inglesa é bem significativa: hard = rígido, duro (físico) e ware = mercadoria (parte).

Funcionamento e componentes do computador

O computador funciona, basicamente, como uma máquina que recebe dados, processa-os e retorna um ou mais dados como resultado.

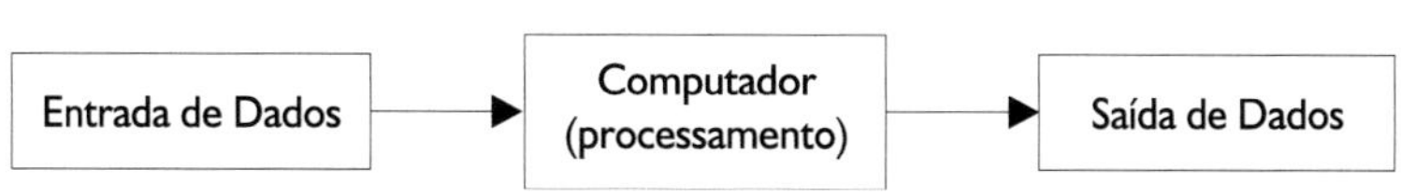

Para funcionar, o computador deve conter os componentes mostrados no quadro a seguir.

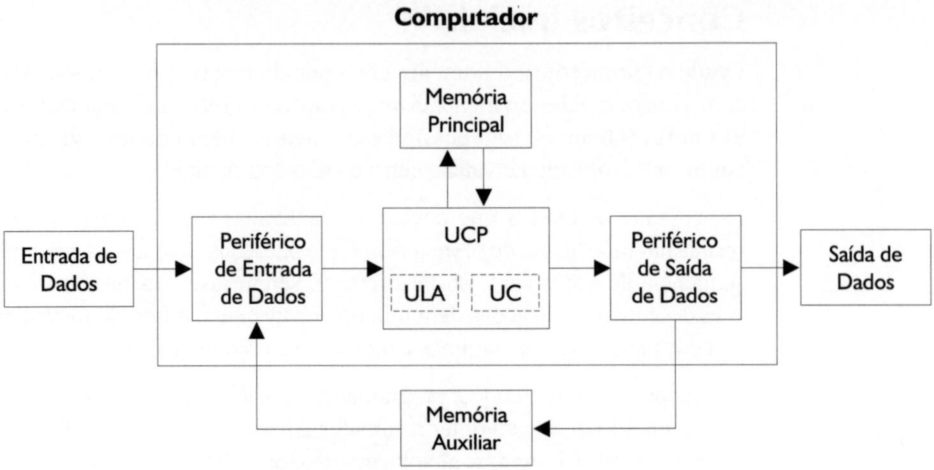

Obs.: As setas representam o fluxo de dados.

Periféricos de Entrada de Dados ou Input

Dispositivos que recebem os dados (letras, números, imagens, sons e outros) do meio externo e são capazes de traduzi-los para pulsos (sinais) elétricos compreensíveis para o computador. O teclado é um exemplo de Periférico de Entrada: quando uma tecla é pressionada, um dado é enviado para o computador, que o interpreta e executa a operação.

Exemplos de Periféricos de Entrada: teclado, leitora de cartão perfurado, leitor ótico de cartão, leitor de código de barras, mouse, scanner, driver, placa de fax/modem, placa de rede, modem, leitor de CD-ROM, leitor de DVD-R, caneta ótica (pen) e outros.

Unidade Central de Processamento (UCP) ou Central Process Unit (CPU)

Responsável por todas as operações realizadas no computador, divide--se em:

Unidade Lógica e Aritmética (ULA) ou Arithmetic Logic Unit (ALU)

Responsável pelas operações lógicas e aritméticas, que serão explicadas mais adiante neste livro.

Unidade de Controle (UC) ou Control Unit (CU)

Responsável pelo fluxo de informações dentro do computador. Essa unidade controla a entrada e a saída de dados, envia e recebe dados das memórias e controla a Unidade Lógica e Aritmética.

Memória Principal

Quando um programa está sendo executado, são processados vários dados através de vários comandos. Para que esse processamento tenha velocidade, é necessário que dados e comandos estejam sempre à disposição e que não sejam perdidos. Isso é viabilizado pela Memória Principal, onde a Unidade de Controle (UC) armazena dados e comandos e carrega-os, sempre que necessário, de volta para o processamento.

Fazendo uma analogia, a Memória Principal é como uma grande sala com vários armários, contendo gavetas e pastas, que você pode utilizar para guardar os dados que estiver processando.

Cada gaveta corresponde a uma parte da memória; assim como a gaveta pode guardar pastas, cada parte da memória pode armazenar dados. Cada parte da memória localiza-se em determinada posição, chamada *Endereço de Memória*, reconhecido pelo computador. Para que não seja preciso "decorar" os endereços, você pode referenciar cada parte da memória com um nome, agilizando o acesso aos dados. Isso será abordado no Capítulo 2 ("Constantes e variáveis").

> O computador transforma dados em sinais elétricos. Cada sinal, chamado *Bit* (binary digit) – a menor parte de uma informação em um computador – é representado por 0 (ausência de eletricidade) ou 1 (presença de eletricidade). Qualquer dado armazenado no computador equivale a um byte (conjunto de 8 bits).

A Memória Principal divide-se em:

Memória ROM (Read-Only Memory) ou Memória Somente para Leitura

Contém dados que configuram o computador ao ser ligado e que não podem ser gravados ou alterados. Nessa memória são gravados os dados do fabricante da máquina, como a configuração da placa do computador, por exemplo.

Memória RAM (Random Access Memory) ou Memória de Acesso Aleatório

Utilizada na execução de um programa para o armazenamento e a leitura de dados e comandos. Essa memória atua enquanto o computador estiver ligado; quando ele é desligado, os dados contidos nela são perdidos (apagados).

Memória Auxiliar ou Secundária

Utilizada para guardar dados permanentemente.

Exemplos de Memórias Auxiliares: fitas magnéticas, discos rígidos (hard disk), CD-ROM, DVDs, etc.

A leitura e a gravação de dados nas Memórias Auxiliares são feitas pelos Periféricos de Entrada e Saída de Dados.

Periféricos de Saída de Dados ou Output

Dispositivos que recebem dados do computador, na forma de pulsos (sinais) elétricos, e, de alguma maneira (a ser definida por cada periférico), convertem esses dados em sons, números, palavras, imagens, etc., para o meio externo. A impressora é um exemplo de Periférico de Saída: quando uma impressão é solicitada, o computador envia os dados para a impressora, que os interpreta e os imprime no papel.

Exemplos de Periféricos de Saída: impressoras (matricial, laser, jato de tinta, jato de cera), plotter, placa de vídeo, placa de som, placa de fax/modem, placa de rede, modem, driver (floppy disk) e outros.

Periféricos de Entrada e Saída de Dados ou Input/Output (I/O)

Observe que drivers, placa de fax/modem, modem e placa de rede aparecem nos exemplos de Periféricos de Entrada e nos exemplos de Periféricos de Saída. Isso porque eles são periféricos que tanto recebem dados para o computador como os transferem para o meio externo, isto é, são Periféricos de Entrada e Saída de Dados.

Software

Software é o conjunto dos programas que comandam o funcionamento do hardware. Programas são feitos a partir de algoritmos (objetos centrais de estudo neste livro) – sequências de instruções/comandos para se atingir um objetivo.

Depois de pronto, o algoritmo é convertido para uma linguagem de programação. O produto dessa conversão é um programa.

Programa

É o conjunto de instruções que contém as operações necessárias para, a partir de dados inseridos, obter um resultado que será disponibilizado por algum dispositivo de saída.

Por exemplo, quando você clica nos botões 1, +, *5* e = da calculadora do Windows (programa *Calculadora*), após receber os números 1 e 5, a operação + e o sinal =, terá como instrução realizar a soma dos números 1 e 5 e retornar o resultado, que é o número 6, no vídeo.

Linguagem de programação

É o conjunto de representações e/ou regras utilizadas para criar programas. Por meio delas você estabelece uma comunicação com o computador, fazendo com que ele compreenda e execute o que você determinar. A proximidade com a linguagem humana determina o nível da linguagem de programação.

Existem três níveis de linguagens de programação:

Linguagem de máquina

É a linguagem compreendida pelo computador, cujas instruções são representadas por vários 0 e 1 (bits).

Linguagem de baixo nível

É a linguagem que utiliza instruções próximas à compreensão da máquina (linguagem de máquina). Essa linguagem exige grande conhecimento de hardware. Exemplo: Assembler.

Linguagem de alto nível

É a linguagem cujas instruções estão próximas do nível de compreensão humana (linguagem humana). Exemplos: Visual Basic, Delphi, C, Java, Clipper, Cobol.

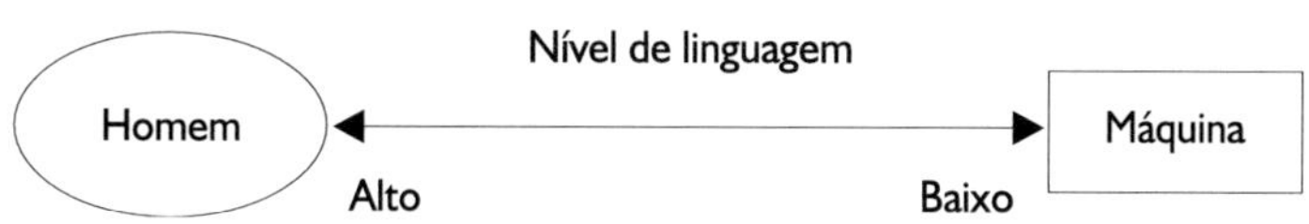

Sistema

Para entender o que é sistema, pense no corpo humano, formado por vários subsistemas: respiratório, nervoso, urinário, cardiovascular, musculoesquelético, etc. Os vários subsistemas formam o sistema orgânico.

Sistema orgânico do corpo humano

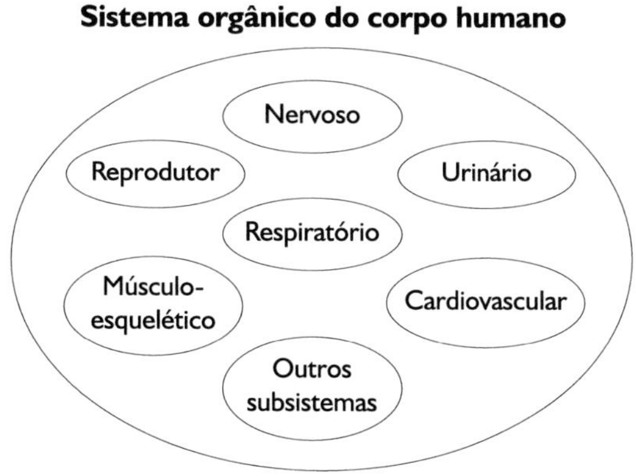

Cada subsistema tem uma função no corpo e é formado por órgãos que também têm a sua função específica. Por exemplo, o subsistema cardiovascular, além das veias e outros órgãos, é formado pelo coração, que tem como função principal bombear o sangue.

Subsistema cardiovascular

Na informática, o conceito de sistema é semelhante, ou seja, é um conjunto de subsistemas ou módulos formados por programas que executam operações específicas. Como exemplo temos o sistema videolocadora, que é composto por três módulos: cadastro de fitas, cadastro de clientes e locação de fitas. A sua meta neste livro é conhecer a lógica necessária para construir um sistema de informação.

Sistema videolocadora

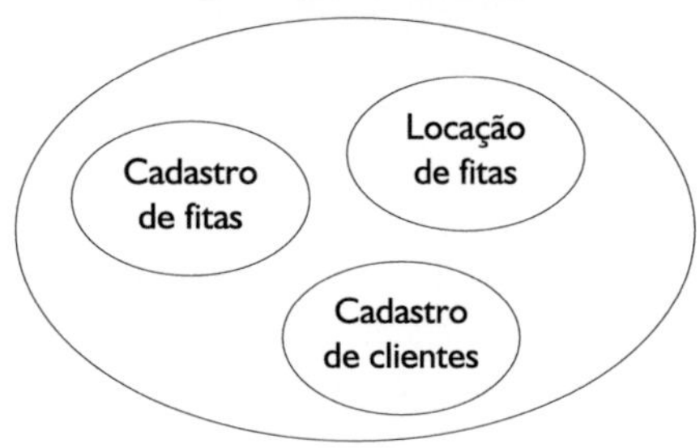

1

Lógica de programação e suas representações

OBJETIVOS

- Entender o conceito de lógica de programação
- Entender o conceito de algoritmo
- Utilizar refinamentos sucessivos
- Conhecer as formas de representação de um algoritmo

Lógica

As pessoas utilizam a lógica no cotidiano sem perceber; chegam mesmo a citá-la, sem entender direito o seu significado.

Segundo o dicionário *Aurélio*, lógica é a "coerência de raciocínio, de ideias", ou ainda a "sequência coerente, regular e necessária de acontecimentos, de coisas". Você pode perceber isso, nos exemplos a seguir.

1. O número 3 é menor que o número 5.
   O número 7 é maior que o número 5.
   Logo, o número 3 é menor que os números 5 e 7.
2. Quando chove, não é preciso regar as plantas do jardim.
   Hoje choveu.
   Logo, hoje não é preciso regar as plantas do jardim.
3. O Brasil fica na América do Sul.
   A América do Sul fica no continente americano.
   Logo, os brasileiros são americanos.

Porém, às vezes, o raciocínio funciona desordenadamente. Quantas vezes você já ouviu as frases "E se acontecer aquilo?" ou "É, mas eu não tinha pensado nisso!" Neste outro exemplo, estão descritas as ações de quem vai a um banco, entretanto, veja se seria possível retirar o dinheiro obedecendo à sequência descrita.

1. Sair do banco.
2. Aguardar a vez de ser atendido.
3. Entrar na fila do caixa.
4. Digitar a senha.
5. Entrar no banco.
6. Informar o valor a ser retirado.
7. Procurar a fila do caixa.
8. Pegar o comprovante do saque, o cartão eletrônico e o dinheiro.
9. Entregar o cartão eletrônico ao funcionário que atende no caixa.
10. Conferir o valor em dinheiro.

Você conseguiria retirar o dinheiro? Com certeza não, pois embora as ações estejam corretas, a sequência está errada. A primeira ação é *Sair do banco*. Como se pode retirar dinheiro de um banco estando fora dele? Agora, observe as mesmas ações na sequência correta.

1. Entrar no banco.
2. Procurar a fila do caixa.
3. Entrar na fila do caixa.

4. Aguardar a vez de ser atendido.
5. Entregar o cartão eletrônico ao funcionário que atende no caixa.
6. Informar o valor a ser retirado.
7. Digitar a senha.
8. Pegar o comprovante do saque, o cartão eletrônico e o dinheiro.
9. Conferir o valor em dinheiro.
10. Sair do banco.

Utiliza-se a lógica para ordenar e corrigir pensamentos ou ações voltados para a solução de problemas.

Atividade 1 – Montando uma sequência lógica

Objetivo: • Organizar sequências lógicas de ações para chegar a um resultado esperado.

Tarefa: • Organizar placas de trânsito em uma sequência lógica.

Problema

Um carro sai da cidade de Boa Viagem e vai para a cidade de Até-Que-Enfim, percorrendo uma estrada de 12 quilômetros. Nessa estrada, há um trecho em obras no quilômetro 3, uma curva perigosa no quilômetro 5 e uma escola no quilômetro 7. Qual a sequência das placas de indicação (avisos e quilometragens) da estrada?

Solucionando o problema

1. O problema a ser resolvido é colocar as placas de quilometragem e os avisos na estrada, na sequência. O texto do problema – "Um carro sai da cidade de Boa Viagem e vai para a cidade de Até-Que-Enfim, percorrendo uma estrada de 12 quilômetros" – informa que a estrada tem 12 quilômetros; portanto, serão necessárias placas que indiquem o caminho do quilômetro 0 ao quilômetro 12.
2. Lendo o texto, você percebe que devem existir duas placas: na saída de Boa Viagem, indicando a estrada que vai para Até-Que-Enfim, cuja informação pode ser "Até-Que-Enfim – 12 km", e na chegada a Até-Que-Enfim, cuja informação pode ser "Bem-vindo a Até-Que-Enfim". Ou seja, as placas indicarão origem e destino.
3. A frase "Nessa estrada, há um trecho em obras no quilômetro 3, uma curva perigosa no quilômetro 5 e uma escola no quilômetro 7" indica a existência de mais três placas, referentes a obras, curva perigosa e escola.

4. Como a estrada entre as cidades tem 12 quilômetros e cinco placas já foram determinadas – uma de início da viagem (0 km), outra de fim (12 km) e três de percurso (3 km, 5km e 7 km) – pode-se concluir que faltam oito placas: 1 km, 2 km, 4 km, 6 km, 8 km, 9 km, 10 km e 11 km.

5. O problema é resolvido com a sequência de placas:

   "Até-Que-Enfim – 12 km", 1 km, 2 km, "Obras", 4 km, "Curva Perigosa", 6 km, "Escola", 8 km, 9 km, 10 km, 11 km e "Bem-vindo a Até-Que-Enfim".

> Caso você tenha escolhido outras palavras para colocar nas placas ou as tiver colocado em outra sequência (por exemplo, colocado uma placa a cada 500 metros), não se preocupe, pois sua lógica estará errada somente se você não solucionar o problema, ou seja, não colocar as placas em uma sequência para sinalizar a estrada.

Lógica de programação

Falar em lógica de programação significa apenas contextualizar a lógica na programação de computadores, buscando a melhor sequência de ações para solucionar determinado problema.

Na programação de computadores, o nome dessa sequência de ações é algoritmo, que é, de maneira bem simples, a sequência de passos ou ações para atingir um objetivo.

Já ação é um fato que, a partir de um estado inicial, após um período de tempo finito, produz um estado final previsível e definido. Por exemplo, abrir a porta é uma ação.

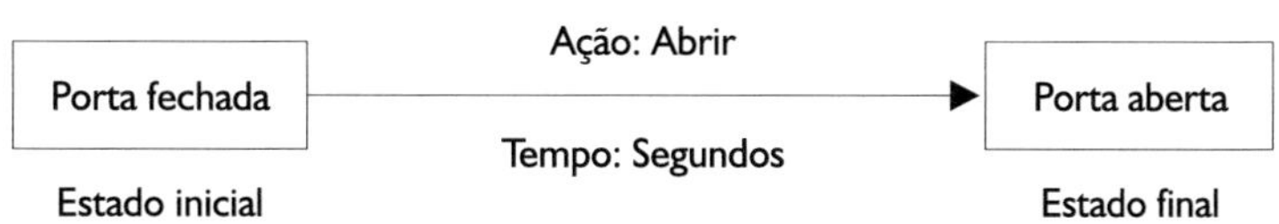

No exemplo acima, você pode observar que, ao objeto (porta) no estado inicial (porta fechada), é aplicada a ação (abrir) por um tempo determinado (segundos), levando ao estado final (porta aberta), previsível e definido (pois é esperado que, quando se abre algo, principalmente qualquer porta, no final, ela esteja aberta).

A partir desse exemplo, pode-se redefinir o conceito de algoritmo como a descrição de um conjunto de ações que, quando obedecido, conforme um padrão de comportamento definido, resulta uma sucessão finita de passos, atingindo-se o objetivo.

Veja a seguir dois exemplos de padrão de comportamento.

Problema 1: Determine o sétimo número da sequência 1, 3, 5, 7, 9,11.

Solução: Analisando-se o problema, pode-se constatar que o padrão de comportamento, ou seja, a regra de formação, é sempre somar 2 ao número anterior para obter o próximo número. Então, o sétimo número é o 13, obtido pela soma de 2 ao sexto número (11).

Problema 2: Qual a sequência de ações para se abrir uma porta?

Solução: Andar até a próxima porta.
Pegar na maçaneta.
Girar a maçaneta.
Puxar a porta.
Ao se estabelecerem as ações, é definida uma sequência que seria naturalmente executada por qualquer pessoa, determinando-se um padrão de comportamento (qualquer pessoa agiria da mesma forma, executando as ações descritas na mesma ordem).

Atividade 2 – Criando o primeiro algoritmo

Objetivo: • Conhecer a forma de estruturar um algoritmo.

Tarefa: • Descrever os passos necessários para colocar um carro em movimento.

Problema

Criar um algoritmo para colocar um carro em movimento.

Solucionando o problema

Para criar o algoritmo que vai solucionar o problema, você deve colocar as ações na sequência, uma em cada linha. Para isso, execute os passos a seguir.

1. No começo do algoritmo, deve-se colocar a ação de início, para informar que é daquele ponto que ele inicia.

```
início
```

2. Deve-se colocar a ação de entrar no carro.

```
início
  | Entrar no carro
```

3. Ajustar o banco e os espelhos retrovisores.

início

Entrar no carro
Ajustar o banco e os espelhos retrovisores

4. Colocar o cinto de segurança.

início

Entrar no carro
Ajustar o banco e os espelhos retrovisores
Colocar o cinto de segurança

5. Colocar o câmbio em “ponto morto”.

início

Entrar no carro
Ajustar o banco e os espelhos retrovisores
Colocar o cinto de segurança
Colocar o câmbio em “ponto morto”

6. Ligar o carro.

início

Entrar no carro
Ajustar o banco e os espelhos retrovisores
Colocar o cinto de segurança
Colocar o câmbio em “ponto morto”
Ligar o carro

7. Colocar o câmbio na primeira marcha.

início

Entrar no carro
Ajustar o banco e os espelhos retrovisores
Colocar o cinto de segurança
Colocar o câmbio em “ponto morto”
Ligar o carro
Colocar o câmbio na primeira marcha

8. Pisar no acelerador.

início

Entrar no carro
Ajustar o banco e os espelhos retrovisores
Colocar o cinto de segurança
Colocar o câmbio em “ponto morto”
Ligar o carro
Colocar o câmbio na primeira marcha
Pisar no acelerador

9. Soltar o freio de mão.

```
início
  | Entrar no carro
  | Ajustar o banco e os espelhos retrovisores
  | Colocar o cinto de segurança
  | Colocar o câmbio em "ponto morto"
  | Ligar o carro
  | Colocar o câmbio na primeira marcha
  | Pisar no acelerador
  | Soltar o freio de mão
```

10. Soltar a embreagem devagar.

```
início
  | Entrar no carro
  | Ajustar o banco e os espelhos retrovisores
  | Colocar o cinto de segurança
  | Colocar o câmbio em "ponto morto"
  | Ligar o carro
  | Colocar o câmbio na primeira marcha
  | Pisar no acelerador
  | Soltar o freio de mão
  | Soltar a embreagem devagar
```

11. Finalizar o algoritmo, pois foi atingida a meta de colocar o carro em movimento.

```
fim
```

Veja como deve ficar o seu primeiro algoritmo.

```
início
  | Entrar no carro
  | Ajustar o banco e os espelhos retrovisores
  | Colocar o cinto de segurança
  | Colocar o câmbio em "ponto morto"
  | Ligar o carro
  | Colocar o câmbio na primeira marcha
  | Pisar no acelerador
  | Soltar o freio de mão
  | Soltar a embreagem devagar
fim
```

Refinando ações

O algoritmo é um conjunto de ações que estão dividas em dois tipos: primitivas e não primitivas.

Uma ação é primitiva quando não se pode refiná-la ainda mais. Por exemplo, a ação *início* do algoritmo da Atividade 2 deste capítulo é primitiva, pois não há como refiná-la. Entretanto, a ação *Colocar o câmbio em "ponto morto"* é uma ação não primitiva, pois pode ser refinada em mais quatro ações: *Pisar na embreagem, Pegar o câmbio, Colocar o câmbio em "ponto morto"* e *Soltar a embreagem.*

> As ações não primitivas do algoritmo devem ser refinadas até que se tornem primitivas.

As ações primitivas são comandos básicos, que serão explicados nos capítulos posteriores. *Essas ações devem estar sempre escritas em letras minúsculas* para facilitar a visualização e estruturar melhor o algoritmo. Na Atividade 2, elas são os comandos *início* e *fim*.

As ações não primitivas são escritas em letras maiúsculas e/ou minúsculas, porém a primeira deve estar em maiúscula. Essas ações são refinadas por meio do comando *refinamento* ou *ref.*

Veja como fica o refinamento da ação *Colocar o câmbio em "ponto morto"*.

```
ref. Colocar o câmbio em "ponto morto"
   | Pisar na embreagem
   | Pegar o câmbio
   | Colocar o câmbio em "ponto morto"
   | Soltar a embreagem
fim-ref.
```

Atividade 3 – Refinando as ações do primeiro algoritmo

Objetivo: • Aprender a refinar um algoritmo.

Tarefa: • Montar os refinamentos de um algoritmo.

Problema

Baseado no algoritmo da Atividade 2, refine as ações *Entrar no carro* e *Colocar o câmbio na primeira marcha.*

Solucionando o problema

1. O primeiro passo é refinar a ação *Entrar no carro.*

   a) Para entrar, é necessário abrir a porta do carro. Deve-se prever que a pessoa já esteja diante da porta.

   ```
   Abrir a porta
   ```

   b) Depois, sentar no banco do motorista.

   ```
   Sentar no banco
   ```

c) Finalmente, fechar a porta do carro e finalizar o refinamento *Entrar no carro*.

```
ref. Entrar no carro
   | Abrir a porta
   | Sentar no banco
   | Fechar a porta
fim-ref.
```

2. O segundo passo é refinar a ação *Colocar o câmbio na primeira marcha*.

a) A primeira ação deve ser pisar na embreagem.

```
Pisar na embreagem
```

b) A segunda ação, pegar o câmbio.

```
Pegar o câmbio
```

c) A última ação do refinamento deve ser colocar o câmbio na primeira marcha.

```
ref. Colocar o câmbio na primeira marcha
   | Pisar na embreagem
   | Pegar o câmbio
   | Colocar o câmbio na primeira marcha
fim-ref.
```

3. Substituindo os refinamentos, veja como fica o algoritmo.

```
início
   | Abrir a porta
   | Sentar no banco
   | Fechar a porta
   | Ajustar o banco e os espelhos retrovisores
   | Colocar o cinto de segurança
   | Pisar na embreagem
   | Pegar o câmbio
   | Colocar o câmbio em "ponto morto"
   | Soltar a embreagem
   | Ligar o carro
   | Pisar na embreagem
   | Pegar o câmbio
   | Colocar o câmbio na primeira marcha
   | Acelerar o carro
   | Soltar o freio de mão
   | Soltar a embreagem devagar
fim
```

> Somente as ações *início* e *fim* estão em letras minúsculas, pois somente elas e a ação *Refinamento* (*Ref.*) foram apresentadas como comandos ou ações primitivas.

Formas de representação do algoritmo

Até agora os algoritmos foram representados por palavras, porém há outras maneiras de representá-los. Conheça três dessas representações.

Pseudocódigo

Foi a maneira utilizada para representar o algoritmo até aqui, ou seja, por meio de comandos escritos na língua portuguesa. Essa representação é conhecida como pseudocódigo, português estruturado ou portugol. Sua característica principal é justamente a proximidade com a linguagem humana. Veja o exemplo a seguir.

```
início
  | <comando 1>
  | <comando 2>
  |      .
  |      .
  |      .
  | <comando n>
fim
```

> Somente as palavras início e fim estão em letras minúsculas. Isso serve para indicar que elas, mais a palavra refinamento, são comandos ou ações primitivas.

Fluxograma

Utiliza figuras para representar o fluxo dos dados e os comandos do algoritmo. Essa representação é ótima para descrever algoritmos de pequeno e médio tamanhos, como o exemplificado a seguir. Neste livro, serão utilizadas apenas as figuras mais comuns, entretanto, ele contém um apêndice com todas as figuras que podem ser utilizadas em um fluxograma e seus significados. Veja o exemplo a seguir.

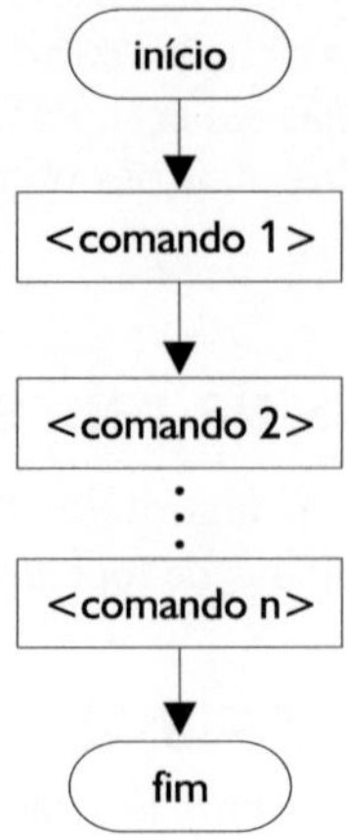

Diagrama de Chapin

Também conhecido como diagrama de Shneiderman ou diagrama N-S. Modelo de representação que utiliza quadrados e retângulos para descrever as ações. Veja o exemplo a seguir.

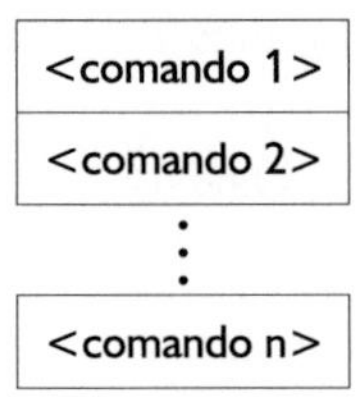

> Os comandos *início* e *fim* possuem representações diferentes em pseudocódigo e fluxograma, e no diagrama de Chapin não são representados.

Atividade 4 – Representando o algoritmo

Objetivo: • Conhecer as formas de representação do algoritmo.

Tarefa: • Representar um algoritmo em pseudocódigo, fluxograma e diagrama de Chapin.

Problema

Represente o algoritmo da Atividade 3 em pseudocódigo, fluxograma e diagrama de Chapin.

Solucionando o problema

1. Veja novamente a resposta do algoritmo da atividade anterior. Essa é a representação em pseudocódigo ou portugol.

```
início
    Abrir a porta
    Sentar no banco
    Fechar a porta
    Ajustar o banco e os espelhos retrovisores
    Colocar o cinto de segurança
    Pisar na embreagem
    Pegar o câmbio
    Colocar o câmbio em "ponto morto"
    Soltar a embreagem
    Ligar o carro
    Pisar na embreagem
    Pegar o câmbio
    Colocar o câmbio na primeira marcha
    Acelerar o carro
    Soltar o freio de mão
    Soltar a embreagem devagar
fim
```

2. Para representar um algoritmo em fluxograma, execute as etapas a seguir.

   a) Comece pelo comando *início*.

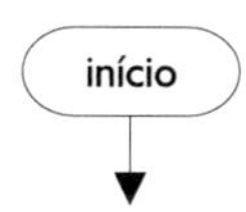

   b) Coloque os demais comandos em retângulos orientados por setas. Termine o algoritmo com o comando *fim* inserido em uma figura semelhante à utilizada para o comando *início*.

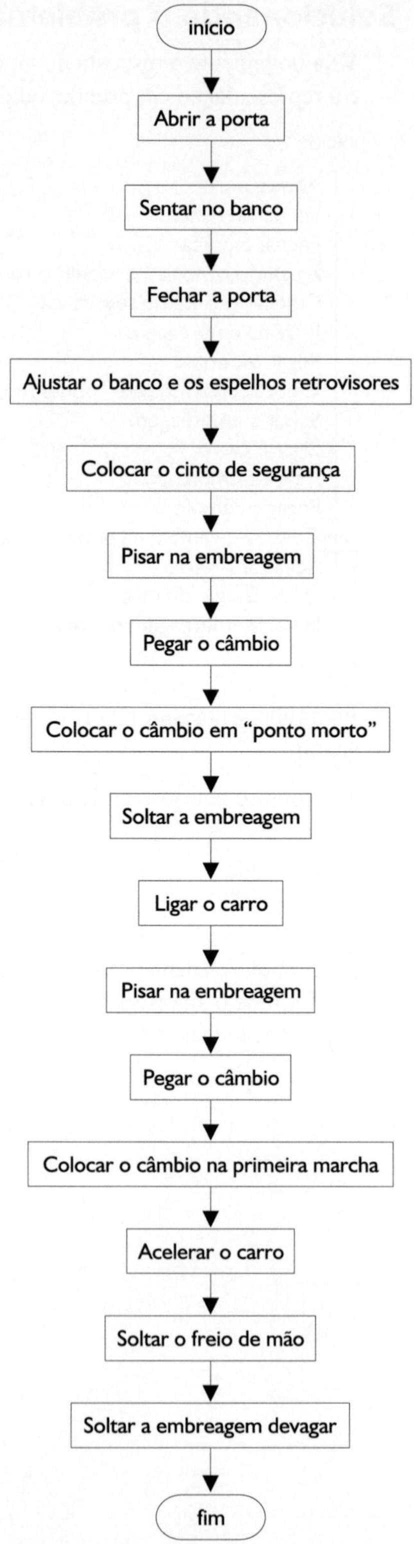
início
Abrir a porta
Sentar no banco
Fechar a porta
Ajustar o banco e os espelhos retrovisores
Colocar o cinto de segurança
Pisar na embreagem
Pegar o câmbio
Colocar o câmbio em "ponto morto"
Soltar a embreagem
Ligar o carro
Pisar na embreagem
Pegar o câmbio
Colocar o câmbio na primeira marcha
Acelerar o carro
Soltar o freio de mão
Soltar a embreagem devagar
fim

3. Para representar o algoritmo em diagrama de Chapin, coloque os comandos em retângulos. Lembre-se de que os comandos *início* e *fim* não são representados nesse diagrama.

Abrir a porta
Sentar no banco
Fechar a porta
Ajustar o banco e os espelhos retrovisores
Colocar o cinto de segurança
Pisar na embreagem
Pegar o câmbio
Colocar o câmbio em "ponto morto"
Soltar a embreagem
Ligar o carro
Pisar na embreagem
Pegar o câmbio
Colocar o câmbio na primeira marcha
Acelerar o carro
Soltar o freio de mão
Soltar a embreagem devagar

Resumo do capítulo

Termo	Explanação	Representação
Lógica	Utilizada para ordenar e corrigir pensamentos ou ações voltados para a solução de problemas.	
Ação	Fato que, a partir de um estado inicial, após um período de tempo finito, produz um estado final previsível e definido.	
Algoritmo	Descrição de um conjunto de ações que, quando obedecido, conforme um padrão de comportamento definido, resulta uma sucessão finita de passos, atingindo-se o objetivo.	
Ação primitiva	Ação que não pode ser refinada, o que a torna um comando básico do algoritmo. Deve estar sempre escrita em letras minúsculas.	
Ação não primitiva	Ação que pode ser refinada e escrita em letras maiúsculas e minúsculas, porém deve começar com a primeira letra em maiúscula.	
Pseudocódigo	Modelo de representação de algoritmos que utiliza comandos escritos na língua portuguesa. Também conhecido como português estruturado ou portugol.	**início** **<comando 1>** **<comando 2>** **⋮** **<comando n>** **fim**
Diagrama de Chapin	Modelo de representação que utiliza quadrados e retângulos para descrever as ações. Também conhecido como diagrama de Shneiderman ou diagrama N-S.	<comando 1> <comando 2> ⋮ <comando n>

Termo	**Explanação**	**Representação**
Fluxograma	Modelo de representação que utiliza figuras para representar o fluxo dos dados e os comandos do algoritmo.	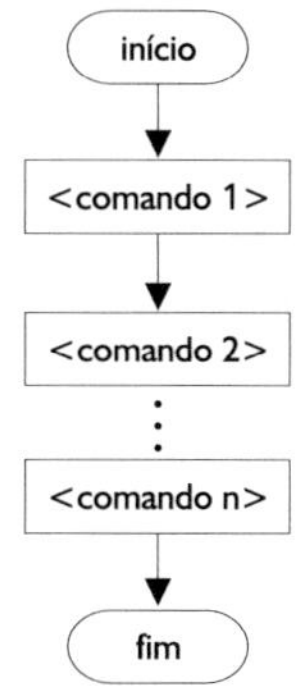
Comando *início*	Utilizado para indicar o início do algoritmo.	1. Fluxograma  2. Pseudocódigo início 3. Diagrama de Chapin (não há representação)
Comando *fim*	Utilizado para indicar o final do algoritmo.	1. Fluxograma  2. Pseudocódigo fim 3. Diagrama de Chapin (não há representação)
Comando *refinamento* (*ref.*)	Utilizado para especificar a ação não primitiva.	1. Fluxograma (não há representação) 2. Pseudocódigo **ref. <ação a ser refinada>** **fim-ref.** 3. Diagrama de Chapin (não há representação)

Anotações

2
Constantes e variáveis

OBJETIVOS

- Entender os conceitos de constantes e variáveis
- Declarar variáveis
- Comentar algoritmos
- Atribuir valores às variáveis
- Construir expressões aritméticas, literais, relacionais e lógicas
- Ler, mostrar e imprimir valores armazenados em variáveis

Constantes

Como o próprio nome indica, são aquilo que não muda. Dentro do algoritmo, constantes são os valores que permanecem os mesmos do início ao fim. Por exemplo, o número 1. Ele sempre vai corresponder a uma unidade de qualquer item, desde o começo até o fim do algoritmo. Constantes são valores inseridos em cada parte da memória do computador; retomando o exemplo da Introdução, correspondem aos papéis inseridos nas pastas que são guardadas nas gavetas dos armários. O que está escrito nos papéis não pode ser mudado.

Tipos de constantes

As constantes podem ser numéricas, literais ou lógicas.

Constantes numéricas são números, positivos ou negativos.

Exemplos: 3 89 -123 $2*10^2$ 0,87 $5*10^{-3}$ 0,0076 2.345.683 -5.745

Constantes literais, também conhecidas como alfanuméricas, são conjuntos de caracteres (letras, dígitos ou símbolos especiais: -, %, $, etc.). Esses conjuntos devem ser colocados entre aspas para não serem confundidos com outros dados.

Exemplos: "TUDO" "XPTO" "JOÃO" "22/11/1997" "X25Y67"

Constantes lógicas são valores que representam respostas para expressões lógicas e são compostas somente pelos valores <u>*verdadeiro*</u> e <u>*falso*</u> (que devem ser sublinhados para não serem confundidos com as constantes literais).

Atividade 1 – Identificando as constantes

Objetivo: • Fixar o conceito de constantes.

Tarefa: • Identificar os tipos de constantes.

Problema

Identifique de que tipo são as constantes a seguir.

a) 435867
b) "RODOLFO"
c) "8725"
d) 0,213
e) <u>falso</u>
f) "<u>verdadeiro</u>"

Solucionando o problema

1. O item a é um número e não está entre aspas, portanto, é uma constante numérica.
2. O item b está entre aspas, portanto, é uma constante literal.
3. O item c, apesar de conter apenas números, está entre aspas, caracterizando uma constante literal, em vez de uma constante numérica.
4. O item d é formado por números e não está entre aspas, portanto, é uma constante numérica.
5. O item e é um valor lógico, portanto, uma constante lógica.
6. O item f, apesar de conter um valor lógico, está entre aspas, portanto, é uma constante literal.

Variáveis

Todo computador possui uma memória. Essa memória é similar a uma grande mesa contendo várias caixas. Quando alguém quer guardar um documento, vai até a mesa, lê as informações referentes aos conteúdos das caixas, abre uma delas e coloca o documento dentro.

Imagine que você queira guardar o papel com o nome de uma pessoa (Maria) dentro de uma das nove caixas que estão sobre uma mesa. A mesa e as caixas estão representadas na figura a seguir. Observe que, com exceção da caixa 9, nenhuma delas indica algum documento guardado.

Mesa

1	2	3
Caixa	Caixa	Caixa
4	5	6
Caixa	Caixa	Caixa
7	8	26 9
Caixa	Caixa	IDADE

Assim, você pode colocar o nome *Maria* em qualquer uma das caixas, exceto na caixa 9. Na figura, ele foi colocado na caixa 1, identificada com a palavra PESSOA. Isso evita que o nome *Maria* seja confundido com outro nome, sobreposto (apagado) por outro dado e também serve para que seja localizado mais rapidamente.

Mesa

Maria 1	2	3
PESSOA	Caixa	Caixa
4	5	6
Caixa	Caixa	Caixa
7	8	26 9
Caixa	Caixa	IDADE

No computador é a mesma coisa, ou seja, a memória é composta de partes que podem guardar informações, referenciadas por (associadas a) endereços. Cada parte da memória do computador possui o seu endereço, que são códigos de grande complexidade.

No exemplo acima, o dado *Maria* ocupa a parte da memória que está no endereço (caixa) 1. Para facilitar o acesso ao endereço de memória, foi referenciado a ele o nome PESSOA. Isso permite localizar imediatamente a caixa, sem precisar saber em que posição ela se encontra.

A esse nome associado ao endereço da memória, denomina-se *Variável*. Portanto, quando quiser armazenar algum dado, basta criar (como será mostrado adiante) uma variável para guardá-lo.

O nome de uma variável, chamado *Identificador*, deve sempre indicar o que está sendo armazenado. No exemplo, o identificador *Pessoa*, mesmo antes de se acessar a variável (abrir a caixa) e ver o conteúdo, indica que o dado se refere a uma pessoa. O mesmo acontece em relação ao nome da variável que identifica o endereço (caixa) 9. O nome IDADE identifica automaticamente o dado armazenado.

Veja a seguir a regra para a criação de um nome (identificador) para a variável. Essa regra diferencia a variável da constante.

> O nome da variável pode ser formado por um ou mais caracteres e deve estar sempre em letras maiúsculas. O primeiro caractere deve ser, obrigatoriamente, uma letra e os caracteres seguintes podem ser letras ou números. Não é permitido o uso de símbolos, sinais gráficos e de pontuação (/ , . - ! @ # $ % ^ & * ( ) + = | \ ~ ` < > ? : ; " ' { [}]), exceto o sinal _.

Exemplos de identificadores permitidos:

A T2 IDADE NOME END2 ENDERECO NOME_DO_ALUNO

Exemplos de identificadores não permitidos:

6G 45 F&T$ END(2) A*F NOME-DO-ALUNO 2NUM/1NUM F-G4 nome

O algoritmo é formado por variáveis. Cada variável pode conter apenas um valor (ou constante, como foi explicado neste capítulo). Quando mais de um valor é inserido, o valor antigo é substituído pelo valor recente. Voltando ao exemplo das caixas, é como se, em cada uma, coubesse apenas um papel.

Tipos de variáveis

As variáveis se diferenciam pelo conteúdo. Como esse conteúdo é uma constante, a variável pode ser numérica, literal ou lógica.

Porém, como diferenciar uma variável numérica de uma literal? Para solucionar esse problema, você deve declarar as variáveis.

Declarando variáveis

No início do algoritmo, sempre indique as variáveis que serão utilizadas. Assim, o computador reserva um espaço na memória para cada uma.

No exemplo do nome *Maria*, a variável declarada, em pseudocódigo, é:

```
início
  | PESSOA: literal
fim
```

> Foi escolhido o tipo literal porque o conteúdo da variável é composto por letras.

Portanto, para declarar a variável, a estrutura do comando é a seguinte.

<identificador> : <tipo de variável>_

> As representações do algoritmo por meio de fluxograma e diagrama de Chapin não possuem declaração de variáveis.

Veja como fica a declaração da variável correspondente à caixa 9 do exemplo.

```
início
  | IDADE: numérico
fim
```

Atividade 2 – Aprendendo a declarar variáveis

Objetivo: • Aprender a declarar variáveis.

Tarefa: • Declarar as variáveis para um algoritmo.

Problema

Iniciando a proposta deste livro, que é construir um sistema de informação, declare as variáveis para o algoritmo de cadastramento de alunos, cujos dados são: nome, sexo, endereço, cidade, estado, CEP, telefone, data de nascimento, RG, nome do pai, nome da mãe e grau de escolaridade. Utilize pseudocódigo para representar as declarações.

Solucionando o problema

1. Primeiramente, separe do problema os dados que serão armazenados nas variáveis.

   Nome, sexo, endereço, cidade, estado, CEP, telefone, data de nascimento, RG, nome do pai, nome da mãe, grau de escolaridade.

2. Classifique os dados segundo os tipos das variáveis (numéricos, literais ou lógicos) que irão armazená-los.

   Variáveis literais: nome do aluno, sexo, endereço, cidade, estado, nome do pai, nome da mãe.

   Variáveis numéricas: telefone, CEP, RG, data de nascimento, grau de escolaridade.

   Variáveis lógicas: nenhum.

> O dado referente à data de nascimento foi colocado em uma variável numérica porque deverão ser digitados apenas os números, sem as barras de separação. Se as barras fossem utilizadas, esse dado seria classificado como literal. O mesmo vale para o telefone, em que não serão digitados o hífen e os parênteses que separam os números.

3. Crie identificadores (nomes) para os dados que serão armazenados nas variáveis.

   Variáveis literais: nome do aluno = NOME
   sexo = SEXO
   endereço = ENDERECO
   cidade = CIDADE
   estado (unidade federativa) = UF
   nome do pai = PAI
   nome da mãe = MAE

Variáveis numéricas: telefone = FONE
CEP = CEP
Registro Geral (RG) = RG
data de nascimento = DATANASC
grau de escolaridade = GRAUESC

Variáveis lógicas: nenhum.

4. Para finalizar, monte, no formato de pseudocódigo, as declarações das variáveis.

```
início
|  NOME, SEXO, ENDERECO, CIDADE, UF, PAI, MAE: literal
|  FONE, CEP, RG, DATANASC, GRAUESC: numérico
fim
```

Comentando algoritmos

Um algoritmo deve ser construído de maneira que seja entendido e executado facilmente. Para que isso ocorra, são necessárias informações auxiliares denominadas *Comentários*.

Os comentários feitos em pseudocódigo devem ser colocados entre chaves: {Isto é um comentário}. Os feitos em fluxograma devem ser precedidos por uma reta pontilhada e um colchete: ········[Isto é um comentário.

Exemplos

1. Pseudocódigo

```
início
|                       {Exemplos de comentários}
|  PESSOA: literal      {Variável para armazenar o nome}
|  IDADE: numérico      {Variável para armazenar a idade}
fim
```

2. Fluxograma

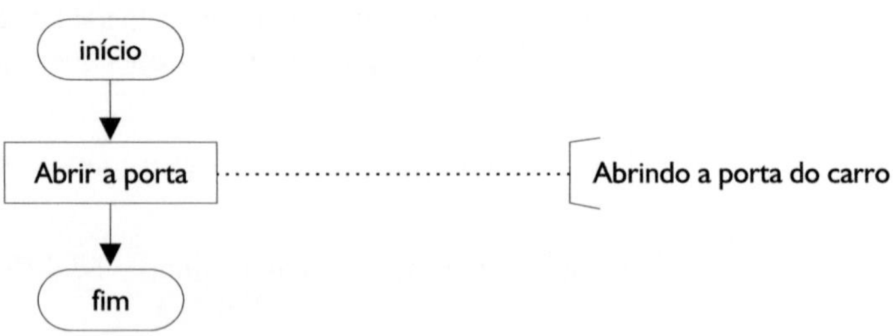

Os comentários não são utilizados no diagrama de Chapin.

Comando *atribuição*

Armazena uma constante em uma variável, isto é, atribui um valor à variável.

Sintaxe do comando atribuição

A sintaxe desse comando é uma seta entre o identificador e o valor a ser armazenado.

O comando *atribuição* é utilizado nas três representações.

1. Pseudocódigo

   <identificador> ← <valor a ser armazenado>

2. Fluxograma

<identificador> ← <valor a ser armazenado>

3. Diagrama de Chapin

<identificador> ← <valor a ser armazenado>

Veja um exemplo do comando *atribuição* em pseudocódigo.

```
início
  | PESSOA: literal
  | IDADE: numérico
  | PESSOA ← "Maria"
  | IDADE ← 26
fim
```

Quando o computador executar os comandos *PESSOA: literal* e *IDADE: numérico* serão criados dois locais na memória: um para armazenar dados literais e outro para dados numéricos.

Identificador	Tipo de dado
PESSOA	Literal
IDADE	Numérico

Em seguida, serão armazenados os valores Maria na variável *PESSOA* e 26 na variável *IDADE*. Lembre-se que, no algoritmo, Maria está entre aspas por se tratar de uma constante literal, como foi explicado no início deste capítulo.

Identificador	Tipo de dado	Dado armazenado
PESSOA	Literal	Maria
IDADE	Numérico	26

Constante e variável devem ser sempre do mesmo tipo, portanto, nunca utilize o comando *atribuição* para colocar uma constante em uma variável que não seja compatível. Por exemplo, NOME ← 26 (o número 26 não pode ser atribuído a uma variável literal.)

Atividade 3 – Armazenando valores em variáveis comentadas

Objetivos: • Aprender a comentar as variáveis.

• Utilizar o comando *atribuição.*

Tarefa: • Armazenar valores nas variáveis, comentando suas funções.

Problema

Retomando a Atividade 2 deste capítulo, que inicia o algoritmo de cadastramento dos alunos, atribua os dados de um aluno nas variáveis já declaradas. Os valores a serem atribuídos são: André Martins, masculino, Rua Santo Antônio, 29 – Centro, São Paulo, SP, 102456827, 234-4565, 07/12/81, 345443-34, João Martins, Maria Martins, 2º Grau. Represente as declarações em pseudocódigo e fluxograma.

Solucionando o problema

1. Pseudocódigo

a) Aproveite as variáveis declaradas na Atividade 2.

```
início
|  NOME, SEXO, ENDERECO, CIDADE, UF, PAI, MAE: literal
|  FONE, CEP, RG, DATANASC, GRAUESC: numérico
```

b) Faça o comentário para a função de cada variável.

```
início
|                         {Declaração de variáveis}
|  NOME,                  {Variável para armazenar o nome do aluno}
|  SEXO,                  {Variável para armazenar o sexo do aluno}
|  ENDERECO,              {Variável para armazenar o endereço do aluno}
|  CIDADE,                {Variável para armazenar o nome da cidade
|                          onde o aluno reside}
|  UF,                    {Variável para armazenar a sigla do estado
|                          onde o aluno reside}
```

```
PAI,                {Variável para armazenar o nome do pai do aluno}
MAE: literal        {Variável para armazenar o nome da mãe do aluno}
FONE,               {Variável para armazenar o telefone do aluno}
                     Só considera números. Por exemplo: 2363543}
CEP,                {Variável para armazenar o CEP da residência
                     do aluno}
RG,                 {Variável para armazenar o Registro Geral do
                     aluno. Só considera números}
DATANASC,           {Variável para armazenar a data de nascimento
                     do aluno. Só considera números}
GRAUESC: numérico   {Variável para armazenar o grau de escolaridade
                     do aluno. Serão aceitos somente 0 (analfabeto),
                     1 (1º grau), 2 (2º grau) e 3 (3º grau)}
```

c) Atribua para cada campo o valor indicado no enunciado.

```
    {Atribuição de valores às variáveis}
    NOME ← "André Martins"
    SEXO ← "Masculino"
    ENDERECO ← "Rua Santo Antônio, 29 – Centro"
    CIDADE ← "São Paulo"
    UF ← "SP"
    PAI ← "João Martins"
    MAE ← "Maria Martins"
    FONE ← 2344565
    CEP ← 102456827
    RG ← 345344334
    DATANASC ← 071281
    GRAUESC ← 2
fim
```

d) Veja a seguir como fica a notação completa do algoritmo.

```
início
                        {Declaração de variáveis}
    NOME,               {Variável para armazenar o nome do aluno}
    SEXO,               {Variável para armazenar o sexo do aluno}
    ENDERECO,           {Variável para armazenar o endereço do aluno}
    CIDADE,             {Variável para armazenar o nome da cidade
                         onde o aluno reside}
    UF,                 {Variável para armazenar a sigla do estado
                         onde o aluno reside}
    PAI,                {Variável para armazenar o nome do pai do aluno}
    MAE: literal        {Variável para armazenar o nome da mãe do aluno}
    FONE,               {Variável para armazenar o telefone do aluno.
                         Só considera números. Por exemplo: 2363543}
    CEP,                {Variável para armazenar o CEP da residência
                         do aluno}
    RG,                 {Variável para armazenar o Registro Geral do
                         aluno. Só considera números}
    DATANASC,           {Variável para armazenar a data de nascimento
                         do aluno. Só considera números}
    GRAUESC: numérico   {Variável para armazenar o grau de escolaridade
                         do aluno. Serão aceitos somente 0 (analfabeto),
                         1 (1º grau), 2 (2º grau) e 3 (3º grau)}
```

```
    {Atribuição de valores às variáveis}

    NOME ← "André Martins"
    SEXO ← "Masculino"
    ENDERECO ← "Rua Santo Antônio, 29 – Centro"
    CIDADE ← "São Paulo"
    UF ← "SP"
    PAI ← "João Martins"
    MAE ← "Maria Martins"
    FONE ← 2344565
    CEP ← 102456827
    RG ← 345344334
    DATANASC ← 071281
    GRAUESC ← 2
fim
```

> O símbolo ◯ com a letra A, utilizado no final do exemplo a seguir, serve para marcar um desvio no fluxograma. Neste caso, ele indica que o fluxograma continua na outra página. Você também pode utilizar o símbolo ⬠; para simplificar, neste livro será utilizado apenas o símbolo ◯.

2. Fluxograma

a) O fluxograma não permite declaração de variáveis, portanto, basta atribuir os valores do enunciado às variáveis.

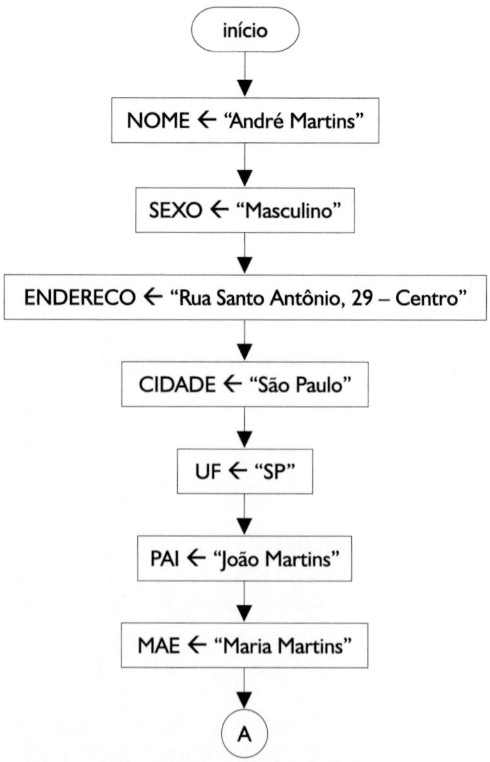

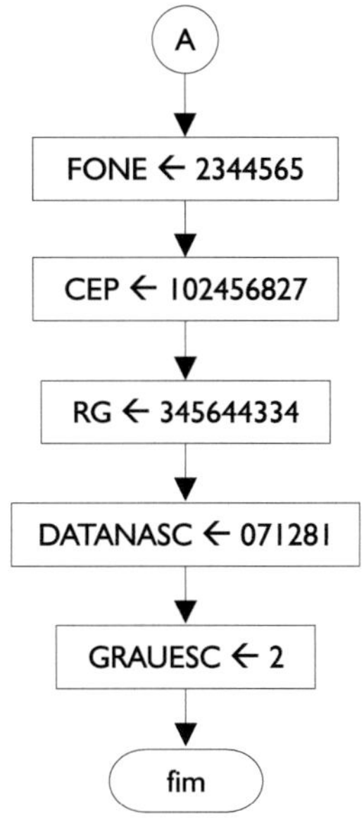

Expressões

Suponha que durante a construção de um algoritmo fosse necessário somar dois números. Para isso, existem as expressões, utilizadas para obter ou modificar os valores de algumas variáveis. A seguir, você vai conhecer os tipos de expressões, seus operadores e suas descrições.

Expressões aritméticas

São expressões que utilizam operadores aritméticos e funções aritméticas envolvendo constantes e variáveis numéricas.

Operadores aritméticos

Operador aritmético	Operação	Descrição
+	Adição	Faz a soma de dois números.
-	Subtração	Faz a subtração de um número de outro.
*	Multiplicação	Faz a multiplicação de um número por outro.
/	Divisão	Faz a divisão de um número por outro.
^	Potenciação	Faz a elevação de um número a uma potência.

Exemplos de expressões aritméticas com as variáveis numéricas *A*, *B* e *C*.

Variáveis			Comando *atribuição*/ Operação	Procedimento
A	B	C		
–	–	–	A ← 2	Armazenar o valor 2 na variável *A*.
2	–	–	B ← A + 3	Somar o valor da variável *A* (2) com 3 e armazenar o resultado na variável *B*.
2	5	–	C ← B - A	Subtrair o valor da variável *B* (5) do valor da variável *A* (2) e armazenar o resultado na variável *C*.
2	5	3	B ← A * C	Multiplicar o valor da variável *A* (2) pelo valor da variável *C* (3) e armazenar o resultado na variável *B*.
2	6	3	C ← B ^ A	Elevar o valor da variável *B* (6) ao valor da variável *A* (2) e armazenar o resultado na variável *C*.
2	6	36	B ← C / A	Dividir o valor da variável *C* (36) pelo valor da variável *A* (2) e armazenar o resultado na variável *B*.
2	18	36	A ← B + A	Somar o valor da variável *B* (18) com o valor da variável *A* (2) e armazenar o resultado na variável *A*.
20	18	36	–	–

Funções aritméticas

Função aritmética	Sintaxe	Descrição
Divisão inteira	x \ y	Faz a divisão inteira do número x pelo número y, ou seja, retorna somente a parte inteira da divisão.
Resto da divisão inteira	x % y	Retorna o resto da divisão inteira do número x pelo número y.

Função aritmética	Sintaxe	Descrição
Raiz quadrada	x ^ 0,5 ou x ^ (1/2)	Retorna o valor da raiz quadrada do número x.

Exemplos de funções aritméticas com as variáveis numéricas *A*, *B* e *C*.

Variáveis			Comando *atribuição*/ Função	Procedimento
A	**B**	**C**		
–	–	–	A ← 2	Armazenar o valor 2 na variável *A*.
2	–	–	B ← 17 \ A	Armazenar na variável *B* o valor da divisão inteira de 17 pelo valor da variável *A* (2) (17 / 2 = 8,5 Parte inteira = 8).
2	8	–	C ← B % A	Armazenar na variável *C* o valor do resto da divisão inteira do valor da variável *B* (8) pelo valor da variável *A* (2) (8 / 2 = 4 Resto = 0).
2	8	0	–	–

> Primeiramente, você deve inserir valores nas variáveis que serão utilizadas nas expressões. Isso é necessário para evitar erro, pois, caso a variável utilizada na expressão não tenha valor, o computador não saberá qual valor deverá ser levado em conta no cálculo.

Assim como na matemática, existem regras de prioridade nas expressões aritméticas empregadas nos algoritmos.

Prioridades entre operações aritméticas

Prioridade	Operações
1	Potenciação, radiciação
2	Multiplicação, divisão
3	Adição, subtração

Uso de parênteses

São utilizados para estabelecer uma sequência de cálculo diferente das prioridades. Por exemplo, na operação 2 + 10 / 2 = 7, empregou-se a prioridade, mas na operação (2 + 10) / 2 = 6, os parênteses alteraram a prioridade.

> Em algoritmos, colchetes e chaves não são empregados no lugar de parênteses, pois têm outras funções.

> As operações aritméticas só podem ser aplicadas em constantes e variáveis numéricas e o valor retornado será sempre numérico.

Atividade 4 – Resolvendo expressões aritméticas

Objetivo: • Aprender a resolver expressões aritméticas.

Tarefa: • Obter resultados numéricos por meio da resolução de expressões aritméticas.

Problema

Sendo *X*, *Z*, *Y* e *W* variáveis numéricas, qual o resultado de cada variável no final do algoritmo?

```
início
   | X, Y, Z, W: numérico
   | X ← 10
   | Z ← ( X + (X ^ 2) % (X \ 3))
   | Y ← ( X – ((X ↑ 2) / 5))
   | W ← (( Z – 64 ^ (1/2)) \ 10)
fim
```

Solucionando o problema

1. Separe as expressões do algoritmo.

```
X ← 10
Z ← ( X + (X ^ 2) % (X \ 3))
Y ← ( X – ((X ↑ 2) / 5))
W ← (( Z – 64 ^ (1/2)) \ 10 )
```

2. A solução da primeira expressão é fácil, pois à variável *X* é atribuído o valor 10.

```
X ← 10
```

3. Obedeça as prioridades de operações e parênteses para solucionar a segunda expressão.

```
Z ← ( X + (X ^ 2) % (X \ 3))
Z ← ( X + 100 % 3)
Z ← ( X + 1)
Z ← 11
```

4. Solucione a terceira expressão.

```
Y ← ( X – ((X ↑ 2) / 5))
Y ← ( X – (100 / 5))
Y ← ( X – 20)
Y ← -10
```

5. Por fim, a quarta expressão.

```
W ← (( Z – 64 ^ (1/2)) \ 10 )
W ← (( Z – 64 ^ 0,5) \ 10 )
W ← (( 11 – 8) \ 10 )
W ← 3 \ 10
W ← 0
```

6. Veja a seguir a resposta do problema.

```
X = 10
Z = 11
Y = -10
W = 0
```

Expressões literais

São expressões com constantes e/ou variáveis literais que têm como resultado valores literais. Diferentemente das expressões aritméticas, as expressões literais aceitam somente o operador de concatenação.

Operador literal	Operação	Descrição
+	Concatenação	Junta dois valores literais em um só.

Exemplos de expressões literais com as variáveis literais *A* e *B*.

Variáveis		Comando *atribuição*/ Operação	Procedimento
A	**B**		
–	–	A ← "Rose"	Armazenar o valor "Rose" na variável *A*.
Rose	–	B ← A + "meire"	Concatenar o valor da variável *A* (Rose) com a constante literal *"meire"* e armazenar o resultado na variável *B*.
Rose	Rosemeire	–	–

Atividade 5 – Resolvendo expressões literais

Objetivo: • Aprender a resolver expressões literais.

Tarefa: • Resolver expressões literais obtendo um caractere ou um conjunto de caracteres.

Problema

Sendo *X*, *Y* e *Z* as variáveis literais, qual o resultado de cada variável no final do algoritmo?

```
início
    X, Z, Y: literal
    X ← " Banana"
    Z ← X + "da"
    Y ← "A " + Z + " é feita de " + X + "."
fim
```

Solucionando o problema

1. Separe as expressões do algoritmo.

```
X ← " Banana"
Z ← X + "da"
Y ← "A" + Z + " é feita de" + X + "."
```

2. O resultado da variável *X* é o valor Banana, com um espaço à esquerda porque ele faz parte da constante.

```
X ← " Banana"
```

3. O valor da variável *Z* será a concatenação (+) do valor de *X* com a constante "da"

```
Z ← " Banana" + "da"
Z ← " Bananada"
```

4. Encontre o valor da variável *Y* obedecendo a prioridade do surgimento das operações.

```
Y ← "A" + Z + " é feita de" + X + "."
Y ← " A" + " Bananada" + " é feita de" + " Banana" + "."
Y ← " A Bananada" + " é feita de" + " Banana" + "."
Y ← " A Bananada é feita de" + " Banana" + "."
Y ← " A Bananada é feita de Banana" + "."
Y ← " A Bananada é feita de Banana."
```

5. Veja a seguir a resposta do problema.

```
X = " Banana"
Z = " Bananada"
Y = " A Bananada é feita de Banana."
```

Expressões relacionais

São expressões compostas por outras expressões ou variáveis numéricas com operadores relacionais. As expressões relacionais retornam valores lógicos.

Operadores relacionais

Operador relacional	**Operação**	**Descrição**
=	Igualdade	Verifica se dois valores são iguais e retorna um valor lógico.
< >	Diferença	Verifica se dois valores são diferentes e retorna um valor lógico.
<	Menor que	Verifica se um número é menor que outro e retorna um valor lógico.
>	Maior que	Verifica se um número é maior que outro e retorna um valor lógico.
<=	Menor ou igual a	Verifica se um número é menor ou igual a outro e retorna um valor lógico.
>=	Maior ou igual a	Verifica se um número é maior ou igual a outro e retorna um valor lógico.

Exemplos de expressões relacionais com as variáveis numéricas *A*, *B* e a variável lógica *X*.

Variáveis			**Comando *atribuição*/ Operação**	**Procedimento**
A	**B**	**X**		
–	–	–	A ← 5	Armazenar o valor 5 na variável *A*.
5	–	–	B ← 7	Armazenar o valor 7 na variável *B*.
5	7	–	X ← (A = B)	Armazenar na variável *X* o valor lógico da expressão relacional que compara se o valor da variável *A* é igual ao valor da variável *B*.

Variáveis			Comando *atribuição*/ Operação	Procedimento
A	**B**	**X**		
5	7	falso	X ← (A <> B)	Armazenar na variável *X* o valor lógico da expressão relacional que compara se o valor da variável *A* é diferente do valor da variável *B*.
5	7	verdadeiro	X ← (A < B)	Armazenar na variável *X* o valor lógico da expressão relacional que compara se o valor da variável *A* é menor que o valor da variável *B*.
5	7	verdadeiro	X ← (A > B)	Armazenar na variável *X* o valor lógico da expressão relacional que compara se o valor da variável *A* é maior que o valor da variável *B*.
5	7	falso	X ← (A <= B)	Armazenar na variável *X* o valor lógico da expressão relacional que compara se o valor da variável *A* é menor ou igual ao valor da variável *B*.
5	7	verdadeiro	X ← (A >= B)	Armazenar na variável *X* o valor lógico da expressão relacional que compara se o valor da variável *A* é maior ou igual ao valor da variável *B*.
5	7	falso	–	–

Atividade 6 – Resolvendo expressões relacionais

Objetivo: • Aprender a resolver expressões relacionais.

Tarefa: • Resolver expressões aritméticas e relacionais obtendo resultados lógicos.

Problema

Sendo *X*, *Y*, *Z* variáveis numéricas e *W*, *T* variáveis lógicas, qual o valor de cada variável no final do algoritmo?

```
início
  | X, Z, Y: numérico
  | W, T: lógico
  | X ← 5
  | Z ← (X + 4) / 3
  | Y ← ((X + 4) ^ (1/2))
  | W ← (X >= Z)
  | T ← (Z <> Y)
fim
```

Solucionando o problema

1. Separe as expressões do algoritmo.

```
X ← 5
Z ← (X + 4) / 3
Y ← ((X + 4) ^ (1/2))
W ← (X >= Z)
T ← (Z <> Y)
```

2. O resultado da variável *X* é o valor 5.

```
X ← 5
```

3. Encontre o valor da variável *Z*, obedecendo a prioridade dos parênteses.

```
Z ← (X + 4) / 3
Z ← 9 / 3
Z ← 3
```

4. Encontre o valor da variável *Y*.

```
Y ← ((X + 4) ^ (1/2))
Y ← 9 ^0,5
Y ← 3
```

5. Solucione a expressão que vai atribuir um valor lógico à variável *W*. Como X (5) é maior que Z (3), o valor retornado é verdadeiro.

```
W ← (X >= Z)
W ← verdadeiro
```

6. Solucione a expressão que vai atribuir um valor lógico à variável *T*. Como Z (3) é igual a Y (3), o valor retornado é falso.

   T ← (Z <> Y)
   T ← falso

7. Veja a seguir a resposta do problema.

   X = 5
   Z = 3
   Y = 3
   W = verdadeiro
   T = falso

Expressões lógicas

São expressões compostas por expressões relacionais com operadores lógicos. As expressões lógicas retornam valores lógicos.

Operadores lógicos

Operador lógico	Operação	Descrição
e	Intersecção	Retorna o valor lógico resultante da intersecção de valores lógicos de expressões relacionais. verdadeiro e verdadeiro = verdadeiro verdadeiro e falso = falso falso e falso = falso
ou	União	Retorna o valor lógico resultante da união de valores lógicos de expressões relacionais. verdadeiro ou verdadeiro = verdadeiro verdadeiro ou falso = verdadeiro falso ou falso = falso
não	Negação	Retorna o valor lógico resultante da contradição do valor lógico de uma expressão relacional. não verdadeiro = falso não falso = verdadeiro

Exemplos de expressões lógicas com operadores relacionais utilizando as variáveis numéricas *A*, *B* e as variáveis lógicas *X* e *Y*.

Variáveis				Comando *atribuição*/ Operação	Procedimento
A	B	X	Y		
–	–	–	–	A ← 5	Armazenar o valor 5 na variável *A*.
5	–	–	–	B ← 7	Armazenar o valor 7 na variável *B*.
5	7	–	–	X ← (A = B)	Armazenar na variável *X* o valor lógico da comparação se o valor da variável *A* é igual ao valor da variável *B*.
5	7	falso	–	Y ← (A < > B)	Armazenar na variável *Y* o valor lógico da comparação se o valor da variável *A* é diferente do valor da variável *B*.
5	7	falso	verda-deiro	Y ← X ou (A > B)	Armazenar na variável *Y* o valor lógico da expressão relacional resultante da união dos valores lógicos de X (falso) e da comparação (A> B), que é falso.
5	7	falso	falso	X ← Y e (A > B)	Armazenar na variável *X* o valor lógico da expressão relacional resultante da intersecção dos valores lógicos de Y (falso) e da comparação (A < B), que é verdadeiro.
5	7	falso	falso	X ← não Y	Armazenar na variável *X* o valor lógico da contradição do valor da variável *Y* (falso).
5	7	verda-deiro	falso	–	–

Prioridades entre operadores e operações

Prioridade	Operadores/Operações
1	Aritméticas e literais
2	Relacionais
3	não
4	e
5	ou

> Não se esqueça da prioridade dos parênteses, ou seja, as operações entre parênteses devem ser solucionadas primeiro.

Atividade 7 – Resolvendo diferentes tipos de expressões

Objetivo: • Resolver qualquer tipo de expressão.

Tarefa: • Resolver expressões obtendo o resultado final de cada variável.

Problema

Sendo *X* e *Y* variáveis numéricas, *Z* e *W* variáveis literais e *T* e *K* variáveis lógicas, qual o resultado de cada variável no final do algoritmo?

```
início
    X, Y: numérico
    Z, W: literal
    T, K: lógico
    X ← 3
    Y ← X ↑ 2
    Z ← "Abaca"
    W ← Z + "xi"
    T ← (X <= Y) e (não (Z + "te" <> W))
    K ← não (T e ("Abaca" = Z))
fim
```

Solucionando o problema

1. Separe as expressões do algoritmo.

```
X ← 3
Y ← X ↑ 2
Z ← "Abaca"
W ← Z + "xi"
T ← (X <= Y) e (não (Z+"te" <> W))
K ← não (T e ("Abaca" = Z))
```

2. O resultado da variável *X* é o valor 3.

```
X ← 3
```

3. Encontre a solução para a variável *Y* obedecendo o operador apresentado.

```
Y ← X ↑ 2
Y ← 3 ↑ 2
Y ← 9
```

4. O resultado da variável *Z* é o valor literal "Abaca".

```
← "Abaca"
```

5. Encontre a solução para a variável *W* obedecendo o operador apresentado.

```
W ← Z + "xi"
W ← "Abacaxi"
```

6. Encontre a solução para a variável *T*. Resolva cada expressão priorizando os parênteses.

```
T ← (X <= Y) e (não (Z+"te" <> W))
```

a) Na primeira expressão a ser resolvida, *X* (3) é menor que *Y* (9), portanto o resultado deve ser verdadeiro.

```
T ← verdadeiro e (não (Z+"te" <> W))
```

b) A segunda expressão é o uso do operador concatenação (+ adição de literais), pois será o valor concatenado da variável *Z* ("Abaca") com a constante literal "te". Posteriormente verificar se o valor final é diferente do valor armazenado em *W* ("Abacaxi").

```
T ← verdadeiro e (não (Z+"te" <> W))
T ← verdadeiro e (não ("Abacate" <> "Abacaxi"))
T ← verdadeiro e (não verdadeiro)
```

c) A terceira expressão, o operador lógico, não modifica o valor lógico de verdadeiro para o seu oposto.

```
T ← verdadeiro e (não verdadeiro)
T ← verdadeiro e falso
```

d) A quarta expressão desta linha de comando inserirá o valor da intersecção (e) dos valores lógico verdadeiro e falso na variável lógica T.

```
T ← verdadeiro e falso
T ← falso
```

7. Para finalizar, encontre a solução para a variável *K*. Resolva cada expressão priorizando os parênteses.

```
K ← não (T e ("Abaca" = Z))
```

a) A primeira expressão é a solução do par de parênteses mais interno. Nesta, o resultado da verificação do valor da constante "Abaca" é igual ao valor inserido na variável literal *Z* ("Abaca"). Como os dois valores são iguais, o valor retornado é verdadeiro. Cuidado com os valores maiúsculos e minúsculos, pois, neste caso, se os valores fossem "Abaca" e "ABACA" o resultado seria falso porque os dois são diferentes. Um está em letras maiúsculas e minúsculas e o outro somente com letras maiúsculas.

```
K ← não (T e ("Abaca" = Z))
K ← não (T e ("Abaca" = "Abaca"))
K ← não (T e verdadeiro)
```

b) A segunda expressão deverá retornar o valor lógico resultante da intersecção (e) dos valores lógicos verdadeiro e do valor armazenado em T (falso).

```
K ← não (T e verdadeiro)
K ← não (falso e verdadeiro)
K ← não falso
```

c) A solução do valor a ser armazenado na variável *K* é a negação (não) do valor lógico falso.

```
K ← não falso
K ← verdadeiro
```

8. Veja a seguir a resposta do problema.

```
X = 3
Y = 9
Z = "Abaca"
W = "Abacaxi"
T = falso
K = verdadeiro
```

Comandos de entrada e saída de dados

Na elaboração do algoritmo incluem-se os comandos para entrada e saída de dados. Os dados entram no computador (são "lidos") por meio dos códigos de barras, teclado, da tela de toque (touch screen), etc. e saem dele (são "escritos") por meio da impressora, do monitor, do som, etc.

O teclado e o monitor são bons exemplos de dispositivos de entrada e saída de dados: quando você pressiona uma letra no teclado, o computador recebe e interpreta o sinal que representa a letra e logo após emite o sinal que vai mostrar a letra no monitor.

Entrada de dados: comando *leia*

Para saber qual o comando para a entrada de dados no algoritmo, acompanhe os exemplos nas três formas de representação.

Sintaxes do comando leia

1. Pseudocódigo

    leia <lista_de_identificadores>

    Exemplo

```
início
  | PESSOA: literal
  | leia PESSOA
fim
```

> Para aplicar o comando *leia*, você deve primeiramente declarar a variável.

2. Fluxograma

    Quando o periférico de entrada não for especificado, utiliza-se a forma geométrica ▱ para representar a entrada de dados; quando ela for feita pelo teclado, utiliza-se a forma ⏢. O nome da variável a ser lida deve ser colocado dentro dessa figura.

    Exemplos

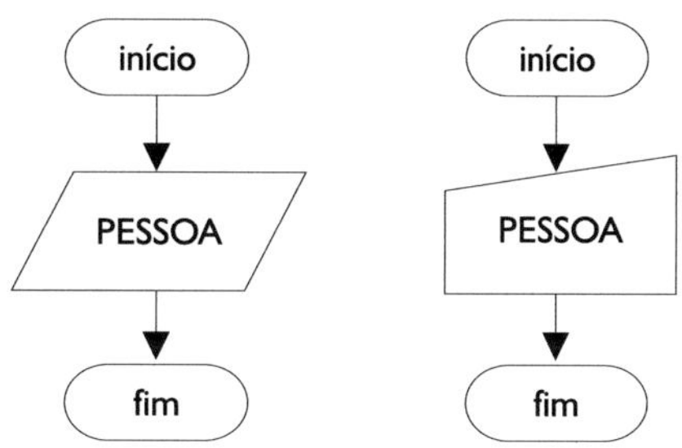

3. Diagrama de Chapin

    Nessa representação, o comando de entrada de dados é colocado na forma a seguir.

leia PESSOA

> As representações do algoritmo por meio de fluxograma e diagrama de Chapin não possuem declaração de variáveis.

Saída de dados: comando *escreva*

Sintaxes do comando escreva

1. Pseudocódigo

```
escreva <lista_de_identificadores>
```

> Em outros livros você pode encontrar os comandos *exiba* e *imprima* no lugar de *escreva* para diferenciar a saída por vídeo ou pela impressora. Aqui, esses comandos não foram utilizados. No entanto, se você preferir, pode empregá-los nos seus algoritmos em pseudocódigo.

Exemplo

```
início
   | PESSOA: literal
   | leia PESSOA
   | escreva PESSOA
fim
```

Para utilizar o comando *escreva*, é necessário que a variável seja declarada e que contenha um valor, senão ocorrerá um erro.

No exemplo acima, a variável declarada é *PESSOA*. Um meio externo, por exemplo, o teclado, vai permitir a entrada do dado, ou seja, vai ler um valor, por exemplo Maria, a ser armazenado nessa variável. Esse mesmo valor é posteriormente acessado na variável *PESSOA* e enviado, escrito, para o meio externo, por exemplo, para uma impressora, que irá imprimi-lo no papel.

2. Fluxograma

Podem ser utilizadas várias figuras para representar o comando de saída de dados, de acordo com o dispositivo de saída. As mais comuns são: a mesma figura utilizada para a entrada de dados, pois serve para qualquer dispositivo ( ); a figura que representa a saída de dados por meio do monitor ( ); e a que representa a saída de dados por meio de uma impressora ( ).

Exemplos

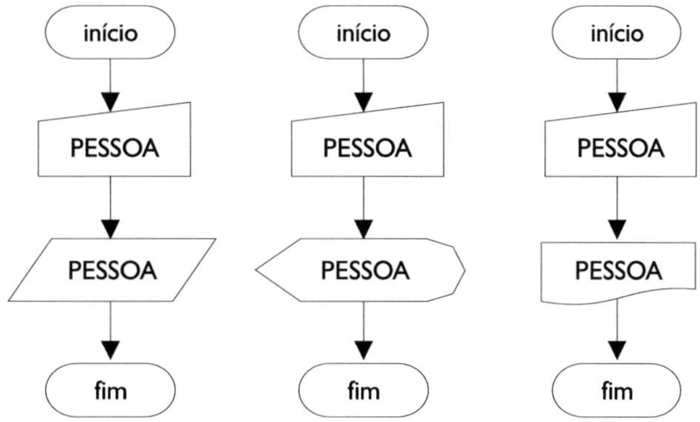

3. Diagrama de Chapin

   Nessa representação, o comando de entrada de dados é colocado na forma a seguir.

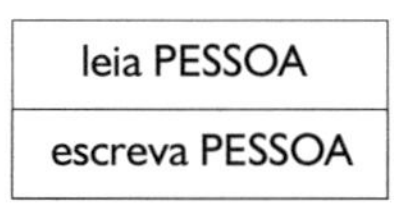

Atividade 8 – Lendo e escrevendo dados nos algoritmos

Objetivo: • Aprender a utilizar os comandos de entrada e saída de dados.

Tarefa: • Empregar os comandos de entrada e saída de dados em algoritmos.

Problema

Crie um algoritmo para cadastrar e imprimir os dados de um aluno que foram declarados na Atividade 2 e comentados na Atividade 3 deste capítulo. Represente o algoritmo em pseudocódigo.

Solucionando o problema

1. Pseudocódigo

   a) Copie a declaração das variáveis comentadas na Atividade 3.

```
início
|                    {Declaração de variáveis}
|  NOME,             {Variável para armazenar o nome do aluno}
|  SEXO,             {Variável para armazenar o sexo do aluno}
|  ENDERECO,         {Variável para armazenar o endereço do aluno}
|  CIDADE,           {Variável para armazenar o nome da cidade
|                     onde o aluno reside}
|
```

```
UF,                 {Variável para armazenar a sigla do estado
                     onde o aluno reside}
PAI,                {Variável para armazenar o nome do pai do aluno}
MAE: literal        {Variável para armazenar o nome da mãe do aluno}
FONE,               {Variável para armazenar o telefone do aluno.
                     Só considera números. Por exemplo: 2363543}
CEP,                {Variável para armazenar o CEP da residência
                     do aluno}
RG,                 {Variável para armazenar o Registro Geral do
                     aluno. Só considera números}
DATANASC,           {Variável para armazenar a data de nascimento
                     do aluno. Só considera números}
GRAUESC: numérico   {Variável para armazenar o grau de escolaridade
                     do aluno. Serão aceitos somente 0 (analfabeto),
                     1 (1º grau), 2 (2º grau) e 3 (3º grau)}
```

b) Faça a entrada dos dados que devem ser atribuídos às variáveis. Observe, no exemplo a seguir, que foram colocadas mensagens nas atribuições. Elas são apenas uma sugestão, se preferir, você pode retirá-las.

> As mensagens servem para facilitar o intercâmbio com o usuário. Elas devem ser colocadas entre aspas e separadas por vírgula das variáveis que serão lidas ou escritas.

```
{Atribuição de valores às variáveis}
leia "Entre com o nome do aluno:", NOME
leia "Entre com o sexo:", SEXO
leia "Entre com o endereço:", ENDERECO
leia "Entre com a cidade onde o aluno reside:", CIDADE
leia "Entre com a sigla do estado onde o aluno reside:", UF
leia "Entre com o CEP (somente números):", CEP
leia "Entre com o telefone (somente números):", FONE
leia "Entre com o nome do pai do aluno:", PAI
leia "Entre com o nome da mãe do aluno:", MAE
leia "Entre com o Registro Geral (RG) do aluno (somente números):", RG
leia "Entre com a data de nascimento do aluno (somente números):",
     DATANASC
leia "Entre com o grau de escolaridade do aluno (0, 1, 2, 3):", GRAUESC
```

> Não se podem colocar variáveis literais e variáveis numéricas na mesma leitura. Porém, isso é permitido para o comando de saída.

c) A última etapa do pseudocódigo é fazer a saída (impressão) dos mesmos dados.

```
escreva "Aluno:", NOME
escreva "Sexo:", SEXO, "Data de Nascimento:", DATANASC
escreva "Registro Geral (RG):", RG
escreva "Grau de escolaridade:", GRAUESC, "grau"
escreva "Endereço:", ENDERECO, "Cidade:", CIDADE, "Estado:", UF
escreva "CEP:", CEP
```

```
escreva "Telefone:", FONE
escreva "Nome do pai:", PAI
escreva "Nome da mãe:", MAE
```

d) Veja a seguir a notação completa do algoritmo em pseudocódigo.

```
início
                          {Declaração de variáveis}
   NOME,                  {Variável para armazenar o nome do aluno}
   SEXO,                  {Variável para armazenar o sexo do aluno}
   ENDERECO,              {Variável para armazenar o endereço do aluno}
   CIDADE,                {Variável para armazenar o nome da cidade
                           onde o aluno reside}
   UF,                    {Variável para armazenar a sigla do estado
                           onde o aluno reside}
   PAI,                   {Variável para armazenar o nome do pai do aluno}
   MAE: literal           {Variável para armazenar o nome da mãe do aluno}
   FONE,                  {Variável para armazenar o telefone do aluno.
                           Só considera números. Por exemplo: 2363543}
   CEP,                   {Variável para armazenar o CEP da residência
                           do aluno}
   RG,                    {Variável para armazenar o Registro Geral do
                           aluno. Só considera números}
   DATANASC,              {Variável para armazenar a data de nascimento
                           do aluno. Só considera números}
   GRAUESC: numérico      {Variável para armazenar o grau de escolaridade
                           do aluno. Serão aceitos somente 0 (analfabeto),
                           1 (1º grau), 2 (2º grau) e 3 (3º grau)}

   {Atribuição de valores às variáveis}
   leia "Entre com o nome do aluno:", NOME
   leia "Entre com o sexo:", SEXO
   leia "Entre com o endereço:", ENDERECO
   leia "Entre com a cidade onde o aluno reside:", CIDADE
   leia "Entre com a sigla do estado onde o aluno reside:", UF
   leia "Entre com o CEP (somente números):", CEP
   leia "Entre com o telefone (somente números):", FONE
   leia "Entre com o nome do pai do aluno:", PAI
   leia "Entre com o nome da mãe do aluno:", MAE
   leia "Entre com o Registro Geral (RG) do aluno (somente números):", RG
   leia "Entre com a data de nascimento do aluno (somente números):",
        DATANASC
   leia "Entre com o grau de escolaridade do aluno (0, 1, 2, 3):", GRAUESC
   escreva "Aluno:", NOME
   escreva "Sexo:", SEXO, "Data de Nascimento:", DATANASC
   escreva "Registro Geral (RG):", RG
   escreva "Grau de escolaridade:", GRAUESC, "grau"
   escreva "Endereço:", ENDERECO, "Cidade:", CIDADE, "Estado:", UF
   escreva "CEP:", CEP
   escreva "Telefone:", FONE
   escreva "Nome do pai:", PAI
   escreva "Nome da mãe:", MAE
fim
```

Veja a resposta para esta atividade nas representações Fluxograma e Diagrama de Chapin na pasta *Atividades*. Além disso, na pasta *Exercícios Propostos*, você encontrará sugestões de exercícios para assimilar os conteúdos abordados nesta atividade.

Resumo do capítulo

<table>
<tr><th>Termo</th><th>Explanação</th><th>Representação</th></tr>
<tr><td>Constantes</td><td>Valores inseridos em cada parte da memória do computador, que permanecem os mesmos do início ao fim do algoritmo.</td><td></td></tr>
<tr><td>Constantes numéricas</td><td>Todo e qualquer valor numérico positivo ou negativo.</td><td></td></tr>
<tr><td>Constantes literais</td><td>Também conhecidas como alfanuméricas, são conjuntos de caracteres (letras, dígitos ou símbolos especiais: -, %, $, etc.), que devem ser colocados entre aspas.</td><td></td></tr>
<tr><td>Constantes lógicas</td><td>São os valores lógicos verdadeiro e falso.</td><td></td></tr>
<tr><td>Variáveis</td><td>Nomes associados a endereços de memória que armazenam valores (constantes).</td><td></td></tr>
<tr><td>Identificador</td><td>Nome de uma variável.</td><td></td></tr>
<tr><td>Regra de criação de identificadores</td><td>O identificador pode ser formado por um ou mais caracteres e deve estar sempre em maiúscula. O primeiro caractere deve ser, obrigatoriamente, uma letra e os caracteres seguintes podem ser letras ou números. Não é permitido o uso de símbolos, de sinais gráficos e de pontuação (/ , . - ! @ # $ % ^ & * ( ) + = | \ ~ ` < > ? : ; ” ’{ [}]), exceto o sinal _.</td><td></td></tr>
<tr><td>Variáveis numéricas</td><td>Variáveis que podem receber apenas valores (constantes) numéricos.</td><td></td></tr>
<tr><td>Variáveis literais</td><td>Variáveis que podem receber apenas valores (constantes) literais.</td><td></td></tr>
</table>

Termo	Explanação	Representação
Variáveis lógicas	Variáveis que podem receber apenas valores (constantes) lógicos.	
Expressões aritméticas	Expressões que utilizam operadores aritméticos e funções aritméticas envolvendo constantes e variáveis numéricas.	
Expressões literais	Expressões com constantes e/ou variáveis literais que têm como resultado valores literais. Diferentemente das expressões aritméticas, as expressões literais aceitam somente o operador de concatenação.	
Expressões relacionais	Expressões compostas por outras expressões ou variáveis numéricas com operadores relacionais. As expressões relacionais retornam valores lógicos.	
Expressões lógicas	Expressões compostas por expressões relacionais com operadores lógicos. As expressões lógicas retornam valores lógicos.	
Declarar variável	Utilizar um comando para reservar espaço na memória que armazenará um tipo de constante. Esse espaço é referenciado por um nome.	1. Fluxograma (não há representação) 2. Pseudocódigo <identificador> : <tipo de variável> 3. Diagrama de Chapin (não há representação)
Comentários	Informações auxiliares que facilitam o entendimento do algoritmo.	1. Fluxograma – – –[<comentário a ser inserido> 2. Pseudocódigo { <comentário a ser inserido> } 3. Diagrama de Chapin (não há representação)

Termo	Explanação	Representação
Comando *atribuição*	Utilizado para armazenar uma constante em uma variável.	1. Fluxograma <identificador> ← <valor a ser armazenado> 2. Pseudocódigo <identificador> ← <valor a ser armazenado> 3. Diagrama de Chapin <identificador> ← <valor a ser armazenado>
Entrada de dados	Os dados entram no computador (são "lidos") por meio dos periféricos de entrada de dados (códigos de barras, teclado, tela de toque (touch screen), etc.).	1. Fluxograma A figura a seguir é utilizada para ler um dado por meio de um periférico de entrada qualquer. <variável> A figura a seguir é utilizada para ler um dado por meio do teclado. <variável> 2. Pseudocódigo leia <lista_de_identificadores> 3. Diagrama de Chapin leia <lista_de_identificadores>
Saída de dados	Os dados saem do computador (são "escritos") por meio dos periféricos de saída de dados (impressora, monitor, som, etc.).	1. Fluxograma A figura a seguir é utilizada para escrever (dar saída a) um dado por meio de um periférico de saída qualquer. <variável> A figura a seguir é utilizada para escrever um dado por meio do vídeo do computador. <variável>

Termo	Explanação	Representação
		A figura a seguir é utilizada para escrever um dado por meio da impressora.  2. Pseudocódigo escreva <lista_de_identificadores> 3. Diagrama de Chapin escreva <lista_de_identificadores>

Expressões aritméticas

Operadores aritméticos

Operador	Operação	Descrição
+	Adição	Faz a soma de dois números.
-	Subtração	Faz a subtração de um número de outro.
*	Multiplicação	Faz a multiplicação de um número por outro.
/	Divisão	Faz a divisão de um número por outro.
^ ou ↑	Potenciação	Faz a elevação de um número a uma potência.

Funções aritméticas

Função	Sintaxe	Descrição
Divisão inteira	X / Y	Faz a divisão inteira do número x pelo número y, ou seja, retorna somente a parte decimal da divisão.
Resto da divisão inteira	X % Y	Retorna o resto da divisão inteira do número x pelo número y.
Raiz quadrada	X ^ (1/2) ou X ^0,5	Retorna o valor da raiz quadrada do número x.

Prioridades entre operações aritméticas

Prioridade	Operações
1	Potenciação, radiciação
2	Multiplicação, divisão
3	Adição, subtração

Expressões literais

Operador literal

Operador	Operação	Descrição
+	Concatenação	Junta dois valores literais em um só.

Expressões relacionais

Operadores relacionais

Operador	Operação	Descrição
=	Igualdade	Verifica se dois valores são iguais e retorna um valor lógico.
<>	Diferença	Verifica se dois valores são diferentes e retorna um valor lógico.
<	Menor que	Verifica se um número é menor que outro e retorna um valor lógico.
>	Maior que	Verifica se um número é maior que outro e retorna um valor lógico.
<=	Menor ou igual a	Verifica se um número é menor ou igual a outro e retorna um valor lógico.
>=	Maior ou igual a	Verifica se um número é maior ou igual a outro e retorna um valor lógico.

Expressões lógicas

Operadores lógicos

Operador lógico	Operação	Descrição
e	Intersecção	Retorna o valor lógico resultante da intersecção de valores lógicos de expressões relacionais. verdadeiro e verdadeiro = verdadeiro verdadeiro e falso = falso falso e falso = falso
ou	União	Retorna o valor lógico resultante da união de valores lógicos de expressões relacionais. verdadeiro ou verdadeiro = verdadeiro verdadeiro ou falso = verdadeiro falso ou falso = falso
não	Negação	Retorna o valor lógico resultante da contradição do valor lógico de uma expressão relacional. não verdadeiro = falso não falso = verdadeiro

Prioridades entre operadores e operações

Prioridade	Operadores/Operações
1	Aritméticas e literais
2	Relacionais
3	não
4	e
5	ou

3

Estruturas de controle linear e condicional (simples e composta)

OBJETIVOS

- Entender o conceito de estruturas de controle
- Conhecer e utilizar a estrutura de controle condicional simples
- Conhecer e utilizar a estrutura de controle condicional composta

Estruturas de controle

Baseado no que foi visto até agora, você pode concluir que, para fazer um algoritmo, são necessários vários comandos dentro de uma determinada estrutura. Como num quebra-cabeça, em que as peças (comandos) são colocadas em lugares estabelecidos (estruturas). Essas estruturas, chamadas *Estruturas de Controle*, permitem o controle do fluxo de execução dos comandos, tornando a solução de um algoritmo diferente da encontrada em outro algoritmo.

No algoritmo, existem quatro estruturas de controle: sequencial, condicional simples, condicional composta e de repetição.

Estrutura de controle sequencial

Seguir uma receita culinária significa fazer passo a passo o que está sendo indicado. Se você observar os algoritmos que foram criados nos capítulos anteriores, vai notar que existe uma "receita" de procedimento, isto é, existe uma sequência de execução dos comandos. Essa estrutura de controle sequencial também é conhecida como *Linear*.

Observe no algoritmo a seguir que um comando é executado após o outro.

```
início
   | NOME: literal
   | leia PESSOA
   | escreva PESSOA
fim
```

Estrutura de controle condicional

No dia a dia, surge a necessidade de tomar decisões. Na lógica de programação isso também ocorre. Para tomar uma decisão em lógica, você deve utilizar a estrutura de controle condicional, também conhecida como *Estrutura de Controle Decisória ou de Decisão* ou *Estrutura de Controle Alternativa*. Essa estrutura executa um ou vários comandos, desde que seja satisfeita uma condição, ou várias, representada por uma expressão lógica. A estrutura de controle condicional se classifica em simples ou composta.

Estrutura de controle condicional simples

Para entender essa estrutura, pense no problema: "leia um número; se ele for maior que 10, multiplique por 0,1". Para solucioná-lo, com certeza, você tem de fazer a pergunta: "o número é maior que 10?". Se a resposta for positiva, basta multiplicar o número por 0,1. Se for negativa, não é preciso fazer nada. Veja como isso é representado no algoritmo a seguir.

```
se NUMERO > 10
|   então NUMERO ← NUMERO * 0,1
fim-se
```

A estrutura *se/então/fim-se* denomina-se *Estrutura Condicional Simples*. Ela determina que, se a condição for satisfeita, será executado o comando (ou comandos) que estiver entre as palavras então e fim-se.

Veja a seguir como representar essa estrutura em pseudocódigo, fluxograma e diagrama de Chapin.

1. Pseudocódigo

```
se <condição>
|   então <comandos>
fim-se
```

2. Fluxograma

   A estrutura condicional é representada por um losango ( ). Dessa figura saem duas setas: uma para a condição falsa e outra para a verdadeira. Utiliza-se também a circunferência ( ), denominada *Conector*, para fundir as linhas do fluxograma em uma única sequência. Os comandos são colocados em um retângulo, como visto anteriormente.

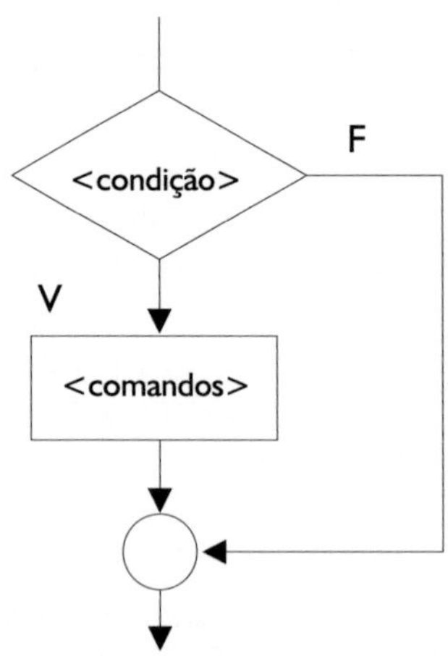

3. Diagrama de Chapin

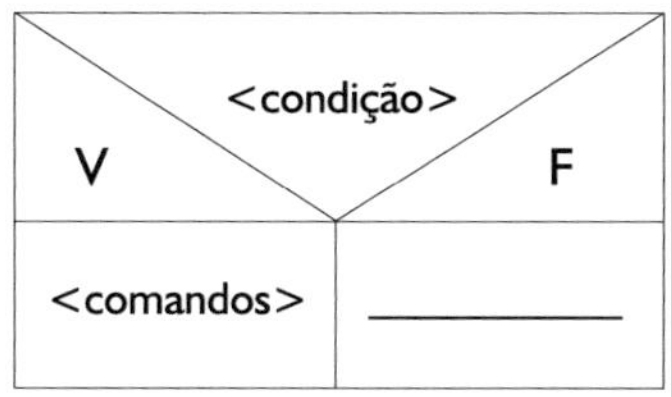

Veja a seguir um exemplo de problema envolvendo a estrutura condicional simples.

Problema

Faça um algoritmo para ler um número e verificar se ele é maior que 100. Se for, o algoritmo deve somar 150 a esse número. No final, o algoritmo deve imprimir o resultado da soma.

Soluções

1. Pseudocódigo

a) O enunciado do problema indica a necessidade de uma variável correspondente para o número.

```
início
  | NUMERO: numérico
```

b) Como dito no enunciado, o algoritmo deve ler um número.

```
início
  | NUMERO: numérico
  | leia NUMERO
```

c) O algoritmo deve verificar se o valor que está na variável *NUMERO* é ou não maior que 100 (estrutura condicional).

```
início
  | NUMERO: numérico
  | leia NUMERO
  | se NUMERO > 100
```

d) Se o resultado da relação NUMERO > 100 for verdadeiro, o algoritmo deve acrescentar 150 ao valor do conteúdo da variável *NUMERO*.

```
início
    NUMERO: numérico
    leia NUMERO
    se NUMERO > 100
    |  então NUMERO ← NUMERO + 150
    fim-se
```

e) Para finalizar, o algoritmo deve imprimir o número.

```
início
    NUMERO: numérico
    leia NUMERO
    se NUMERO > 100
    |  então NUMERO ← NUMERO + 150
    fim-se
    escreva "O número é:", NUMERO
fim
```

2. Fluxograma

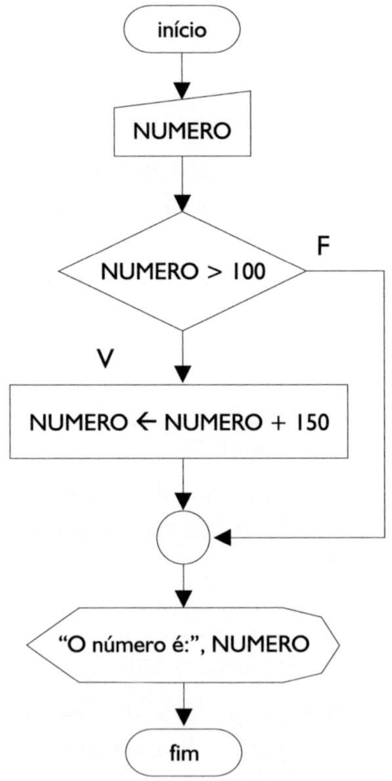

3. Diagrama de Chapin

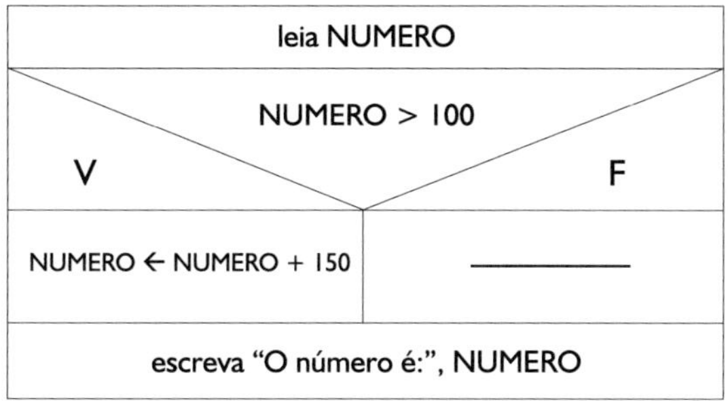

Atividade 1 – Tomando decisões simples

Objetivo: • Fixar o conceito e a utilização da estrutura condicional simples.

Tarefa: • Aprender quando e como utilizar a estrutura condicional simples nos algoritmos.

Problema

Faça um algoritmo para ler dois números e responder se a divisão do primeiro número pelo segundo é exata (o resto da divisão deve ser igual a 0). Se for, o algoritmo deve imprimir a mensagem "A divisão de (número 1) por (número 2) é exata". Represente em pseudocódigo.

Solucionando o problema

1. Pseudocódigo

   a) O enunciado indica uma variável para o primeiro número e outra para o segundo. Além disso, é necessária uma terceira, para o resultado da divisão dos números. Essa terceira variável irá armazenar o resultado da função matemática resto da divisão inteiro (%). Para diferenciar o nome da função matemática da variável, deve-se utilizar o termo *RESTODIVISAO*.

```
início
|  NUM1, NUM2, RESTODIVISAO: numérico
```

   b) O algoritmo deve ler os números.

```
início
|  NUM1, NUM2, RESTODIVISAO: numérico
|  leia NUM1, NUM2
```

c) Calcular o resto da divisão dos números.

```
início
|
|  NUM1, NUM2, RESTODIVISAO: numérico
|  leia NUM1, NUM2
|  RESTODIVISAO ← NUM1 % NUM2
|
```

d) Verificar se o valor da variável *RESTODIVISAO* é igual a zero, utilizando a estrutura *se/fim-se*.

```
início
|
|  NUM1, NUM2, RESTODIVISAO: numérico
|  leia NUM1, NUM2
|  RESTODIVISAO ← NUM1 % NUM2
|  se RESTODIVISAO = 0
|
```

e) Se o resultado for verdadeiro, escrever a mensagem para concluir o algoritmo.

```
início
|
|  NUM1, NUM2, RESTODIVISAO: numérico
|  leia NUM1, NUM2
|  RESTODIVISAO ← NUM1 % NUM2
|  se RESTODIVISAO = 0
|  |  então escreva "A divisão do", NUM1, "pelo", NUM2, "é exata"
|  fim-se
|
fim
```

> Veja a resposta para esta atividade nas representações Fluxograma e Diagrama de Chapin na pasta *Atividades*. Além disso, na pasta *Exercícios Propostos*, você encontrará sugestões de exercícios para assimilar os conteúdos abordados nesta atividade.

Estrutura de controle condicional composta

A estrutura de controle condicional simples, ou estrutura condicional simples, possibilita a execução de comandos somente se a condição for verdadeira. Se a condição for falsa, não se pode executar qualquer comando dentro dessa estrutura. Para isso, existe a estrutura de controle condicional composta, ou estrutura condicional composta, formada pela mesma estrutura da condicional simples, acrescida da cláusula *senão* após o último comando da cláusula *então*.

Veja como fica essa estrutura nas três representações.

1. Pseudocódigo

```
se <condição>
   | então <comandos>
   | senão <comandos>
fim-se
```

2. Fluxograma

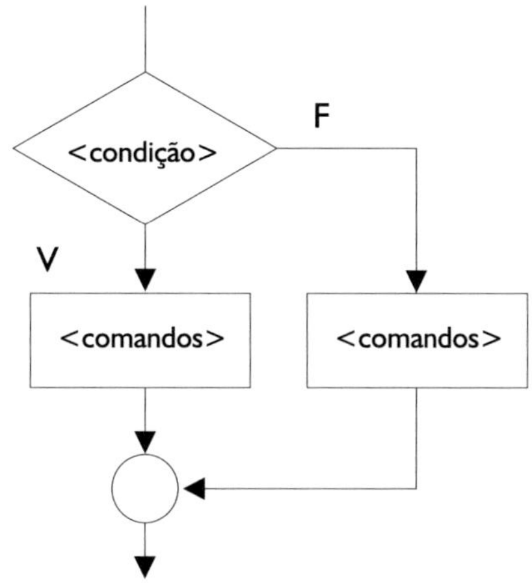

3. Diagrama de Chapin

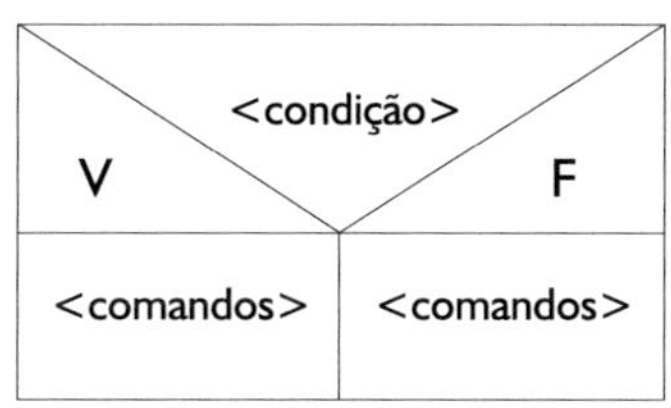

Veja a seguir um exemplo de problema envolvendo a estrutura condicional composta.

Problema

Faça um algoritmo para ler o nome de um aluno e sua média final. O resultado desse algoritmo deve ser uma mensagem informando se o aluno foi aprovado ou não. O critério de aprovação é ter média igual ou superior a 6,0. Represente o algoritmo em pseudocódigo, fluxograma e diagrama de Chapin.

Soluções

1. Pseudocódigo

a) O enunciado do problema indica dois dados de entrada: o nome do aluno e a média final. O primeiro passo, portanto, é declarar uma variável literal para o nome e uma variável numérica para a média final.

```
início
| NOME: literal
| MEDIA: numérico
```

b) O algoritmo deve ler as variáveis.

```
início
| NOME: literal
| MEDIA: numérico
| leia NOME
| leia MEDIA
```

c) A próxima etapa é verificar (testar) se a média final é ou não maior que 6,0, por meio do comando *se*. Se for, o algoritmo deve imprimir a mensagem informando que o aluno está aprovado.

```
início
| NOME: literal
| MEDIA: numérico
| leia NOME
| leia MEDIA
| se MEDIA >= 6
|   | então escreva "O aluno", NOME, "está aprovado"
```

d) Se a média final for menor que 6,0, deve aparecer a mensagem dizendo que o aluno está reprovado. Nesse caso, deve ser utilizado o parâmetro *senão*.

```
início
| NOME: literal
| MEDIA: numérico
| leia NOME
| leia MEDIA
| se MEDIA >= 6
|   | então escreva "O aluno", NOME, "está aprovado"
|   | senão escreva "O aluno", NOME, "está reprovado"
| fim-se
fim
```

2. Fluxograma

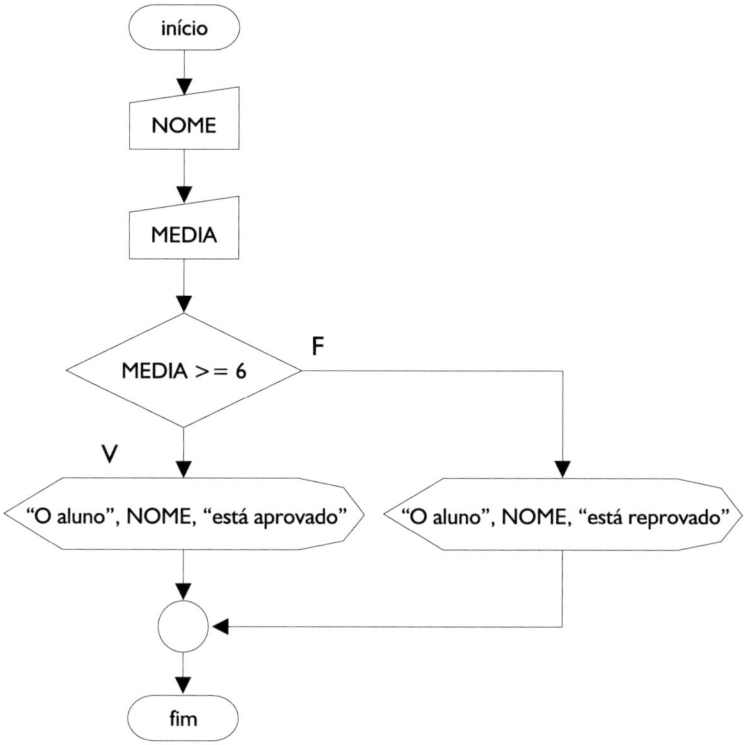

3. Diagrama de Chapin

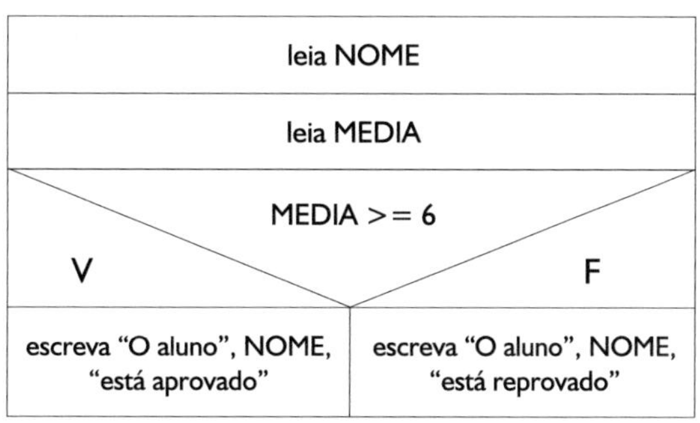

Encadeamento de comandos *se*

Nos problemas com vários testes/comparações, portanto, com vários comandos *se*, é necessário encadear os comandos, inserindo um dentro do outro, para aplicar e verificar todas as soluções possíveis. Veja o exemplo a seguir.

Problema

Faça um algoritmo para ler duas notas de um aluno. Se a média aritmética das notas for maior que 6,0, deve aparecer a mensagem "Média superior à média mínima (6,0)"; se for igual a 6,0, "Média igual à média mínima (6,0)"; se for menor que 6,0, "Média inferior à média mínima (6,0)". Represente o algoritmo em pseudocódigo, fluxograma e diagrama de Chapin.

Soluções

1. Pseudocódigo

Exemplo A

a) O enunciado do problema indica duas notas e a média aritmética das duas, ou seja, três variáveis, que devem ser declaradas.

```
início
|  NOTA1, NOTA2, MEDIA: numérico
```

b) O algoritmo deve ler as duas notas.

```
início
|  NOTA1, NOTA2, MEDIA: numérico
|  leia NOTA1, NOTA2
```

c) Fazer a média aritmética da notas (soma dos valores dividida pela quantidade dos valores).

```
início
|  NOTA1, NOTA2, MEDIA: numérico
|  leia NOTA1, NOTA2
|  MEDIA ← (NOTA1 + NOTA2) / 2
```

d) O primeiro teste é verificar se a média aritmética é maior que 6,0. Se for, deve aparecer a mensagem correspondente.

```
início
|  NOTA1, NOTA2, MEDIA: numérico
|  leia (NOTA1, NOTA2)
|  MEDIA ← (NOTA1 + NOTA2) / 2
|  se MEDIA > 6
|  |  então escreva "Média superior à média mínima (6,0)"
```

e) Em seguida, são feitos os dois testes restantes. O primeiro é solucionado pela opção *senão*, que conterá outro comando *se* que vai fazer o teste. Dentro do comando *se*, utilize a opção *então* para executar os comandos necessários caso a resposta do teste seja afirmativa.

```
início
|
| NOTA1, NOTA2, MEDIA: numérico
| leia NOTA1, NOTA2
| MEDIA ← (NOTA1 + NOTA2) / 2
| se MEDIA > 6
| |  então escreva "Média superior à média mínima (6,0)"
| |  senão se MEDIA = 6
| |          |  então escreva "Média igual à média mínima (6,0)"
| |          |
```

f) O segundo teste é feito por exclusão, ou seja, se a resposta do primeiro teste não for afirmativa, só pode ser negativa. Para executar as ações necessárias para esse caso, utilize a opção *senão*.

```
início
|
| NOTA1, NOTA2, MEDIA: numérico
| leia NOTA1, NOTA2
| MEDIA ← (NOTA1 + NOTA2) / 2
| se MEDIA > 6
| |  então escreva "Média superior à média mínima (6,0)"
| |  senão se MEDIA = 6
| |          |  então escreva "Média igual à média mínima (6,0)"
| |          |  senão escreva "Média inferior à média mínima (6,0)"
| |         fim-se
| fim-se
|
fim
```

Você pode criar um algoritmo diferente para resolver o mesmo problema. Veja o exemplo a seguir.

Exemplo B

```
início
|
| NOTA1, NOTA2, MEDIA: numérico
| leia NOTA1, NOTA2
| MEDIA ← (NOTA1 + NOTA2) / 2
| se MEDIA > 6
| |  então escreva "Média superior à média mínima (6,0)"
| fim-se
| se MEDIA = 6
| |  então escreva "Média igual à média mínima (6,0)"
| fim-se
| se MEDIA < 6
| |  então escreva "Média inferior à média mínima (6,0)"
| fim-se
|
fim
```

> Embora os dois exemplos estejam corretos e tenham resolvido o problema, a execução do primeiro algoritmo será mais rápida, porque ele só contém dois testes (MEDIA > 6 e MEDIA = 6), enquanto o segundo apresenta três.

2. Fluxograma

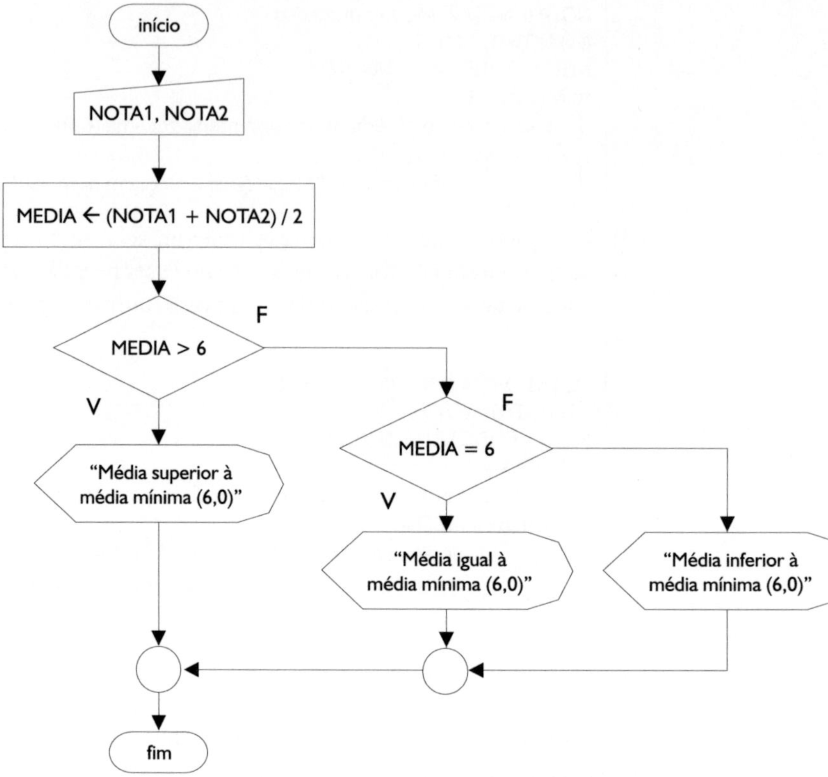

3. Diagrama de Chapin

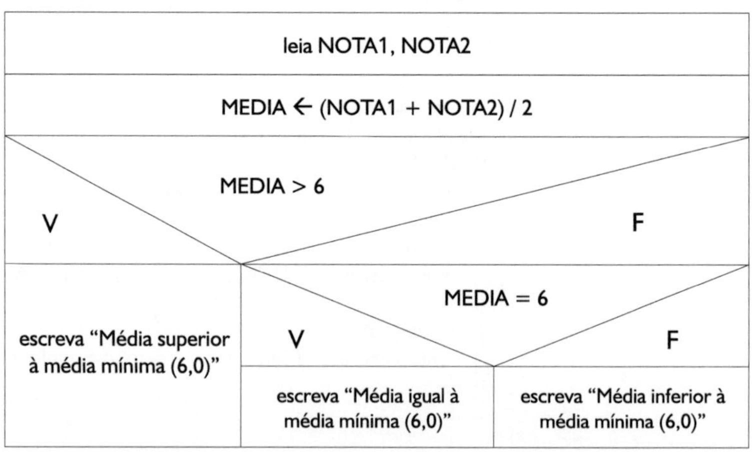

A partir de agora, os algoritmos ficarão cada vez maiores e mais complexos, para facilitar o trabalho com eles, será utilizado o comando *refinamento*, apresentado no primeiro capítulo.

Atividade 2 – Fazendo vários testes para tomar decisões

Objetivo: • Fixar o conceito e a utilização da estrutura condicional composta.

Tarefa: • Exercitar a estrutura condicional composta por meio de testes.

Problema

Faça um algoritmo para ler três notas de um aluno e imprimir a maior delas. Represente o algoritmo em pseudocódigo. Considere que as notas serão diferentes.

Solucionando o problema

1. Pseudocódigo

a) Separe do enunciado as etapas de construção do algoritmo.

- Declarar as variáveis.
- Ler as notas.
- Verificar qual nota é a maior.
- Escrever o valor da nota maior.

b) Com essas etapas, monte a estrutura geral do algoritmo.

```
início
|
|   Declarar as variáveis
|   Ler as notas
|   Verificar qual nota é a maior
|   Escrever o valor da nota maior
|
fim
```

c) Como você ainda não sabe quantas e quais variáveis deverão ser declaradas, deixe essa etapa por último. Portanto, a primeira tarefa do seu algoritmo é refinar a ação Ler as notas.

```
ref. Ler as notas
|
|   leia NOTA1, NOTA2, NOTA3
|
fim-ref.
```

d) Para verificar qual nota é a maior, devem ser feitos três testes.

Teste 1

Verificar se a NOTA1 é maior que a NOTA2 e a NOTA3. Se for, armazenar o valor da NOTA1 na variável chamada *MAIOR*.

```
ref. Verificar qual nota é a maior
|
|   se (NOTA1 > NOTA2) e (NOTA1 > NOTA3)
|   |   então MAIOR ← NOTA1
|   |
```

Teste 2

Se a NOTA1 não for a maior, testar se a NOTA2 é maior que a NOTA1 e a NOTA3. Se for, armazenar o valor da NOTA2 na variável *MAIOR*.

```
ref. Verificar qual nota é a maior
  | se (NOTA1 > NOTA2) e (NOTA1 > NOTA3)
  |  | então MAIOR ← NOTA1
  |  | senão se (NOTA2 > NOTA1) e (NOTA2 > NOTA3)
  |  |      | então MAIOR ← NOTA2
```

Teste 3

Neste caso, se o Teste 2 não tiver sido satisfeito, ou seja, a NOTA2 não tiver sido a maior, o resultado como última solução é armazenar a NOTA3 na variável maior.

```
ref. Verificar qual nota é a maior
  | se (NOTA1 > NOTA2) e (NOTA1 > NOTA3)
  |  | então MAIOR ← NOTA1
  |  | senão se (NOTA2 > NOTA1) e (NOTA2 > NOTA3)
  |  |      | então MAIOR ← NOTA2
  |  |      | senão MAIOR ← NOTA3
  |  |      fim-se
  | fim-se
fim-ref.
```

e) A próxima etapa é refinar a tarefa *Escrever o valor da nota maior.*

```
ref. Escrever o valor da nota maior
  | escreva MAIOR
fim-ref.
```

f) Agora que as variáveis foram definidas, refine a tarefa *Declarar as variáveis*.

```
ref. Declarar as variáveis
  | NOTA1, NOTA2, NOTA3, MAIOR: numérico
fim-ref.
```

g) Monte o algoritmo, seguindo a ordem original das tarefas, com todas as etapas resolvidas.

```
início
   |
   | NOTA1, NOTA2, NOTA3, MAIOR: numérico
   | leia NOTA1, NOTA2, NOTA3
   | se (NOTA1 > NOTA2) e (NOTA1 > NOTA3)
   |   |  então MAIOR ← NOTA1
   |   |  senão se (NOTA2 > NOTA1) e (NOTA2 > NOTA3)
   |   |            | então MAIOR ← NOTA2
   |   |            | senão MAIOR ← NOTA3
   |   |           fim-se
   | fim-se
   | escreva MAIOR
   |
fim
```

Veja a resposta para esta atividade na representação Fluxograma no arquivo *Atividades*. Além disso, na pasta *Exercícios Propostos*, você encontrará sugestões de exercícios para assimilar os conteúdos abordados nesta atividade.

Resumo do capítulo

Termo	Explanação	Representação
Estrutura de controle sequencial ou Linear	Estrutura em que um comando é executado após o outro sem nenhum desvio.	1. Fluxograma 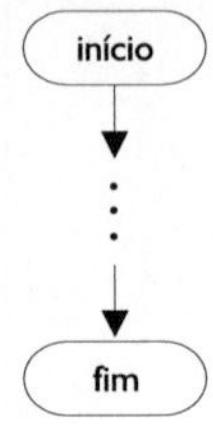 2. Pseudocódigo início <comando 1> ⋮ <comando n> fim 3. Diagrama de Chapin 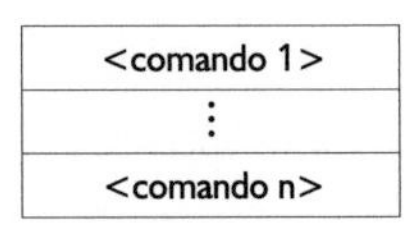
Estrutura de controle condicional simples	Estrutura que, a partir de uma expressão lógica verdadeira, pode executar um conjunto de comandos. Também conhecida como Decisória ou Alternativa.	1. Fluxograma 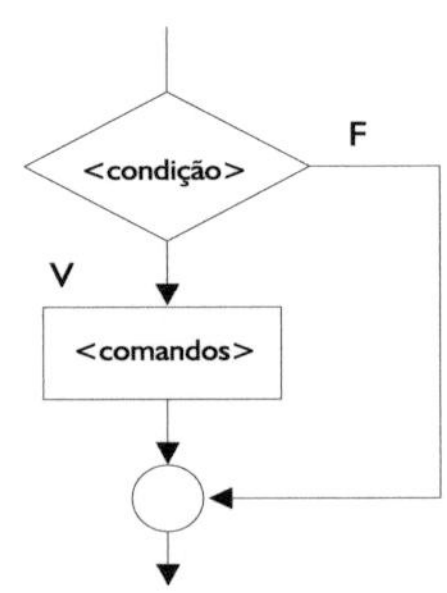 2. Pseudocódigo se <condição> então <comandos> fim-se 3. Diagrama de Chapin 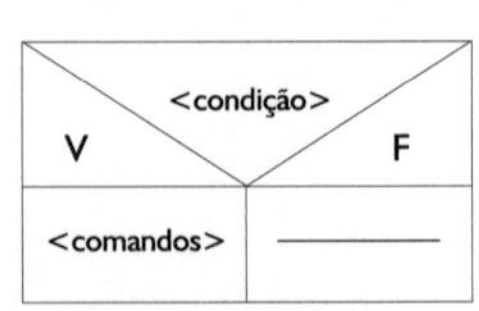

<table>
<tr><th>Termo</th><th>Explanação</th><th>Representação</th></tr>
<tr>
<td>Estrutura de controle condicional composta</td>
<td>Estrutura que, a partir de uma expressão lógica verdadeira, executa dois diferentes conjuntos de comandos.</td>
<td>1. Fluxograma
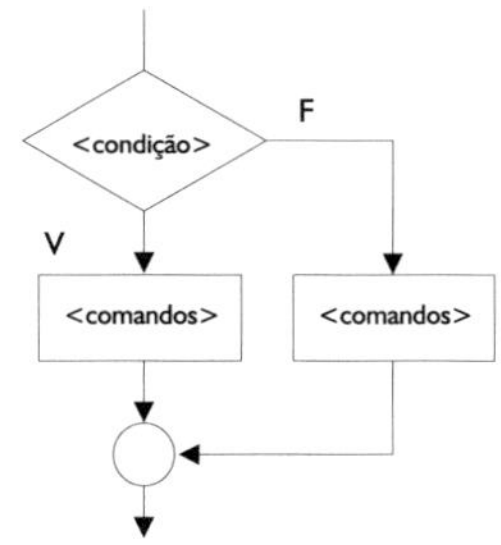

2. Pseudocódigo
se <condição>
| então <comandos>
| senão <comandos>
fim-se
3. Diagrama de Chapin
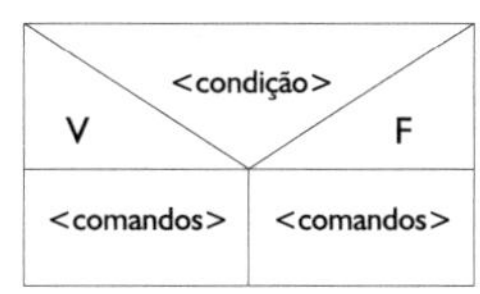
</td>
</tr>
</table>

Anotações

4

Estruturas de controle de repetição

OBJETIVO

- Conhecer e utilizar as estruturas de controle de repetição

Repetindo ações

Às vezes é necessário repetir a mesma tarefa para se chegar a um resultado final. Por exemplo, para encher uma caixa, você coloca dentro dela um objeto e verifica. Se constatar que a caixa ainda não está cheia, coloca mais um objeto. A ação se repetirá até você atingir o objetivo: encher a caixa. Quando isso acontecer, você vai parar de colocar objetos nela.

Para repetir tarefas no algoritmo, evitando escrever várias vezes a mesma coisa, você pode utilizar a estrutura de controle de repetição, ou estrutura de repetição.

Estruturas de controle de repetição

Estrutura enquanto/faça/fim-enquanto

Observe os exemplos a seguir.

1. Este primeiro algoritmo é simples: lê o nome de uma pessoa e declara apenas uma variável.

```
início
    PESSOA: literal
    leia PESSOA
    escreva PESSOA
fim
```

2. Para ler os nomes de duas pessoas, basta declarar mais uma variável. Observe que o acréscimo de um dado provoca o aumento do tamanho do algoritmo.

```
início
    PESSOA1, PESSOA2: literal
    leia PESSOA1
    leia PESSOA2
    escreva PESSOA1
    escreva PESSOA2
fim
```

3. E se fossem lidos cinco nomes de pessoas? Teriam de ser declaradas cinco variáveis e aplicados cinco vezes os comandos *leia* e *escreva*.

   Neste exemplo foi aplicada a estrutura de repetição, que facilita essa tarefa. Por meio da estrutura de repetição, o algoritmo lê e escreve cinco nomes a partir de uma mesma variável (*PESSOA*). Para que não ocorresse erro na execução do algoritmo, foi utilizada uma variável (*NUMERO_DE_PESSOAS*) que desempenhou o papel de contadora, ou seja, teve a função de controlar, ou contar, a quantidade dos nomes lidos e escritos.

```
início
   PESSOA: literal
   NUMERO_DE_PESSOAS: numérico
   NUMERO_DE_PESSOAS ← 0
   enquanto NUMERO_DE_PESSOAS < 5 faça
      leia PESSOA
      escreva PESSOA
      NUMERO_DE_PESSOAS ← NUMERO_DE_PESSOAS + 1
   fim-enquanto
fim
```

Aprenda a utilizar a estrutura de repetição, executando esse algoritmo com os cinco nomes: Victor, Arthur, Daysa, Dafne e Sheila.

1. Na primeira linha é feita a declaração da variável literal *PESSOA*; na segunda, a declaração da variável numérica *NUMERO_DE_*PESSOAS, que vai servir de contadora. Na terceira linha, é atribuído o valor 0 à variável contadora.

```
início
   PESSOA: literal
   NUMERO_DE_PESSOAS: numérico
   NUMERO_DE_PESSOAS ← 0
```

Resumo dos dados do passo 1.

PESSOA	NUMERO_DE_PESSOAS	Nome lido	Nome escrito
<vazio>	0	<nenhum>	<nenhum>

2. Como nenhum nome foi lido ainda (a variável contadora tem valor 0), a variável declarada *NUMERO_DE_PESSOAS* é menor que cinco (a quantidade de nomes a serem lidos). Os próximos comandos serão executados dentro do comando *enquanto*.

```
início
   PESSOA: literal
   NUMERO_DE_PESSOAS: numérico
   NUMERO_DE_PESSOAS ← 0
   enquanto NUMERO_DE_PESSOAS < 5 faça
```

3. O primeiro comando dentro dessa estrutura é o comando *leia*, que deve ler o primeiro nome, Arthur, e colocá-lo na variável *PESSOA*.

```
início
   PESSOA: literal
   NUMERO_DE_PESSOAS: numérico
   NUMERO_DE_PESSOAS ← 0
   enquanto NUMERO_DE_PESSOAS < 5 faça
      leia PESSOA
```

Resumo dos dados do passo 3.

PESSOA	NUMERO_DE_PESSOAS	Nome lido	Nome escrito
Arthur	0	Arthur	<nenhum>

4. O conteúdo da variável *PESSOA* deve ser escrito, ou seja, transmitido para um periférico de saída (vídeo ou impressora). Como o nome *Arthur* foi lido e escrito, deve ser somado o valor 1 à variável *NUMERO_DE_PESSOAS*, na linha seguinte.

```
início
|  PESSOA: literal
|  NUMERO_DE_PESSOAS: numérico
|  NUMERO_DE_PESSOAS ← 0
|  enquanto NUMERO_DE_PESSOAS < 5 faça
|  |  leia PESSOA
|  |  escreva PESSOA
|  |  NUMERO_DE_PESSOAS ← NUMERO_DE_PESSOAS + 1
```

Resumo dos dados do passo 4.

PESSOA	NUMERO_DE_PESSOAS	Nome lido	Nome escrito
Arthur	1	Arthur	Arthur

5. Ao chegar no parâmetro *fim-enquanto*, volte ao comando *enquanto* para reiniciá-lo.

```
início
|  PESSOA: literal
|  NUMERO_DE_PESSOAS: numérico
|  NUMERO_DE_PESSOAS ← 0
|  enquanto NUMERO_DE_PESSOAS < 5 faça
|  |  leia PESSOA
|  |  escreva PESSOA
|  |  NUMERO_DE_PESSOAS ← NUMERO_DE_PESSOAS + 1
|  fim-enquanto
fim
```

6. O segundo nome, Victor, é incluído, pois a variável *NUMERO_DE_PESSOAS* é menor que 5, ou seja, igual a 1, e novamente todos os comandos dentro da estrutura de repetição são executados.

> Depois que o algoritmo ler e escrever o nome Victor, é somado 1 ao valor da variável *NUMERO_DE_PESSOAS* (portanto: NUMERO_DE_PESSOAS ← NUMERO_DE_PESSOAS + 1).

Resumo dos dados do passo 6.

PESSOA	NUMERO_DE_PESSOAS	Nomes lidos	Nomes escritos
Victor	2	Arthur Victor	Arthur Victor

7. O comando *enquanto* é reiniciado com a verificação NUMERO_DE_PESSOAS < 5. Como o número de pessoas é 2 (menor que cinco), a execução do algoritmo prossegue, dessa vez para incluir o nome *Daysa*, ocorrendo mais um acréscimo no valor da variável *NUMERO_DE_PESSOAS*. Ao chegar no parâmetro *fim-enquanto*, o comando *enquanto* é reiniciado.

Resumo dos dados do passo 7.

PESSOA	NUMERO_DE_PESSOAS	Nomes lidos	Nomes escritos
Daysa	3	Arthur Victor Daysa	Arthur Victor Daysa

8. O comando *enquanto* é reiniciado com a verificação NUMERO_DE_PESSOAS < 5. Como o número de pessoas é 3 (menor que cinco), a execução do algoritmo prossegue, dessa vez para incluir o nome *Dafne*, ocorrendo mais um acréscimo no valor da variável *NUMERO_DE_PESSOAS*.

Resumo dos dados do passo 8.

PESSOA	NUMERO_DE_PESSOAS	Nomes lidos	Nomes escritos
Dafne	4	Arthur Victor Daysa Dafne	Arthur Victor Daysa Dafne

9. O comando *enquanto* é reiniciado com a verificação NUMERO_DE_PESSOAS < 5. Como o número de pessoas é 4 (menor que cinco), a execução do algoritmo prossegue, dessa vez para incluir o nome *Sheila*, ocorrendo mais um acréscimo no valor da variável *NUMERO_DE_PESSOAS*.

Resumo dos dados do passo 9.

PESSOA	NUMERO_DE_PESSOAS	Nomes lidos	Nomes escritos
Sheila	5	Arthur Victor Daysa Dafne Sheila	Arthur Victor Daysa Dafne Sheila

10. O comando *enquanto* é reiniciado com a verificação NUMERO_DE_PESSOAS < 5. Como o número de pessoas é igual a cinco e não menor que esse valor, a estrutura *enquanto/faça/fim-enquanto* é finalizada. Com isso, a execução do algoritmo passa para o próximo comando depois do parâmetro *fim-enquanto*. Neste caso, o próximo comando finaliza o algoritmo.

> Ao utilizar uma variável como contadora, fique atento para o valor inicial a ser inserido nessa variável e para a sentença a ser inserida na estrutura *enquanto/faça/fim-enquanto*, pois, dependendo desse valor inicial e do lugar onde foi colocado o acréscimo na variável contadora, a expressão pode ser outra. Por exemplo, se, no exercício anterior, você tivesse inserido 1 no valor inicial da variável contadora (NUMERO_DE_PESSOAS), a expressão na estrutura *enquanto/faça/fim-enquanto* deveria ser NUMERO_DE_PESSOAS <= 5, pois, na primeira leitura do nome, o valor da variável contadora no final da estrutura seria 2. Quando o algoritmo estivesse executando a leitura do quarto nome, o valor da variável NUMERO_DE_PESSOAS seria 5. Por isso, você deve alterar o valor para <= 5, para que o quinto nome também seja lido. Para evitar preocupações, o ideal é atribuir o valor 0 (zero) à variável contadora.

A técnica de utilização de variáveis contadoras deve ser aplicada quando se sabe a quantidade de vezes que serão repetidos os comandos. No exemplo anterior, estava claro que cinco nomes seriam lidos e escritos, ou seja, os comandos *leia* e *escreva* seriam repetidos cinco vezes.

Veja como fica essa estrutura de repetição nas três representações.

1. Pseudocódigo

```
enquanto <condição> faça
  | <comandos a serem repetidos>
fim-enquanto
```

2. Fluxograma

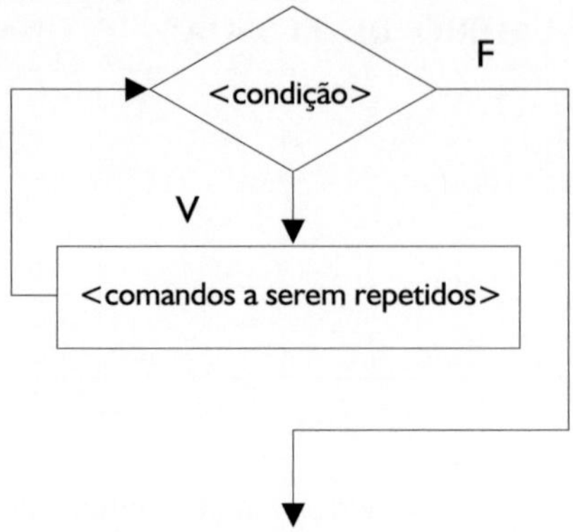

3. Diagrama de Chapin

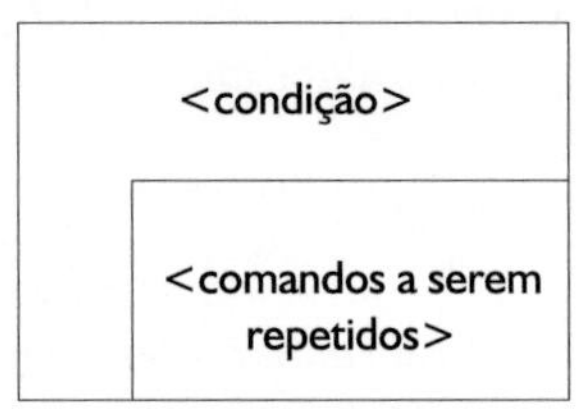

Estrutura repita/até que

Essa estrutura é semelhante à estrutura *enquanto/faça/fim-enquanto*, diferindo apenas no local da condição de interrupção, que deve ser no final em vez de no início da estrutura. Veja como fica o exemplo anterior com a aplicação dessa estrutura.

```
início
 |  PESSOA: literal
 |  NUMERO_DE_PESSOAS: numérico
 |  NUMERO_DE_PESSOAS ← 0
 |  repita
 |   |  leia PESSOA
 |   |  escreva PESSOA
 |   |  NUMERO_DE_PESSOAS ← NUMERO_DE_PESSOAS + 1
 |  até que  NUMERO_DE_PESSOAS = 5
fim
```

Veja como fica essa estrutura de repetição nas três representações.

1. Pseudocódigo

```
repita
   | <comandos a serem repetidos>
até que <condição>
```

2. Fluxograma

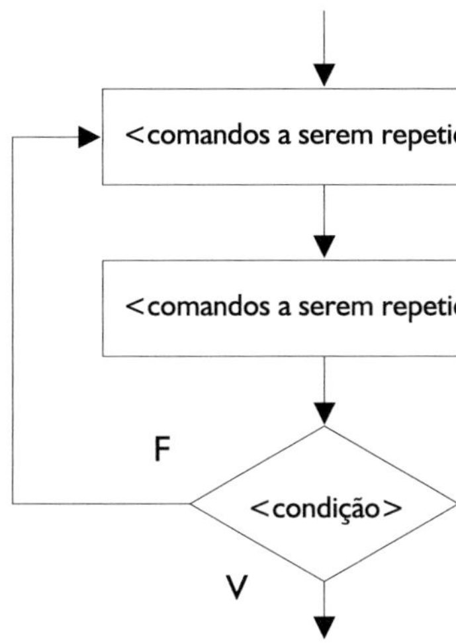

3. Diagrama de Chapin

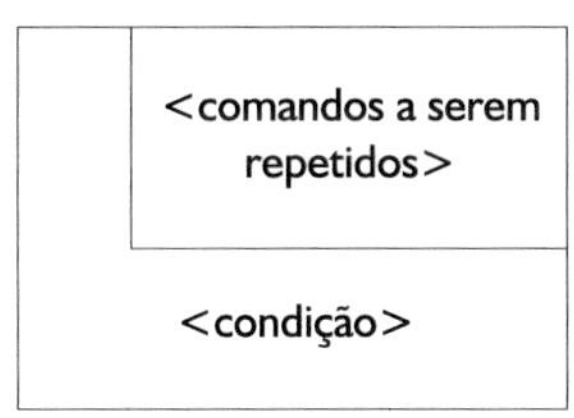

Estrutura para/faça/fim-para

Essa estrutura é quase similar à estrutura *enquanto/faça/fim-enquanto*. A diferença entre as duas é que a variável contadora (*NUMERO_DE_PESSOAS* ← *0*) e a condição de interrupção (*NUMERO_DE_PESSOAS* ← *NUMERO_DE_PESSOAS + 1*) são eliminadas na estrutura *para/faça/fim-para*. No exemplo a seguir, quando a execução do algoritmo é iniciada, o comando *para* inicializa a variável *NUMERO_DE_PESSOAS* com o valor 1 e executa todos os comandos dentro da estrutura *para/faça/fim-para*. Essa estrutura vai acrescentando o valor 1 e executando novamente os comandos até que o valor da variável *NUMERO_DE_PESSOAS* seja 5.

```
início
    PESSOA: literal
    NUMERO_DE_PESSOAS: numérico
    para NUMERO_DE_PESSOAS de 1 até 5 passo 1 faça
        leia PESSOA
        escreva PESSOA
    fim-para
fim
```

Se quiser que o valor de incremento da variável contadora seja superior a 1, coloque o valor depois da palavra passo. Veja o exemplo a seguir.

```
para NUMERO de 0 até 100 passo 10 faça
```

Cada vez que se repetirem os comandos do exemplo, o valor 10 será acrescentado ao valor da variável *NUMERO*. Entretanto, se o valor de incremento for 1, não serão necessários o parâmetro *passo* nem o valor 1 depois dele, pois a estrutura *para/faça/fim-para* será executada automaticamente, conforme o exemplo a seguir.

```
para NUMERO_DE_PESSOAS de 1 até 5 faça
```

Se quiser que o valor da variável contadora seja diminuído, coloque em ordem decrescente os valores dos parâmetros *de* e *até*. Veja o exemplo a seguir.

```
para NUMERO_DE_PESSOAS de 5 até 1 passo 1 faça
```

Veja como fica essa estrutura de repetição nas três representações.

1. Pseudocódigo

```
para <variável> de <valor inicial> até <valor final> passo <valor a ser
    acrescentado ou diminuído> faça
    <comandos a serem repetidos>
fim-para
```

2. Fluxograma

3. Diagrama de Chapin

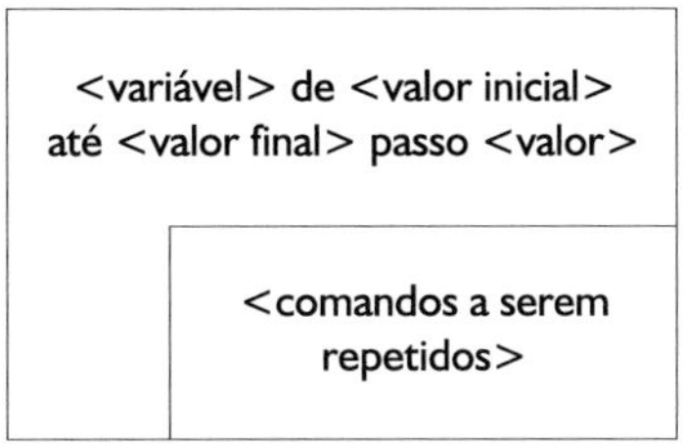

Atividade 1 – Cadastrando vários alunos

Objetivo: • Fixar o conceito e a utilização das estruturas de repetição.

Tarefa: • Cadastrar dados de vários alunos por meio de estruturas de repetição, utilizando variáveis contadoras.

Problema

Faça um algoritmo para ler e escrever os dados de uma turma de 50 alunos. Represente o algoritmo em pseudocódigo.

Solucionando o problema

1. Pseudocódigo

   a) Este problema tem como base o algoritmo da Atividade 8 do Capítulo 2, referente ao cadastro de um aluno.

```
início
|                       {Declaração de variáveis}
|  NOME,                {Variável para armazenar o nome do aluno}
|  SEXO,                {Variável para armazenar o sexo do aluno}
|  ENDERECO,            {Variável para armazenar o endereço do aluno}
|  CIDADE,              {Variável para armazenar o nome da cidade
|                        onde o aluno reside}
|  UF,                  {Variável para armazenar a sigla do estado
|                        onde o aluno reside}
|  PAI,                 {Variável para armazenar o nome do pai do aluno}
|  MAE: literal         {Variável para armazenar o nome da mãe do aluno}
|  FONE,                {Variável para armazenar o telefone do aluno.
|                        Só considera números. Por exemplo: 2363543}
|  CEP,                 {Variável para armazenar o CEP da residência
|                        do aluno}
|  RG,                  {Variável para armazenar o Registro Geral do
|                        aluno. Só considera números}
|  DATANASC,            {Variável para armazenar a data de nascimento
|                        do aluno. Só considera números}
|
```

```
    GRAUESC: numérico     {Variável para armazenar o grau de escolaridade
                           do aluno. Serão aceitos somente 0 (analfabeto),
                           1 (1° grau), 2 (2° grau) e 3 (3° grau)}

    {Atribuição de valores às variáveis}
    leia "Entre com o nome do aluno:", NOME
    leia "Entre com o sexo:", SEXO
    leia "Entre com o endereço:", ENDERECO
    leia "Entre com a cidade onde o aluno reside:", CIDADE
    leia "Entre com a sigla do estado onde o aluno reside:", UF
    leia "Entre com o CEP (somente números):", CEP
    leia "Entre com o telefone (somente números):", FONE
    leia "Entre com o nome do pai do aluno:", PAI
    leia "Entre com o nome da mãe do aluno:", MAE
    leia "Entre com o Registro Geral (RG) do aluno (somente números):", RG
    leia "Entre com a data de nascimento do aluno (somente números):",
         DATANASC
    leia "Entre com o grau de escolaridade do aluno (0, 1, 2, 3):", GRAUESC
    escreva "Aluno:", NOME
    escreva "Sexo:", SEXO, "Data de Nascimento:", DATANASC
    escreva "Registro Geral (RG):", RG
    escreva "Grau de escolaridade:", GRAUESC, "grau"
    escreva "Endereço:", ENDERECO, "Cidade:", CIDADE, "Estado:", UF
    escreva "CEP:", CEP
    escreva "Telefone:", FONE
    escreva "Nome do pai:", PAI
    escreva "Nome da mãe:", MAE
fim
```

b) Cadastrar 50 alunos significa repetir o algoritmo anterior cinquenta vezes, ou seja, utilizar uma estrutura de repetição; neste caso, utilize a estrutura *para/faça/fim-para*. Para controlar a quantidade de alunos cadastrados, você deve utilizar uma variável contadora. Antes disso, porém, todas as variáveis do algoritmo devem ser declaradas.

```
início
                          {Declaração de variáveis}
    NOME,                 {Variável para armazenar o nome do aluno}
    SEXO,                 {Variável para armazenar o sexo do aluno}
    ENDERECO,             {Variável para armazenar o endereço do aluno}
    CIDADE,               {Variável para armazenar o nome da cidade
                           onde o aluno reside}
    UF,                   {Variável para armazenar a sigla do estado
                           onde o aluno reside}
    PAI,                  {Variável para armazenar o nome do pai do aluno}
    MAE: literal          {Variável para armazenar o nome da mãe do aluno}
    FONE,                 {Variável para armazenar o telefone do aluno.
                           Só considera números. Por exemplo: 2363543}
    CEP,                  {Variável para armazenar o CEP da residência
                           do aluno}
    RG,                   {Variável para armazenar o Registro Geral do
                           aluno. Só considera números}
```

```
DATANASC,             {Variável para armazenar a data de nascimento
                       do aluno. Só considera números}
GRAUESC: numérico     {Variável para armazenar o grau de escolaridade
                       do aluno. Serão aceitos somente 0 (analfabeto),
                       1 (1º grau), 2 (2º grau) e 3 (3º grau)}
```

c) Inclua nas declarações a variável contadora *NUM_ALUNOS*.

```
início
                      {Declaração de variáveis}
  NOME,               {Variável para armazenar o nome do aluno}
  SEXO,               {Variável para armazenar o sexo do aluno}
  ENDERECO,           {Variável para armazenar o endereço do aluno}
  CIDADE,             {Variável para armazenar o nome da cidade
                       onde o aluno reside}
  UF,                 {Variável para armazenar a sigla do estado
                       onde o aluno reside}
  PAI,                {Variável para armazenar o nome do pai do aluno}
  MAE: literal        {Variável para armazenar o nome da mãe do aluno}
  FONE,               {Variável para armazenar o telefone do aluno.
                       Só considera números. Por exemplo: 2363543}
  CEP,                {Variável para armazenar o CEP da residência
                       do aluno}
  RG,                 {Variável para armazenar o Registro Geral do
                       aluno. Só considera números}
  DATANASC,           {Variável para armazenar a data de nascimento
                       do aluno. Só considera números}
  GRAUESC,            {Variável para armazenar o grau de escolaridade
                       do aluno. Serão aceitos somente 0 (analfabeto),
                       1 (1º grau), 2 (2º grau) e 3 (3º grau)}
  NUM_ALUNOS: numérico {Variável contadora de alunos
                         cadastrados}
```

d) Antes de executar qualquer comando, você deve estabelecer a estrutura *para/faça/fim-para*, para que todos os comandos de leitura e escrita sejam aplicados aos 50 alunos. Lembre-se de que a estrutura *para/faça/fim-para* não precisa ser inicializada e que não é necessário acrescentar valor à variável contadora. Como o valor acrescentado é sempre 1, você também não precisa escrever a cláusula *passo 1*.

```
início
                      {Declaração de variáveis}
  NOME,               {Variável para armazenar o nome do aluno}
  SEXO,               {Variável para armazenar o sexo do aluno}
  ENDERECO,           {Variável para armazenar o endereço do aluno}
  CIDADE,             {Variável para armazenar o nome da cidade
                       onde o aluno reside}
  UF,                 {Variável para armazenar a sigla do estado
                       onde o aluno reside}
  PAI,                {Variável para armazenar o nome do pai do aluno}
  MAE: literal        {Variável para armazenar o nome da mãe do aluno}
  FONE,               {Variável para armazenar o telefone do aluno.
                       Só considera números. Por exemplo: 2363543}
```

```
CEP,                    {Variável para armazenar o CEP da residência
                         do aluno}
RG,                     {Variável para armazenar o Registro Geral do
                         aluno. Só considera números}
DATANASC,               {Variável para armazenar a data de nascimento
                         do aluno. Só considera números}
GRAUESC,                {Variável para armazenar o grau de escolaridade
                         do aluno. Serão aceitos somente 0 (analfabeto),
                         1 (1° grau), 2 (2° grau) e 3 (3° grau)}
NUM_ALUNOS: numérico {Variável contadora de alunos
                         cadastrados}
para NUM_ALUNOS de 1 até 50 faça
  |
```

e) Coloque os comandos que serão repetidos para todos os alunos.

```
início
                        {Declaração de variáveis}
NOME,                   {Variável para armazenar o nome do aluno}
SEXO,                   {Variável para armazenar o sexo do aluno}
ENDERECO,               {Variável para armazenar o endereço do aluno}
CIDADE,                 {Variável para armazenar o nome da cidade
                         onde o aluno reside}
UF,                     {Variável para armazenar a sigla do estado
                         onde o aluno reside}
PAI,                    {Variável para armazenar o nome do pai do aluno}
MAE: literal            {Variável para armazenar o nome da mãe do aluno}
FONE,                   {Variável para armazenar o telefone do aluno.
                         Só considera números. Por exemplo: 2363543}
CEP,                    {Variável para armazenar o CEP da residência
                         do aluno}
RG,                     {Variável para armazenar o Registro Geral do
                         aluno. Só considera números}
DATANASC,               {Variável para armazenar a data de nascimento
                         do aluno. Só considera números}
GRAUESC,                {Variável para armazenar o grau de escolaridade
                         do aluno. Serão aceitos somente 0 (analfabeto),
                         1 (1° grau), 2 (2° grau) e 3 (3° grau)}
NUM_ALUNOS: numérico {Variável contadora de alunos
                         cadastrados}
para NUM_ALUNOS de 1 até 50 faça
  {leitura dos dados de 50 alunos}
  leia "Entre com o nome do aluno:", NOME
  leia "Entre com o sexo:", SEXO
  leia "Entre com o endereço:", ENDERECO
  leia "Entre com a cidade onde o aluno reside:", CIDADE
  leia "Entre com a sigla do estado onde o aluno reside:", UF
  leia "Entre com o CEP (somente números):", CEP
  leia "Entre com o telefone (somente números):", FONE
  leia "Entre com o nome do pai do aluno:", PAI
  leia "Entre com o nome da mãe do aluno:", MAE
  leia "Entre com o Registro Geral (RG) do aluno (somente
      números):", RG
  leia "Entre com a data de nascimento do aluno (somente
      números):", DATANASC
  leia "Entre com o grau de escolaridade do aluno (0, 1, 2, 3):",
```

```
            GRAUESC
            escreva "Aluno:", NOME
            escreva "Sexo:", SEXO, "Data de Nascimento:", DATANASC
            escreva "Registro Geral (RG):", RG
            escreva "Grau de escolaridade:", GRAUESC, "grau"
            escreva "Endereço:", ENDERECO, "Cidade:", CIDADE,
                  "Estado:", UF
            escreva "CEP:", CEP
            escreva "Telefone:", FONE
            escreva "Nome do pai:", PAI
            escreva "Nome da mãe:", MAE
      fim-para
fim
```

> Veja a resposta para esta atividade na representação Fluxograma na pasta *Atividades*. Além disso, na pasta *Exercícios Propostos*, você encontrará sugestões de exercícios para assimilar os conteúdos abordados nesta atividade.

Marcando o fim de uma repetição

A técnica de colocar uma variável como contadora só funciona quando se sabe quantas vezes os comandos devem ser repetidos. Quando essa informação não existe, utiliza-se a técnica de marcação ou flag. Essa técnica marca o evento que indica quando o usuário decide encerrar a repetição.

Exemplo

```
início
      PESSOA: literal
      leia "Digite o nome de uma pessoa ou a palavra FIM para encerrar",
            PESSOA
      enquanto (PESSOA <> "FIM") e (PESSOA <> "fim") e (PESSOA
                  <> "Fim") faça
            escreva PESSOA
            leia "Digite o nome de uma pessoa ou a palavra FIM para
                  encerrar",
                  PESSOA
      fim-enquanto
fim
```

O algoritmo acima foi criado para ler os nomes de várias pessoas, entretanto, não se sabia quantos nomes seriam lidos. Para solucionar o problema, utilizou-se uma mensagem para o usuário digitar os nomes que quisesse ou encerrar a repetição (digitação) com a palavra fim.

Observe que nesse algoritmo não foi utilizada uma variável contadora (por exemplo, *NUMERO_DE_PESSOAS*), porque não havia a quantidade de nomes a serem lidos. Em vez disso, foi colocado o comando *leia* antes da estrutura *enquanto/faça/fim-enquanto*. Os comandos a serem repetidos aparecem dentro dessa estrutura. Também foram colocadas três condições para a interrupção da estrutura de repetição: (PESSOA < > "FIM"), (PESSOA < > "fim"), (PESSOA < > "Fim"), que são algumas das prováveis opções de digitação da palavra Fim que o usuário pode utilizar para encerrar a repetição.

Veja como esse algoritmo é representado em fluxograma e diagrama de Chapin.

1. Fluxograma

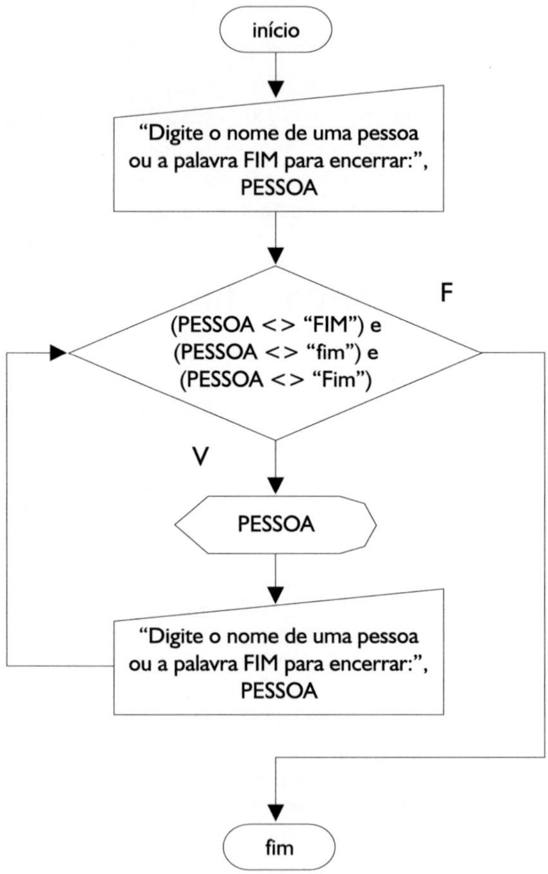

2. Diagrama de Chapin

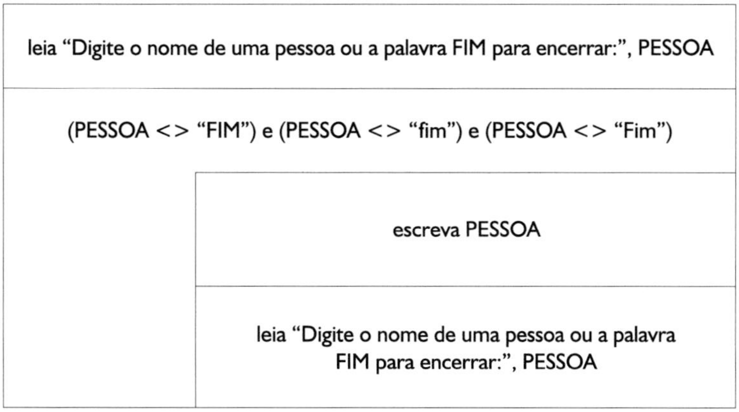

> Se no enunciado do problema não houver a indicação de uma palavra que sirva de flag, ou marca, para finalizar a repetição, escolha o primeiro dado a ser lido, como no algoritmo anterior (palavra FIM na variável NOME). Por exemplo, se o problema for "cadastrar os nomes e as idades de várias pessoas", você NÃO pode colocar um flag na variável idade, pois ela é o segundo dado a ser lido. Se isso fosse feito, ocorreria um erro, pois não haveria valor a ser lido para a variável NOME.

Atividade 2 – Estipulando o número de repetições

Objetivo: • Fixar o conceito e a utilização da técnica de marcação de repetições (flag).

Tarefa: • Cadastrar notas de alunos.

Problema

Faça um algoritmo para ler os números das matrículas e quatro notas de vários alunos. Represente o algoritmo em pseudocódigo.

Solucionando o problema

1. Pseudocódigo

   a) A partir do enunciado do problema, defina as etapas necessárias para a criação do algoritmo, conforme as indicações a seguir.
      - Utilizar refinamentos.
      - Declarar as variáveis (deve ser sempre a primeira etapa).

- Ler o número da matrícula e as quatro notas de um aluno.
- Estabelecer uma estrutura de repetição para a etapa *Ler o número da matrícula e as quatro notas de um aluno*. Como o enunciado não especifica a quantidade de alunos a serem lidos, deve-se adotar um flag para que o usuário sinalize o término do cadastramento. O flag adotado é o número de matrícula (primeiro dado a ser lido) e será igual a 0 (zero). Isso indica que a estrutura de repetição será interrompida quando o número de matrícula for igual a 0.
- Estabelecer um valor para a variável do número de matrícula e testar a estrutura de repetição por meio do comando *Inicializar variáveis*.

Observe, a partir das indicações, as etapas a serem refinadas.

```
início
|
|   Declarar variáveis
|   Inicializar variáveis
|   enquanto o número da matrícula for diferente de 0 faça
|     | Ler matrículas e notas
|   fim-enquanto
|
fim
```

b) Para inicializar a variável do número de matrícula (*NUMMATRICULA*), você pode escolher uma das opções a seguir.

- Inicializar a variável com a primeira leitura.

```
leia NUMMATRICULA
```

- Atribuir um valor qualquer à variável.

```
NUMMATRICULA ← 12334
```

Nesta atividade, será utilizada a primeira opção. A explicação para isso será dada no final do exercício. Portanto, o refinamento da etapa *Inicializar variáveis* é o seguinte:

```
ref. Inicializar variáveis
|
|   leia "Digite o número de matrícula do aluno ou 0 (fim do cadastro):",
|       NUMMATRICULA
|
fim-ref.
```

c) Faça o refinamento da etapa *Ler matrículas e notas*: leia primeiramente as notas, pois o primeiro número de matrícula será lido na etapa *Inicializar variáveis*, que está fora da estrutura de repetição. Depois, leia novamente o número de matrícula do próximo aluno para reiniciar a estrutura *enquanto/faça/fim-enquanto*.

```
ref. Ler matrículas e notas
  | leia "Digite a primeira nota do aluno:", NOTA1
  | leia "Digite a segunda nota do aluno:", NOTA2
  | leia "Digite a terceira nota do aluno:", NOTA3
  | leia "Digite a quarta nota do aluno:", NOTA4
  | leia "Digite o número de matrícula do próximo aluno ou 0 (fim do
  |       cadastro):", NUMMATRICULA
fim-ref.
```

d) Faça o refinamento da etapa *Declarar variáveis*.

```
ref. Declarar variáveis
  | NUMMATRICULA, NOTA1, NOTA2, NOTA3, NOTA4: numérico
fim-ref.
```

e) Reescreva o algoritmo colocando os refinamentos nos lugares das etapas correspondentes.

```
início
  | NUMMATRICULA, NOTA1, NOTA2, NOTA3, NOTA4: numérico
  | leia "Digite o número de matrícula do aluno ou 0 (fim do cadastro):",
  |       NUMMATRICULA
  | enquanto (NUMMATRICULA <> 0) faça
  |   | leia "Digite a primeira nota do aluno:", NOTA1
  |   | leia "Digite a segunda nota do aluno:", NOTA2
  |   | leia "Digite a terceira nota do aluno:", NOTA3
  |   | leia "Digite a quarta nota do aluno:", NOTA4
  |   | leia "Digite o número de matrícula do próximo aluno ou 0 (fim do
  |   |       cadastro):", NUMMATRICULA
  | fim-enquanto
fim
```

f) Veja a seguir como fica o algoritmo quando a segunda opção do item b é a escolhida.

```
início
  | NUMMATRICULA, NOTA1, NOTA2, NOTA3, NOTA4: numérico
  | NUMMATRICULA ← 12334
  | enquanto (NUMMATRICULA <> 0) faça
  |   | leia "Digite o número de matrícula do aluno ou 0 (fim do
  |   |       cadastro):", NUMMATRICULA
  |   | se (NUMMATRICULA <> 0)
  |   |   | então leia "Digite a primeira nota do aluno:", NOTA1
  |   |   |       leia "Digite a segunda nota do aluno:", NOTA2
  |   |   |       leia "Digite a terceira nota do aluno:", NOTA3
  |   |   |       leia "Digite a quarta nota do aluno:", NOTA4
  |   | fim-se
  | fim-enquanto
fim
```

Foi necessário inserir um comando *se* no segundo algoritmo para testar a ocorrência do zero na primeira leitura. Nesse caso, não havendo a estrutura de decisão, ocorreria um erro por causa de inexistência de notas a serem lidas. Como o primeiro algoritmo é mais simples e mais rápido, pois não precisa ser testado pelo comando *se*, ele é o mais indicado, embora os dois algoritmos estejam corretos.

Veja a resposta para esta atividade na representação Fluxograma na pasta *Atividades*. Além disso, na pasta *Exercícios Propostos*, você encontrará sugestões de exercícios para assimilar os conteúdos abordados nesta atividade.

Variável acumuladora

Outra variável que o algoritmo pode conter é a variável acumuladora de valores. Ela é utilizada quando é necessário acumular vários valores para a execução de uma operação ou obtenção de um valor total. Por exemplo, para calcular a média aritmética de 50 números, você deve ir somando os valores e, no final, dividir a soma pela quantidade de números; para calcular o total de uma compra, você deve ir somando os valores dos produtos comprados até obter o total da compra.

O algoritmo a seguir é um exemplo de utilização da variável acumuladora para o cálculo da média aritmética de dez valores lidos.

```
início
|  NUMERO, SOMA, MEDIA, CONT: numérico
|  SOMA ← 0
|  para CONT de 1 até 10 faça
|  |  leia "Digite um número:", NUMERO
|  |  SOMA ← SOMA + NUMERO
|  fim-para
|  MEDIA ← SOMA / CONT
|  escreva "A média aritmética dos números lidos é", MEDIA
fim
```

O exemplo acima apresenta as variáveis contadora (*CONT*) e acumuladora (*SOMA*). A variável acumuladora vai adicionando (acumulando) cada valor lido e, no final, é usada para calcular a média. Por isso, ela deve iniciar com o valor zero, que não vai interferir no valor final da média.

Atividade 3 – Acumulando valores

Objetivo: • Fixar o conceito e a utilização de variáveis acumuladoras.

Tarefa: • Totalizar o número de faltas de um aluno durante um ano.

Problema

Criar um algoritmo para ler os dados de um aluno: número da matrícula, códigos de dez disciplinas cursadas com as respectivas faltas do aluno. Escrever o total de faltas durante o ano. Represente o algoritmo em pseudocódigo.

Solucionando o problema

1. Pseudocódigo

   a) A partir do enunciado do problema, defina as etapas necessárias para a criação do algoritmo, conforme as indicações a seguir.

      - Utilizar refinamentos.
      - Declarar variáveis – deve ser sempre a primeira etapa.
      - Inicializar variáveis – pois será utilizada uma variável para contar as disciplinas de 1 a 10 e outra para ir acumulando o número de faltas até chegar ao total.
      - Ler matrícula.
      - Ler dados das disciplinas – isto é, ler os códigos das dez disciplinas cursadas pelo aluno no ano com os respectivos números de faltas (essa etapa ficará dentro de uma estrutura de repetição).
      - Acumular número de faltas – ainda dentro da estrutura de repetição, você deve acumular o número de faltas até chegar à décima disciplina e obter o total.
      - Escrever dados – finalizada a estrutura de faltas, você deve escrever o número de matrícula do aluno com o número total de faltas durante o ano.

Observe, a partir das indicações, as etapas a serem refinadas.

```
início
|
|  Declarar variáveis
|  Inicializar variáveis
|  Ler matrícula
|  para variável contadora de número inicial da quantidade de disciplinas
|  |  até número final da quantidade de disciplinas faça
|  |  Ler dados das disciplinas
|  |  Acumular número de faltas
|  fim-para
|  Escrever dados
|
fim
```

   b) Como você ainda não sabe quais variáveis irá utilizar e quais serão os valores iniciais, deixe as etapas *Declarar variáveis* e *Inicializar variáveis* para o final. Portanto, refine a etapa *Ler matrícula.*

```
ref. Ler matrícula
    leia "Digite o número de matrícula do aluno:", NUMMATRICULA
fim-ref.
```

c) Crie a estrutura de repetição antes de refinar as etapas inseridas nela. Como são dez disciplinas, essa estrutura deve ser executada dez vezes; isso vai requerer uma variável contadora para controlar o número de repetições. Utilize a variável *CONT*.

```
para CONT de 1 até 10 faça
    Ler dados das disciplinas
    Acumular número de faltas
fim-para
```

d) Refine a etapa *Ler dados das disciplinas*, inserida na estrutura. Você deve ler o código de cada disciplina e o número de faltas do aluno.

```
ref. Ler dados das disciplinas
    leia "Digite o código da disciplina:", CODDISCIPLINA
    leia "Digite o número de faltas na disciplina:", NUMFALTASDISCIPLINA
fim-ref.
```

e) Refine a etapa *Acumular número de faltas*. Nessa etapa, você deve acumular o número de faltas, ou seja, somar o número de faltas anterior com o número de faltas lido em cada disciplina por meio da variável acumuladora *TOTALFALTAS*.

```
ref. Acumular número de faltas
    TOTALFALTAS ← NUMFALTASDISCIPLINA + TOTALFALTAS
fim-ref.
```

f) Encerrada a estrutura de repetição, é totalizado o número de faltas anuais do aluno. Portanto, você pode refinar a etapa *Escrever dados*.

```
ref. Escrever dados
    escreva "O aluno", NUMMATRICULA, "teve", TOTALFALTAS, "faltas
            em todas as disciplinas durante o ano"
fim-ref.
```

g) Agora que você sabe quais variáveis foram utilizadas, pode refinar as etapas *Declarar variáveis* e *Inicializar variáveis*.

- Primeiramente, refine a etapa *Inicializar variáveis*.

  Reveja as variáveis utilizadas nos refinamentos anteriores. Somente as variáveis *CONT* e *TOTALFALTAS* não são variáveis de leitura, portanto, somente elas devem ser inicializadas.

As outras variáveis receberão seus valores na leitura dos dados. A varíavel *CONT* já foi inicializada quando foi aplicado o comando de repetição *para*, portanto, não é necessário inicializá-la com um valor. Se fossem utilizados os comandos *enquanto* ou *repita*, haveria a necessidade de atribuir um valor inicial para a variável contadora. Restou a variável acumuladora *TOTALFALTAS* para ser inicializada. Para que o acúmulo de valores não retorne um valor errado, inicialize a variável *TOTALFALTAS* com o valor zero. Assim, a primeira soma resultará apenas no primeiro valor lido, pois qualquer número somado com zero corresponde ao próprio número.

```
ref. Inicializar variáveis
  | TOTALFALTAS ← 0
fim-ref.
```

- Refine a etapa *Declarar variáveis.*

```
ref. Declarar variáveis
  | NUMMATRICULA, CONT, CODDISCIPLINA, NUMFALTASDISCIPLINA,
  | TOTALFALTAS: numérico
fim-ref.
```

h) Para finalizar, monte o algoritmo completo.

```
início
  | NUMMATRICULA, CONT, CODDISCIPLINA, NUMFALTASDISCIPLINA,
  | TOTALFALTAS: numérico
  | TOTALFALTAS ← 0
  | leia "Digite o número de matrícula do aluno:", NUMMATRICULA
  | para CONT de 1 até 10 faça
  |   | leia "Digite o código da disciplina:", CODDISCIPLINA
  |   | leia "Digite o número de faltas na disciplina:",
  |   |       NUMFALTASDISCIPLINA
  |   | TOTALFALTAS ←NUMFALTASDISCIPLINA + TOTALFALTAS
  | fim-para
  | escreva "O aluno", NUMMATRICULA, "teve", TOTALFALTAS, "faltas
  |       em todas as disciplinas durante o ano"
fim
```

Veja a resposta desta atividade na representação Fluxograma na pasta *Atividades*. Além disso, na pasta *Exercícios Propostos*, você encontrará sugestões de exercícios para assimilar os conteúdos abordados nesta atividade.

Resumo do capítulo

Termo	Explanação
Variável contadora	Variável que adiciona um valor a cada repetição em uma estrutura de repetição.
Variável acumuladora	Variável que acumula valores que serão utilizados no término da repetição.
Flag ou marca	Técnica que marca um evento que deve ocorrer com uma variável para indicar o término de uma repetição.

Estruturas de repetição

Estrutura enquanto/faça/fim-enquanto

1. Pseudocódigo

```
enquanto <condição> faça
    | <comandos a serem repetidos>
fim-enquanto
```

2. Fluxograma

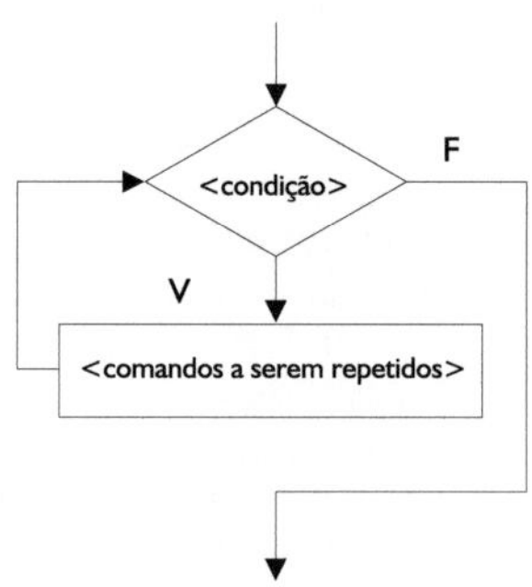

3. Diagrama de Chapin

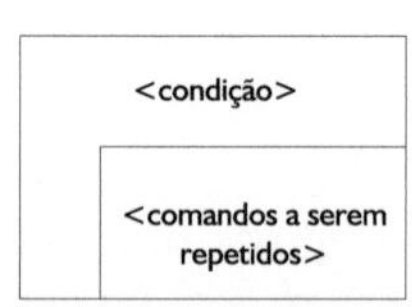

Estrutura repita/até que

1. Pseudocódigo

```
repita
    | <comandos a serem repetidos>
até que <condição>
```

2. Fluxograma

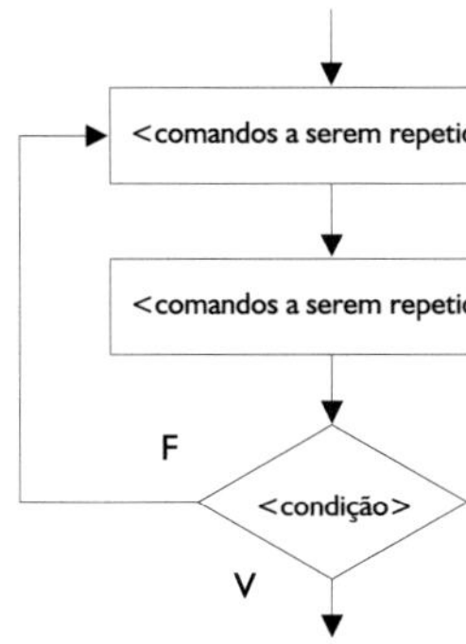

3. Diagrama de Chapin

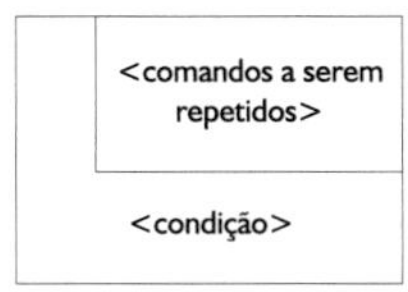

Estrutura para/faça/fim-para

1. Pseudocódigo

para <variável> de <valor inicial> até <valor final> passo <valor a ser acrescentado ou diminuído> faça

<comandos a serem repetidos>

fim-para

2. Fluxograma

3. Diagrama de Chapin

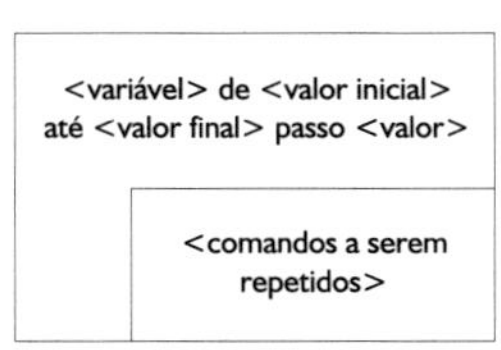

Anotações

5
Vetores

OBJETIVOS

- Entender o conceito de vetores
- Conhecer e praticar técnicas de pesquisa em vetores
- Conhecer e praticar técnicas de ordenação em vetores

Vetor

O vetor é uma variável que pode conter várias constantes do mesmo tipo. Veja o exemplo a seguir.

345	235	546	45323	234234

Esse esquema representa um vetor do tipo numérico, que pode ser denominado *NUMEROS*. Ele possui cinco posições, ou seja, cinco "locais" possíveis para armazenar constantes numéricas.

A praticidade do vetor está em manipular um conjunto de dados do mesmo tipo sem que seja necessário declarar muitas variáveis.

Declarando o vetor

Quando um vetor é declarado, o computador reserva uma parte da memória e a divide em determinada quantidade de partes (indicadas na declaração) que irão armazenar as constantes de um mesmo tipo.

> O vetor só pode armazenar constantes de um único tipo: literal, numérico ou lógico. O tipo lógico geralmente não é muito utilizado em vetores.

Sintaxe do vetor

<nome do vetor> : conjunto [<posição inicial do vetor>..<posição final do vetor>] <tipo de constante que o vetor poderá conter>

Exemplos

```
NOTAS: conjunto [1..20] numérico
ESTADOS: conjunto [1..27] literal
NOME_DE_PESSOAS: conjunto [1..0] literal
```

> É recomendável que você utilize o valor 1 como valor padrão do primeiro índice (primeiro endereço) do vetor. Se quiser utilizar um índice diferente de 1, você deve considerar essa modificação para poder localizar a posição correta na variável. Por exemplo: NOME[0..30]. Neste caso, o vetor tem 31 posições e não 30. Se quisesse acessar a terceira posição do vetor, você teria de escrever NOME[2].

Inserindo valores em cada parte do vetor

Como já foi dito, quando um vetor é declarado, são reservados espaços na memória para armazenar as constantes. Porém, como acessar esses espaços? Basta indicar a posição que você quer acessar. Veja o exemplo do vetor *NUMEROS*.

```
NUMEROS: conjunto [1..5] numérico
```

Quando o vetor é declarado, ele se apresenta assim na memória:

Para colocar os números nos espaços devem ser feitas as atribuições a seguir.

```
NUMEROS [1] ← 345
NUMEROS [2] ← 235
NUMEROS [3] ← 546
NUMEROS [4] ← 45323
NUMEROS [5] ← 234234
```

Logo após essas atribuições, o vetor será preenchido como no início deste capítulo.

345	235	546	45323	234234

Para acessar os locais do vetor, basta colocar o nome do vetor seguido da posição entre colchetes. Feito isso, você pode utilizar o local como se fosse uma variável simples.

Montando o vetor

Para montar um vetor (ler as constantes e armazená-las), utilize o exemplo de leitura dos nomes de pessoas para ler e armazenar 15 nomes.

1. Primeiramente, declare o vetor. Como serão lidos 15 nomes, o vetor deve possuir 15 posições para armazená-los. Declare também a variável *PESSOA*, que conterá o nome lido e, posteriormente, armazenado no vetor.

```
início
|  PESSOAS: conjunto [1..15] literal
|  PESSOA: literal
```

2. Declare a variável contadora *NUMERO_DE_PESSOAS*, para controlar a repetição da leitura dos 15 nomes (como mostrado no Capítulo 4), e a variável *POS*, também numérica, para indicar a posição onde será colocado o nome lido.

```
início
|  PESSOAS: conjunto [1..15] literal
|  PESSOA: literal
|  NUMERO_DE_PESSOAS, POS: numérico
```

> Quando você utilizar a técnica da variável contadora, não se esqueça de inicializá-la, isto é, atribuir um valor inicial a ela.

3. Inicialize as variáveis contadora e *POS* com o valor 0. Esse valor indica que não foi inserido nenhum dado no vetor.

```
início
|  PESSOAS: conjunto [1..15] literal
|  PESSOA: literal
|  NUMERO_DE_PESSOAS, POS: numérico
|  NUMERO_DE_PESSOAS ← 0
|  POS ← 0
```

4. As leituras dos nomes das 15 pessoas devem ser feitas dentro de uma estrutura de repetição. Utilize a estrutura *enquanto/faça/fim-enquanto*.

```
início
|  PESSOAS: conjunto [1..15] literal
|  PESSOA: literal
|  NUMERO_DE_PESSOAS, POS: numérico
|  NUMERO_DE_PESSOAS ← 0
|  POS ← 0
|  enquanto NUMERO_DE_PESSOAS < 15 faça
|  |  leia PESSOA
```

5. Depois de lido, o primeiro nome deve ser armazenado na primeira posição. Para isso, acrescente o valor 1 ao valor da variável *POS*.

```
início
|  PESSOAS: conjunto [1..15] literal
|  PESSOA: literal
|  NUMERO_DE_PESSOAS, POS: numérico
|  NUMERO_DE_PESSOAS ← 0
|  POS ← 0
|  enquanto NUMERO_DE_PESSOAS < 15 faça
|  |  leia PESSOA
|  |  POS ← POS + 1
```

6. Atribua o nome lido à posição *1* do vetor *PESSOAS*.

```
início
|  PESSOAS: conjunto [1..15] literal
|  PESSOA: literal
|  NUMERO_DE_PESSOAS, POS: numérico
|  NUMERO_DE_PESSOAS ← 0
|  POS ← 0
|  enquanto NUMERO_DE_PESSOAS < 15 faça
|  |  leia PESSOA
|  |  POS ← POS + 1
|  |  PESSOAS [POS] ← PESSOA
```

7. Acrescente o valor 1 à variável contadora.

```
início
  | PESSOAS: conjunto [1..15] literal
  | PESSOA: literal
  | NUMERO_DE_PESSOAS, POS: numérico
  | NUMERO_DE_PESSOAS ← 0
  | POS ← 0
  | enquanto NUMERO_DE_PESSOAS < 15 faça
  |   | leia PESSOA
  |   | POS ← POS + 1
  |   | PESSOAS [POS] ← PESSOA
  |   | NUMERO_DE_PESSOAS ← NUMERO_DE_PESSOAS + 1
  | fim-enquanto
fim
```

O algoritmo acima chegou ao resultado esperado. Porém, o problema da leitura dos 15 nomes pode ser resolvido de outra forma, mais rápida e fácil, por meio da estrutura *para/faça/fim-para.*

1. Declare novamente o vetor, sem, entretanto, declarar a variável *PESSOA*. Assim, a leitura do nome será feita diretamente no local do vetor, semelhante ao que acontece com uma variável simples. O que muda é que agora deve ser dada uma posição para essa variável, que é o vetor. Por exemplo: leia NUMEROS [1]. Neste caso, será lido um número e colocado na primeira posição do vetor *NUMEROS*.

```
início
  | PESSOAS: conjunto [1..15] literal
```

> Com vetores, você deve sempre usar uma variável para contar ou para indicar posição, ou para ambas as funções.

2. Na primeira opção de algoritmo, as variáveis contadora e indicadora de posição foram inicializadas com o mesmo valor (NUMERO_DE_PESSOAS ← 0, POS ← 0); além disso, o mesmo valor foi acrescentado a elas (NUMERO_DE_PESSOAS ← NUMERO_DE_PESSOAS + 1, POS ← POS + 1). Para essa resposta, utilize a variável *POS* tanto para contar como para indicar a posição do vetor.

```
início
  | PESSOAS: conjunto [1..15] literal
  | POS: numérico
```

3. Se utilizar a estrutura *para/faça/fim-para*, você não precisará inicializar a variável *POS*, que terá, por meio do comando *para*, o valor inicial igual a 1. Dentro da estrutura de repetição, o valor lido pelo comando *leia* será armazenado diretamente no vetor, como se fosse uma variável simples.

```
início
   PESSOAS: conjunto [1..15] literal
   POS: numérico
   para POS de 1 até 15 faça
   |  leia PESSOAS [POS]
   fim-para
fim
```

> Quando o parâmetro *passo* NÃO é utilizado no comando *para*, o valor 1 é automaticamente acrescentado ou diminuído até chegar ao valor final.

Atividade 1 – Trabalhando com vetores

Objetivo: • Trabalhar com vetores.

Tarefa: • Cadastrar os alunos que estão cursando duas disciplinas.

Problema

Faça um algoritmo para cadastrar os alunos que estão cursando as disciplinas Matemática I e Contabilidade I. Essas disciplinas aceitam 150 e 100 alunos respectivamente. O cadastro deve ser feito pelos números de matrícula dos alunos. Feito o cadastro, indique qual ou quais alunos estão cursando as duas disciplinas.

Solucionando o problema

1. A partir do enunciado do problema, defina as ideias centrais para a criação das etapas do algoritmo.
   - Declarar as variáveis.
   - Fazer a leitura das matrículas nas disciplinas Matemática I e Contabilidade I.
   - Verificar as matrículas dos alunos inscritos nas duas disciplinas.

   Monte a estrutura do algoritmo com as etapas necessárias.

```
início
   Declarar as variáveis
   Ler as matrículas dos alunos inscritos na disciplina Matemática I
   Ler as matrículas dos alunos inscritos na disciplina Contabilidade I
   Verificar as matrículas dos alunos inscritos nas duas disciplinas
fim
```

2. Deixe a etapa *Declarar as variáveis* para o final, quando todas as variáveis tiverem sido definidas.

3. Refine a etapa *Ler as matrículas dos alunos inscritos na disciplina Matemática I*. Nessa etapa serão utilizados o comando de leitura e o comando de repetição. Além disso, será utilizado um vetor em vez de 150 variáveis simples, porque as matrículas lidas de matemática terão de ser armazenadas para, posteriormente, serem comparadas com as matrículas de contabilidade.

```
ref. Ler as matrículas dos alunos inscritos na disciplina Matemática I
|
|  para POSMAT de 1 até 150 faça
|  |  leia MATEMATICA [POSMAT]
|  fim-para
|
fim-ref.
```

4. O mesmo tipo de refinamento é utilizado para a leitura das matrículas da disciplina de contabilidade.

```
ref. Ler as matrículas dos alunos inscritos na disciplina Contabilidade I
|
|  para POSCONT de 1 até 100 faça
|  |  leia CONTABILIDADE [POSCONT]
|  fim-para
|
fim-ref.
```

5. Para verificar quais alunos estão matriculados nas duas disciplinas, compare, uma a uma, as matrículas do vetor *MATEMATICA* com as do vetor *CONTABILIDADE* até encontrar as matrículas comuns aos dois vetores ou atingir o final do vetor *CONTABILIDADE*. Inicie pela primeira posição do vetor *MATEMATICA*, utilizando um comando de repetição, para que a comparação seja feita até o final do vetor.

```
ref. Verificar as matrículas dos alunos inscritos nas duas disciplinas
|  para POSMAT de 1 até 150 faça {Variando a posição do vetor MATEMATICA}
|
```

6. Compare a primeira posição do vetor *MATEMATICA* com a primeira posição do vetor *CONTABILIDADE*. Se os números não forem iguais, deve ser acessada a segunda posição do vetor *CONTABILIDADE*, depois o terceiro e assim por diante até achar um número igual ou chegar ao fim do vetor. Como o comando de repetição deve conter duas condições de parada: CONTABILIDADE [POSCONT] = MATEMATICA [POSMAT] ou POSCONT > 100, o comando *para* não pode ser usado. Utilize o comando *enquanto*, porém antes inicialize a variável *POSCONT* com o valor 1 para posicioná-la na primeira posição do vetor *CONTABILIDADE*.

```
ref. Verificar as matrículas dos alunos inscritos nas duas disciplinas
|  para POSMAT de 1 até 150 faça {Variando a posição do vetor MATEMATICA}
|  |  POSCONT ← 1 {Iniciando com o valor 1 para acessar a primeira
|  |                 posição do vetor CONTABILIDADE}
|  |
```

```
|  enquanto (POSCONT <= 100) e (MATEMATICA [POSMAT]
|  |        <> CONTABILIDADE [POSCONT]) faça
|  |  POSCONT ← POSCONT + 1 {Caso não seja igual ou não
|  |                         esteja no fim do vetor
|  |                         CONTABILIDADE, acrescentar 1
|  |                         para acessar a próxima
|  |                         posição do vetor}
|  fim-enquanto
```

7. Finalizado o comando *enquanto*, verifique se as matrículas dos vetores são iguais, para isso, use o comando de decisão *se*.

```
ref. Verificar as matrículas dos alunos inscritos nas duas disciplinas
| para POSMAT de 1 até 150 faça {Variando a posição do vetor MATEMATICA}
| | POSCONT ← 1 {Iniciando com o valor 1 para acessar a primeira
| |               posição do vetor CONTABILIDADE}
| | enquanto (POSCONT <= 100) e (MATEMATICA [POSMAT]
| | |        <> CONTABILIDADE [POSCONT]) faça
| | |  POSCONT ← POSCONT + 1 {Caso não seja igual ou não
| | |                         esteja no fim do vetor
| | |                         CONTABILIDADE, acrescentar 1
| | |                         para acessar a próxima
| | |                         posição do vetor}
| | fim-enquanto
| | se (MATEMATICA [POSMAT] = CONTABILIDADE [POSCONT])
```

8. Se as matrículas forem iguais, escreva a matrícula do vetor *MATEMATICA* ou do vetor *CONTABILIDADE*.

```
ref. Verificar as matrículas dos alunos inscritos nas duas disciplinas
| para POSMAT de 1 até 150 faça {Variando a posição do vetor MATEMATICA}
| | POSCONT ← 1 {Iniciando com o valor 1 para acessar a primeira
| |               posição do vetor CONTABILIDADE}
| | enquanto (POSCONT <= 100) e (MATEMATICA [POSMAT]
| | |        <> CONTABILIDADE [POSCONT]) faça
| | |  POSCONT ← POSCONT + 1 {Caso não seja igual ou não
| | |                         esteja no fim do vetor
| | |                         CONTABILIDADE, acrescentar 1
| | |                         para acessar a próxima
| | |                         posição do vetor}
| | fim-enquanto
| | se (MATEMATICA [POSMAT] = CONTABILIDADE [POSCONT])
| | | {Teste para ver se o comando enquanto terminou porque as
| | |  matrículas são iguais}
| | |  então escreva MATEMATICA [POSMAT]
| | fim-se
| fim-para
fim-ref.
```

9. Declare as variáveis, pois agora você sabe quais são necessárias.

```
ref. Declarar variáveis
| MATEMATICA: conjunto [1..150] numérico
| CONTABILIDADE: conjunto [1..100] numérico
| POSCONT, POSMAT: numérico
fim-ref.
```

10. Monte o algoritmo final, juntando as etapas.

```
início
|  MATEMATICA: conjunto [1..150] numérico
|  CONTABILIDADE: conjunto [1..100] numérico
|  POSCONT, POSMAT: numérico
|  para POSMAT de 1 até 150 faça
|  |  leia MATEMATICA [POSMAT]
|  fim-para
|  para POSCONT de 1 até 100 faça
|  |  leia CONTABILIDADE [POSCONT]
|  fim-para
|  para POSMAT de 1 até 150 faça {Variando a posição do vetor MATEMATICA}
|  |  POSCONT ← 1 {Iniciando com o valor 1 para acessar a primeira
|  |                       posição do vetor CONTABILIDADE}
|  |  enquanto (POSCONT <= 100) e (MATEMATICA [POSMAT]
|  |  |           <> CONTABILIDADE [POSCONT]) faça
|  |  |  POSCONT ← POSCONT + 1 {Caso não seja igual ou não
|  |  |                         esteja no fim do vetor
|  |  |                         CONTABILIDADE, acrescentar 1
|  |  |                         para acessar a próxima
|  |  |                         posição do vetor}
|  |  fim-enquanto
|  |  se (MATEMATICA [POSMAT] = CONTABILIDADE [POSCONT])
|  |  |  {Teste para ver se o comando enquanto terminou porque as
|  |  |  matrículas são iguais}
|  |  |  então escreva MATEMATICA [POSMAT]
|  |  fim-se
|  fim-para
fim
```

Transferindo valores de variáveis

Antes de aprender a ordenar vetores, você deve aprender a transferir o valor de uma variável simples *X* para uma variável simples *Y*, e vice-versa.

Levando-se em conta que uma variável simples pode armazenar somente um valor, na representação X ← Y, o primeiro valor de X será perdido e passará a conter o mesmo valor de Y. Se for feito o oposto, Y ← X, acontecerá a mesma coisa com o valor de Y. Esse problema é resolvido com o auxílio de mais uma variável. Veja o exemplo a seguir.

AUX ← X

X ← Y

Y ← AUX

Faça um teste atribuindo o valor 200 à variável *X* e *50* à variável *Y*.

AUX ← X <Valor de AUX = 200> <Valor de X = 200> <Valor de Y = 50>

X ← Y <Valor de AUX = 200> <Valor de X = 50> <Valor de Y = 50>

Y ← AUX <Valor de AUX = 200> <Valor de X = 50> <Valor de Y = 200>

Observe que os valores das variáveis foram trocados com a utilização da variável auxiliar *AUX*.

Ordenando vetores

Imagine um vetor com cinco elementos. Como colocá-lo em ordem crescente? Utilizando o método que você aprendeu até agora, haveria vários comandos *se*, que tornariam o algoritmo confuso e lento. Existem várias formas de se ordenar os vetores, evitando que isso ocorra. Na atividade seguinte, você vai aprender o método *Bolha* ou Buble Sort

Atividade 2 – Aprendendo a ordenar vetores

Objetivo: • Aprender a classificar um vetor em ordem crescente.

Tarefa: • Montar um vetor e classificar em ordem crescente.

Problema

Faça um algoritmo para ler 20 números e ordene-os em ordem crescente. Represente o algoritmo em pseudocódigo.

Solucionando o problema

1. Para resolver este algoritmo, estabeleça qual a lógica a ser utilizada. Vamos empregar um vetor menor, de 5 posições, com valores escolhidos aleatoriamente (8, 4, 6, 10, 2, por exemplo) para determinar esta lógica.

VET

> Lembre-se de que ordem crescente significa do menor valor para o maior, ou seja, você deve colocar no início do vetor o menor valor e no final, o maior valor.

a) Leia os números através da variável NUMEROLIDO e monte o vetor VET.

VET

8	4	6	10	2

b) Após montado o vetor, inicialize as variáveis INICIO – para poder saber qual a posição de início dos valores a serem testados – e POS – para saber a posição do vetor que está sendo testada. Como se está no início do exercício, as variáveis recebem os valores 1 (primeira posição) e 2 (posição em teste). Estará sendo criada também uma variável chamada AUX para auxiliar na troca dos valores de posição.

INICIO: 1
POS: 2
AUX: 0
VET

8	4	6	10	2

Posição inicial para os testes
Posição em teste

c) Inicie o teste perguntando se o valor da primeira posição é maior que a posição em teste (POS), ou seja, 8 é maior que 4? A pergunta é esta, se quer deixar o menor valor na primeira posição. O resultado é verdadeiro.

INICIO: 1
POS: 2
AUX: 0
VET

8	4	6	10	2

Posição inicial para os testes
Posição em teste

d) Como o resultado foi verdadeiro, trocam-se os valores. Para isso, coloca-se o valor que está na posição de teste (4) na variável auxiliar (AUX). Logo após coloca-se o valor que está na primeira posição (8) na segunda. Em seguida, coloca-se o valor que está na variável auxiliar na primeira posição do vetor (4). Temos, então, o vetor.

INICIO: 1
POS: 2
AUX: 4
VET

4	8	6	10	2

Posição inicial para os testes
Posição em teste

e) Terminada a troca, vá para a próxima posição a ser testada acrescentando 1 à variável POS (POS ← POS+1). Continue testando agora o valor da primeira posição com o da terceira posição (POS+1). O número 4 é maior que 6? Resultado: falso.

INICIO: 1
POS: 3
AUX: 4
VET

4	8	6	10	2

→ Posição inicial para os testes
→ Posição em teste

f) Como o resultado é falso, os valores não são trocados. Avance uma posição (POS ← POS+1). É testado, agora, o valor da primeira posição com o da quarta posição. O número 4 é maior que 10? O resultado é falso. Como 10 não é menor, o valor 4 deve ficar na mesma posição em que está. Entretanto, não podemos dar por encerrado o problema, pois não se chegou ao final do vetor. Visto isso, acrescenta-se 1 ao valor da posição a ser testada para se comparar o próximo valor que está no vetor.

INICIO: 1
POS: 5
AUX: 4
VET

4	8	6	10	2

→ Posição inicial para os testes
→ Posição em teste

g) O teste agora é: 4 é maior que 2? O resultado é verdadeiro. Portanto são trocados os valores com a ajuda da variável AUX.

INICIO: 1
POS: 5
AUX: 2
VET

2	8	6	10	4

→ Posição inicial para os testes
→ Posição em teste

h) Terminada a troca, verifique que a posição em teste chegou à última posição, portanto o valor que está na primeira posição é o menor valor dentre os valores presentes no vetor. Agora deve ser localizado o segundo menor valor do vetor. Inicie novamente as variáveis INICIO e POS. A posição para início dos testes deve ser a segunda posição e os testes iniciarão a partir da terceira posição.

INICIO: 2
POS: 3
AUX: 2
VET

2	8	6	10	4

Posição inicial para os testes
Posição em teste

i) Verifique: 8 é maior que 6? Como o resultado é verdadeiro, troca-se o valor da segunda posição com o valor que está na terceira posição. Terminada a troca com o apoio da variável auxiliar (AUX), movimente a posição de teste para a quarta posição somando 1 no valor da posição em teste (POS ← POS+1).

INICIO: 2
POS: 4
AUX: 6
VET

2	6	8	10	4

Posição inicial para os testes
Posição em teste

j) Novamente o teste: 6 é maior que 10? Com o resultado falso, passa-se para a próxima posição de teste (POS ← POS+1).

INICIO: 2
POS: 5
AUX: 6
VET

2	6	8	10	4

Posição inicial para os testes
Posição em teste

k) Faça o teste: 6 é maior que 4? Com o resultado <u>verdadeiro</u>, trocam-se os valores com a ajuda da variável AUX.

INICIO: 2
POS: 5
AUX: 4
VET

2	4	8	10	6

→ Posição inicial para os testes
→ Posição em teste

l) Como na vez anterior, a posição em teste chegou no final do vetor, isso indica que o valor que está agora na segunda posição é o segundo valor na ordem crescente dos valores testados. Deve-se localizar e inserir na terceira posição o terceiro menor valor, para isto as variáveis INICIO e POS recebem os valores 3 e 4.

INICIO: 3
POS: 4
AUX: 4
VET

2	4	8	10	6

→ Posição inicial para os testes
→ Posição em teste

m) Reinicie o teste: 8 é maior que 10? Com o resultado <u>falso</u>, passa-se adiante para a próxima posição (POS ← POS+1).

INICIO: 3
POS: 5
AUX: 4
VET

2	4	8	10	6

→ Posição inicial para os testes
→ Posição em teste

n) O número 8 é maior que 6? Como este teste resulta em <u>verdadeiro</u>, trocam-se os valores com o auxílio da variável AUX.

INICIO: 3
POS: 5
AUX: 6
VET

2	4	6	10	8

→ Posição inicial para os testes
→ Posição em teste

o) Como a posição em teste chegou ao fim do vetor, isto indica que o terceiro menor valor já foi localizado e está na terceira posição. Novamente a posição para o início dos testes para achar o quarto valor passa a ser a quarta posição. Já a posição em teste passa a ser a próxima posição, que é a quinta.

INICIO: 4
POS: 5
AUX: 6
VET

2	4	6	10	8

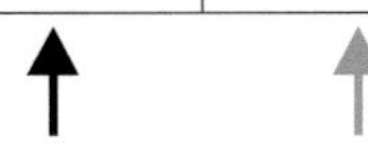

→ Posição inicial para os testes
→ Posição em teste

p) O número 10 é maior que 8? Com o resultado <u>verdadeiro</u> são trocados os valores, utilizando a variável AUX.

INICIO: 4
POS: 5
AUX: 8
VET

2	4	6	8	10

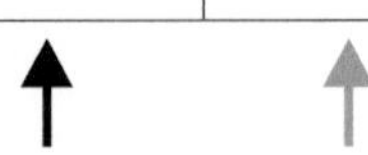

→ Posição inicial para os testes
→ Posição em teste

q) Novamente a posição em teste chega ao final do vetor, porém agora a posição para o início do teste chegou à penúltima posição e isto indica que os valores nessas posições são o penúltimo e o último na ordem crescente desejada. Portanto não é mais necessário nenhum teste, pois o vetor já está ordenado.

INICIO: 4
POS: 5
AUX: 8
VET

2	4	6	8	10

→ Posição inicial para os testes
→ Posição em teste

2. Encerrada a parte lógica, coloque os passos correspondentes aos testes no algoritmo. Lembre-se de que o algoritmo proposto é para ordenar um vetor com 20 posições, porém o procedimento é o mesmo mostrado anteriormente.

a) Monte o vetor.

```
ref. Montar o vetor VET
  | para POS de 1 até 20 faça
  |   | leia NUMLIDO
  |   | VET [POS] ← NUMLIDO
  | fim-para
fim-ref.
```

b) Inicialize as variáveis.

```
ref. Inicializar variáveis
  | AUX ← 0
fim-ref.
```

Não é necessária a inicialização das variáveis INICIO e POS, pois elas serão inicializadas por meio do comando *para*, descrito a seguir.

c) Refine os testes que foram feitos na parte lógica. Lembre-se de que no exemplo anterior (5 posições) a posição de início foi da posição 1 (inicial) até a posição 4 (final) e que todas as operações realizadas eram as mesmas, portanto pode-se utilizar um comando de repetição. No exercício de 20 posições, basta alterar o número 4 para 19. Com relação ao comando de repetição, será usado o comando para.

```
para INICIO de 1 até 19 faça
```

Dentro de cada valor que a posição INICIO tinha, vários valores foram armazenados na posição de teste POS até que a mesma chegasse ao fim do vetor. Porém seu valor inicial era sempre a próxima posição em relação à posição de início dos testes. Ou seja, quando um valor era armazenado na variável INICIO, a variável POS recebia o valor da próxima posição, e iniciavam-se os testes, posição a posição, até que se chegasse ao fim do vetor.

```
para INICIO de 1 até 19 faça
|  para POS de INICIO + 1 até 20 faça
|
```

O teste deve verificar se o valor que está na posição de início (INICIO) dos testes é maior que o valor que está na posição em teste (POS). Quando os resultados são verdadeiros os valores mudam de posição; quando são falsos, a posição é mantida e o teste é feito na posição seguinte.

```
ref. Ordenar o vetor
|  para INICIO de 1 até 19 faça
|  |  para POS de INICIO + 1 até 20 faça
|  |  |  se valor armazenado na posição de início dos testes > valor
|  |  |  |  armazenado na posição de teste
|  |  |  |   então trocar os valores
|  |  |  fim-se
|  |  fim-para
|  fim-para
fim-ref.
```

Com isso termina a etapa para ordenar o vetor. Troque agora as frases por comandos. Primeiro, substitua a expressão "valor armazenado na posição de início dos testes" pelo equivalente VET[INICIO] e "valor armazenado na posição de teste" por VET[POS].

```
ref. Ordenar o vetor
|  para INICIO de 1 até 19 faça
|  |  para POS de INICIO + 1 até 20 faça
|  |  |  se VET[INICIO] > VET[POS]
|  |  |  |  então trocar os valores
|  |  |  fim-se
|  |  fim-para
|  fim-para
fim-ref.
```

Para substituir "trocar os valores" você já aprendeu que deve utilizar uma variável auxiliar (aqui denominada AUX).

```
AUX ← VET[POS]
VET[POS] ← VET[INÍCIO]
VET[INÍCIO] ← AUX
ref. Ordenar o vetor
  | para INICIO de 1 até 19 faça
  |   | para POS de INICIO + 1 até 20 faça
  |   |   | se VET[INICIO] > VET[POS]
  |   |   |   | então  AUX ← VET[POS]
  |   |   |   |        VET[POS] ← VET[INÍCIO]
  |   |   |   |        VET[INÍCIO] ← AUX
  |   |   | fim-se
  |   | fim-para
  | fim-para
fim-ref.
```

d) Para finalizar basta declarar as variáveis utilizadas no algoritmo.

```
ref. Declarar variáveis
  | VET : conjunto[1..20] numérico
  | NUMLIDO, POS, INICIO, AUX:numérico
fim-ref.
```

e) Junte todos os refinamentos e terá o pseudocódigo para classificação em ordem crescente de um vetor de 20 elementos numéricos.

```
início
  | VET : conjunto[1..20] numérico
  | NUMLIDO, POS, INICIO, AUX:numérico
  | para POS de 1 até 20 faça
  |   | leia NUMLIDO
  |   | VET [POS] ← NUMLIDO
  | fim-para
  | AUX ← 0
  | para INICIO de 1 até 19 faça
  |   | para POS de INICIO + 1 até 20 faça
  |   |   | se VET[INICIO] > VET[POS]
  |   |   |   | então  AUX ← VET[início]
  |   |   |   |        VET[POS] ← VET[INÍCIO]
  |   |   |   |        VET[INÍCIO] ← AUX
  |   |   | fim-se
  |   | fim-para
  | fim-para
fim
```

Pesquisando em vetores

Pesquisa sequencial

Depois que você ordena os valores de um vetor, a pesquisa para localizá-los fica bem menos trabalhosa. Existem vários métodos de pesquisa em vetor; para a maioria, é pré-requisito que o vetor esteja ordenado, em ordem crescente ou decrescente. Você vai conhecer os métodos de pesquisa sequencial e binária.

O método de pesquisa sequencial é o mais simples: um valor é lido e, em seguida, pesquisado em um vetor até que seja encontrado ou que o vetor termine.

Esse método é mais eficaz em vetores com valores desordenados, mas também é o método mais lento de pesquisa, pois, se não localizar o valor pesquisado, percorre todo o vetor e não somente uma parte dele, como nos outros métodos. O desempenho desse método pode melhorar se ele for aplicado em um vetor ordenado; mesmo assim, ainda será inferior aos outros métodos.

Atividade 3 – Pesquisando valores em vetores ordenados – pesquisa sequencial

Objetivo: • Utilizar o método de pesquisa sequencial em um vetor em ordem crescente.

Tarefa: • Encontrar um valor em um vetor ordenado.

Problema

Em um vetor numérico de 20 posições, crie um algoritmo para encontrar a posição exata em que está armazenado um valor indicado pelo usuário. Represente o algoritmo em pseudocódigo.

Solucionando o problema

1. Para criar esse algoritmo, você deve primeiro resolver a parte lógica.

   a) Utilize o vetor *VET*, de cinco posições, representado a seguir.

VET

23	56	15	34	67

   b) Leia o número que o usuário pretende pesquisar no vetor. Suponha que seja o número 34 (NUMEROLIDO).

   c) Inicie a pesquisa atribuindo o valor 1 à variável *POS*, referente à primeira posição do vetor.

NUMEROLIDO: 34
POS: 1
VET

23	56	15	34	67

↑

→ Posição de teste

d) Para o teste "23 é igual a 34?", o resultado é <u>falso</u>, portanto, passe para a próxima posição (POS ← POS + 1).

NUMEROLIDO: 34
POS: 2
VET

23	56	15	34	67

↑ (na posição 2)

→ Posição de teste

e) Para o teste "56 é igual a 34?", o resultado é <u>falso</u>, portanto, passe para a próxima posição (POS ← POS + 1).

NUMEROLIDO: 34
POS: 3
VET

23	56	15	34	67

↑ (na posição 3)

→ Posição de teste

f) Para o teste "15 é igual a 34?", novamente o resultado é <u>falso</u>, portanto, passe para a próxima posição (POS ← POS + 1).

NUMEROLIDO: 34
POS: 4
VET

23	56	15	34	67

↑ (na posição 4)

→ Posição de teste

g) Para o teste "34 é igual a 34"?, o resultado é <u>verdadeiro</u>, ou seja, foi encontrado o valor solicitado no vetor *VET*. Neste caso, deve ser mostrada ao usuário a mensagem "O número solicitado está na posição 4 do vetor *VET*" e finalizado o algoritmo.

h) Suponha agora que o número indicado pelo usuário seja o 33.

i) Para o teste "23 é igual a 33?", o resultado é falso, portanto, passe para a próxima posição (POS ← POS + 1).

NUMEROLIDO: 33
POS: 2
VET

23	56	15	34	67

→ Posição de teste

j) Para o teste "56 é igual a 33?", o resultado é falso, portanto, passe para a próxima posição (POS ← POS + 1).

NUMEROLIDO: 33
POS: 3
VET

23	56	15	34	67

→ Posição de teste

k) Para o teste "15 é igual a 33?", o resultado é falso, portanto, passe para a próxima posição (POS ← POS + 1).

NUMEROLIDO: 33
POS: 4
VET

23	56	15	34	67

→ Posição de teste

l) Para o teste "34 é igual a 33?", o resultado é falso, portanto, passe para a próxima posição (POS ← POS + 1).

NUMEROLIDO: 33
POS: 5
VET

23	56	15	34	67

→ Posição de teste

m) Para o teste "67 é igual a 33?", o resultado é <u>falso</u>, portanto, passe para a próxima posição (POS ← POS + 1).

NUMEROLIDO: 33
POS: 6
VET

23	56	15	34	67

↑

→ Posição de teste

n) Como o vetor possui cinco posições e a variável *POS* contém um valor superior a esse número, significa que foi atingido o final do vetor e não foi localizado o valor solicitado. Portanto, basta mostrar a mensagem "O valor 33 não está no vetor *VET*".

2. Encerrada a parte lógica, coloque os passos correspondentes aos testes no algoritmo.

a) Ler o número a ser pesquisado.

```
ref. Ler número desejado
   | leia NUMEROLIDO
fim-ref.
```

b) Faça os testes até encontrar um valor que seja igual ao número lido. Os testes devem ser feitos até o final do vetor (última posição), quando o comando de repetição será interrompido. Como será aplicada a estrutura *enquanto/fim-enquanto*, você deve inverter a sequência, ou seja, o comando será executado enquanto o valor armazenado no vetor for diferente do número lido e o valor da variável indicadora de posição for menor ou igual ao número de posições do vetor.

```
ref. Encontrar o número no vetor
   | POS ← 1
   | enquanto VET [POS] <> NUMEROLIDO e POS <= 20 faça
   | POS ← POS + 1
fim-enquanto
```

c) Utilize o comando *se* para verificar se o valor armazenado na posição em que a variável *POS* parou é igual ao número lido.

```
ref. Encontrar o número no vetor
   | POS ← 1
   | enquanto VET [POS] <> NUMEROLIDO e POS <= 20 faça
   |    | POS ← POS + 1
   | fim-enquanto
```

```
    se VET [POS] = NUMEROLIDO
        então escreva "O número", NUMEROLIDO, "está na", POS, "posição"
        senão escreva "O número", NUMEROLIDO, "não consta no vetor"
    fim-se
fim-ref.
```

d) Declare as variáveis.

```
ref. Declarar variáveis
    VET: conjunto [1..20] numérico
    NUMEROLIDO, POS: numérico
fim-ref.
```

e) Junte todas as etapas em um único pseudocódigo.

```
início
    VET: conjunto [1..20] numérico
    NUMEROLIDO, POS: numérico
    leia NUMEROLIDO
    POS ← 1
    enquanto VET [POS] <> NUMEROLIDO e POS <= 20 faça
        POS ← POS + 1
    fim-enquanto
    se VET [POS] = NUMEROLIDO
        então escreva "O número", NUMEROLIDO, "está na", POS, "posição"
        senão escreva "O número", NUMEROLIDO, "não consta no vetor"
    fim-se
fim
```

Pesquisa binária

Esse método é mais rápido que o sequencial, pois pesquisa um número menor de dados. A cada teste, é pesquisada somente a parte do vetor que contém valores que satisfaçam a condição da pesquisa (ser o valor maior ou menor que o número lido). Para que essa pesquisa seja feita, é imprescindível que o vetor esteja ordenado.

Atividade 4 – Fazendo uma pesquisa binária

Objetivo: • Utilizar o método de pesquisa binária em um vetor em ordem crescente.

Tarefa: • Encontrar a posição de um valor em um vetor ordenado.

Problema

Em um vetor numérico de 20 posições em ordem crescente, faça um algoritmo para encontrar a posição exata em que está armazenado um valor indicado pelo usuário. Represente o algoritmo em pseudocódigo.

Solucionando o problema

O método de pesquisa binária consiste basicamente em encontrar a posição central do vetor, ou a mais próxima do centro. De acordo com o valor armazenado na posição equivalente ao meio, é visto se o número armazenado é maior ou menor que o número desejado. Dependendo da resposta, escolhe-se uma das metades e novamente divide-se ao meio. Isso é feito sucessivamente até que seja encontrado o número ou seja verificado a não existência dele no vetor.

1. Estabeleça a parte lógica a ser utilizada.

   a) Monte o vetor *VET* com os valores aleatórios 12, 34, 56, 78 e 90.

VET

12	34	56	78	90

   b) Estabeleça o número 78 como o valor a ser pesquisado no vetor. Esse número vai ser armazenado na variável *NUMEROLIDO*.

   c) Inicialize duas variáveis, contendo os valores 1 (primeira posição) e 5 (última posição). Some os valores das variáveis e divida por dois para achar a posição correspondente à metade do vetor.

ULTIMA: 5
PRIMEIRA: 1
METADE: 3
VET

12	34	56	78	90

→ Primeira posição

→ Posição do meio

→ Última posição

d) Para o primeiro teste "78 é igual a 56?", o resultado é falso. Para o segundo teste "78 é maior que 56?", o resultado é verdadeiro. Portanto, o valor da variável *PRIMEIRA* passa a ser a próxima posição a partir do meio (como o número 56 não é o número lido e é menor que 78, provavelmente o número lido está em uma das posições acima). Agora calcule a metade da metade do vetor (soma das posições 4 e 5 dividida por 2) e armazene na variável *METADE*.

ULTIMA: 5
PRIMEIRA: 4
METADE: 4
VET

12	34	56	78	90

Primeira posição
Posição do meio
Última posição

e) Para o teste "78 é igual a 78?", o resultado é verdadeiro. Neste caso, o vetor deve imprimir a mensagem "O número 78 está na posição 4 do vetor".

f) Veja outro exemplo em que o número pesquisado é o 5. Inicialize as variáveis contendo os valores 1 (primeira posição) e 5 (última posição). Depois, some os dois valores das variáveis e divida por 2 para achar a posição central do vetor.

ULTIMA: 5
PRIMEIRA: 1
METADE: 3
VET

12	34	56	78	90

Primeira posição
Posição do meio
Última posição

g) Para o primeiro teste "5 é igual a 56?", o resultado é falso. Para o segundo teste "5 é maior que 56?", o resultado também é falso. Portanto, o valor do término passa a ser a posição anterior ao meio (como o número 56 não é o número lido e é maior que 5, provavelmente o número lido está em uma das posições anteriores). Agora calcule a metade da metade entre 1 e 2 e armazene na variável *METADE*.

ULTIMA: 2
PRIMEIRA: 1
METADE: 1
VET

12	34	56	78	90

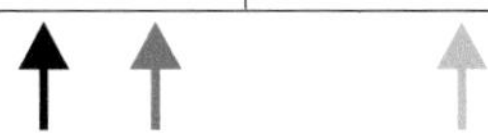

Primeira posição

Posição do meio

Última posição

h) Para o primeiro teste "5 é igual a 12?", o resultado é falso. Para o segundo teste "5 é maior que 12?", novamente o resultado é falso. Portanto, a posição final vai para a posição anterior ao meio, e a posição do meio torna-se a média do valor inicial com a posição final.

ULTIMA: 0
PRIMEIRA: 1
METADE: 0
VET

12	34	56	78	90

Primeira posição

Posição do meio

Última posição

j) A figura indica que a pesquisa terminou e o valor não foi encontrado, portanto, ele não está no vetor. A mensagem que deve ser mostrada é "O número 5 não está no vetor!".

2. Encerrada a parte lógica, coloque os passos correspondentes aos testes no algoritmo.

   a) Leia o número a ser pesquisado.

```
ref. Lendo o número a ser pesquisado
    |
    | leia NUMEROLIDO
    |
fim-ref.
```

   b) Inicialize as variáveis contendo os números da primeira posição e da última. Use uma variável lógica para indicar se foi encontrado ou não o número no vetor. No início, essa variável deve ter o valor falso, pois não se sabe se o número está no vetor ou não.

```
ref. Inicializar variáveis
    |
    | PRIMEIRA ← 1
    | ULTIMA ← 20
    | ACHOU ← falso
    |
fim-ref.
```

   c) Utilize uma estrutura de repetição, pois foram feitos dois testes várias vezes, para que o valor fosse encontrado ou até que o vetor terminasse: com o valor da última posição sendo menor que a do início ou com o valor do início sendo maior que o da última posição.

```
ref. Encontrar o número no vetor
    |
    | enquanto (PRIMEIRA <= ULTIMA) e não ACHOU faça
    |   |
```

> O comando *enquanto* é aplicado até que a variável PRIMEIRA venha a conter um valor maior que a variável ULTIMA, ou que a variável lógica ACHOU venha a conter o valor verdadeiro, isto é, que seja encontrado o número pesquisado.

   d) Encontre o meio do vetor. Para isso, some as variáveis *PRIMEIRA* e *ULTIMA* e divida por 2. Como em vetor não há posição fracionária (por exemplo, 4,5), faça a divisão inteira (utilize a função aritmética *Divisão Inteira (\ )*, explicada no Capítulo 2).

```
ref. Encontrar o número no vetor
    |
    | enquanto (PRIMEIRA <= ULTIMA) e não ACHOU faça
    |   | METADE ← (PRIMEIRA + ULTIMA) \ 2
    |   |
```

   e) Faça o primeiro teste, ou seja, verifique se o valor armazenado na posição do meio do vetor é igual ao número lido; para isso, utilize o comando *se*. Caso o valor seja igual, a variável *ACHOU* deve armazenar o valor verdadeiro, para indicar que foi encontrado o número no vetor.

```
ref. Encontrar o número no vetor
   |
   | enquanto (PRIMEIRA <= ULTIMA) e não ACHOU faça
   |   | METADE ← (PRIMEIRA + ULTIMA) \ 2
   |   | se VET [METADE] = NUMEROLIDO
   |   |   | então ACHOU ← verdadeiro
   |   | fim-se
   |   |
```

f) Faça o segundo teste para verificar se o número armazenado na posição do meio do vetor é maior que o número lido. Se for, a posição final do vetor será a posição anterior ao meio. Se o número armazenado for menor que o número lido, a posição inicial do vetor será a próxima posição a partir do meio.

```
ref. Encontrar o número no vetor
   |
   | enquanto (PRIMEIRA<= ULTIMA) e não ACHOU faça
   |   | METADE ← (PRIMEIRA + ULTIMA) \ 2
   |   | se VET [METADE] = NUMEROLIDO
   |   |   | então ACHOU ← verdadeiro
   |   | fim-se
   |   | se VET [METADE] > NUMEROLIDO
   |   |   | então ULTIMA ← METADE - 1
   |   |   | senão PRIMEIRA ← METADE + 1
   |   | fim-se
   | fim-enquanto
```

g) Veja se o vetor contém o valor pesquisado por meio do comando *se*, que deve verificar o valor da variável *ACHOU*.

```
ref. Encontrar o número no vetor
   |
   | enquanto (PRIMEIRA <= ULTIMA) e não ACHOU faça
   |   | METADE ← (PRIMEIRA + ULTIMA) \ 2
   |   | se VET [METADE] = NUMEROLIDO
   |   |   | então ACHOU ← verdadeiro
   |   | fim-se
   |   | se VET [METADE] > NUMEROLIDO
   |   |   | então ULTIMA ← METADE - 1
   |   |   | senão PRIMEIRA ← METADE + 1
   |   | fim-se
   | fim-enquanto
   | se ACHOU = verdadeiro
   |   | então escreva "O valor", NUMEROLIDO, "foi encontrado na
   |   |                    posição", METADE, "do vetor"
   |   | senão escreva "O valor", NUMEROLIDO, "não foi encontrado no
   |   |                    vetor"
   | fim-se
   |
fim-ref.
```

h) Declare as variáveis utilizadas no algoritmo.

```
ref. Declarar variáveis
    VET: conjunto [1..20] numérico
    NUMEROLIDO, PRIMEIRA, ULTIMA, METADE: numérico
    ACHOU: lógico
fim-ref.
```

i) Junte todas as etapas em um único pseudocódigo para ter o algoritmo de pesquisa binária em um vetor de 20 elementos numéricos.

```
início
    VET: conjunto [1..20] numérico
    NUMEROLIDO, PRIMEIRA, ULTIMA, METADE: numérico
    ACHOU: lógico
    leia NUMEROLIDO

    PRIMEIRA ← 1
    ULTIMA ← 20
    ACHOU ← falso
    enquanto (PRIMEIRA <= ULTIMA) e não ACHOU faça
        METADE ← (PRIMEIRA + ULTIMA) \ 2
        se VET [METADE] = NUMEROLIDO
            então ACHOU ← verdadeiro
        fim-se
        se VET [METADE] > NUMEROLIDO
            então ULTIMA ← METADE - 1
            senão PRIMEIRA ← METADE + 1
        fim-se
    fim-enquanto
    se ACHOU = verdadeiro
        então escreva "O valor", NUMEROLIDO, "foi encontrado na
                        posição", METADE, "do vetor"
        senão escreva "O valor", NUMEROLIDO, "não foi encontrado no
                        vetor"
    fim-se
fim
```

Resumo do capítulo

Termo	Explanação
Vetor	Variável unidimensional (uma dimensão) que pode armazenar várias constantes do mesmo tipo (homogênea). Isso permite manipular um conjunto de dados do mesmo tipo sem a necessidade de se recorrer à declaração de muitas variáveis.

Declaração de vetor

1. Pseudocódigo

<nome do vetor> : conjunto [<tamanho inicial>..<tamanho final>] <tipo de constantes>

2. Fluxograma

(não há representação)

3. Diagrama de Chapin

(não há representação)

Atribuição de valores ao vetor

1. Pseudocódigo

<nome do vetor>[<número da posição>] ← <valor a ser armazenado>

2. Fluxograma

<nome do vetor>[<número da posição>] ← <valor a ser armazenado>

3. Diagrama de Chapin

<nome do vetor>[<número da posição>] ← <valor a ser armazenado>

Anotações

6
Matrizes

OBJETIVOS

- Entender o conceito de matriz
- Conhecer e praticar montagens de matrizes

Matriz

O recurso de se colocarem várias constantes em uma só variável não é exclusivo do vetor; a matriz é uma variável que também apresenta essa característica.

A matriz assemelha-se a um engradado de garrafas ou, de forma mais esquemática, pode ser representada pela figura a seguir.

Observe que a matriz possui duas dimensões (altura e comprimento ou linha e coluna) diferentemente do vetor, que possui apenas uma dimensão (comprimento). Por essas características, a matriz é chamada de variável homogênea – pois aceita somente um tipo de constante – bidimensional e o vetor, de variável homogênea unidimensional.

Declarando a matriz

Como acontece com outras variáveis, quando uma matriz é declarada, o computador reserva uma parte da memória para ela. No caso da matriz, essa parte é dividida em determinada quantidade de colunas e linhas (indicada na declaração) e identificada por um par de números (um referente à linha e outro à coluna).

> A matriz só pode armazenar constantes de um único tipo.

Sintaxe da matriz

<nome da matriz> : conjunto [<número inicial de linhas>..<número final de linhas>, <número inicial de colunas>..<número final de colunas>] <tipo de constantes que a matriz poderá conter>

Exemplos

NOTAS_DE_ALUNOS: conjunto [1..4, 1..200] numérico

MATRIZ_DE_ALUNOS: conjunto [1..10, 1..30] literal

> É recomendável que você utilize o valor 1 como padrão de índice (primeiro endereço) das linhas e colunas da matriz.

Inserindo valores na matriz

Para acessar as posições da matriz, basta indicar a linha e a coluna desejadas.

Exemplo

1. Observe a matriz a seguir.

   MATRIZ_DE_ALUNOS

2. MATRIZ_DE_ALUNOS é uma matriz 6 x 4, ou seja, de seis linhas por quatro colunas. Para declarar essa matriz, utilize o comando a seguir.

   MATRIZ_DE_ALUNOS: conjunto [1..6, 1..4] numérico

3. Para armazenar a constante numérica 100 na terceira linha da segunda coluna, utilize o comando a seguir.

   MATRIZ_DE_ALUNOS [3, 2] ← 100

   Ou seja, basta colocar o nome da matriz e, a seguir, entre colchetes, o número da linha e o número da coluna separados por vírgula.

4. Veja como fica a matriz.

	100		

Montando a matriz

Agora você vai aprender a preencher com dados uma matriz, isto é, ler e armazenar valores.

Exemplo

Monte um algoritmo para ler e armazenar os nomes de duas pessoas com os primeiros nomes de seus pais.

1. Pseudocódigo

a) Neste algoritmo será usada uma matriz com 2 linhas por 3 colunas: uma linha para cada pessoa (não se esqueça de que são duas); uma coluna para o nome da pessoa, uma para o nome do pai e outra para o nome da mãe. Comece declarando a matriz.

```
início
|
| PESSOAS: conjunto [1..2, 1..3] literal
|
```

b) Declare duas variáveis para indicar as posições da linha e da coluna que você pretende acessar.

```
início
|
| PESSOAS: conjunto [1..2, 1..3] literal
| LINHA,COLUNA: numérico
|
```

c) Como serão lidos dois nomes, utilize o comando de repetição *para*. Como a matriz tem duas dimensões (linhas e colunas), utilize dois comandos de repetição, ou seja, leia o nome da pessoa e armazene na primeira coluna, leia o nome do pai e armazene na segunda coluna, leia o nome da mãe e armazene na terceira coluna. Depois, passe para a próxima linha, para fazer o mesmo com a segunda pessoa. Portanto, existe um comando *para* alterando a linha e outro alterando a coluna.

```
início
|
| PESSOAS: conjunto [1..2, 1..3] literal
| LINHA, COLUNA: numérico
| para LINHA de 1 até 2 faça {Comando para variando a linha}
| |  para COLUNA de 1 até 3 faça {Comando para variando a coluna}
| |  |
| |  |
```

d) Utilize o comando *se* apenas para mudar a mensagem que será emitida ao usuário (se não fosse por isso, não haveria necessidade desse comando). Finalize o algoritmo.

```
início
   PESSOAS: conjunto [1..2, 1..3] literal
   LINHA, COLUNA: numérico
   para LINHA de 1 até 2 faça {Comando para variando a linha}
      para COLUNA de 1 até 3 faça {Comando para variando a coluna}
         se COLUNA = 1
            então leia "Digite o primeiro nome de uma pessoa:",
                           PESSOAS [LINHA, COLUNA]
            senão se COLUNA = 2
                     então leia "Digite o primeiro nome do pai desta
                                   pessoa:", PESSOAS [LINHA, COLUNA]
                     senão leia "Digite o primeiro nome da mãe
                                   desta pessoa:", PESSOAS [LINHA,
                                   COLUNA]
               fim-se
         fim-se
      fim-para
   fim-para
fim
```

Quando não é colocado o parâmetro *passo* no comando *para*, automaticamente vai sendo acrescentado o valor 1 ao valor inicial até chegar ao valor final (consulte o Capítulo 4).

2. Fluxograma

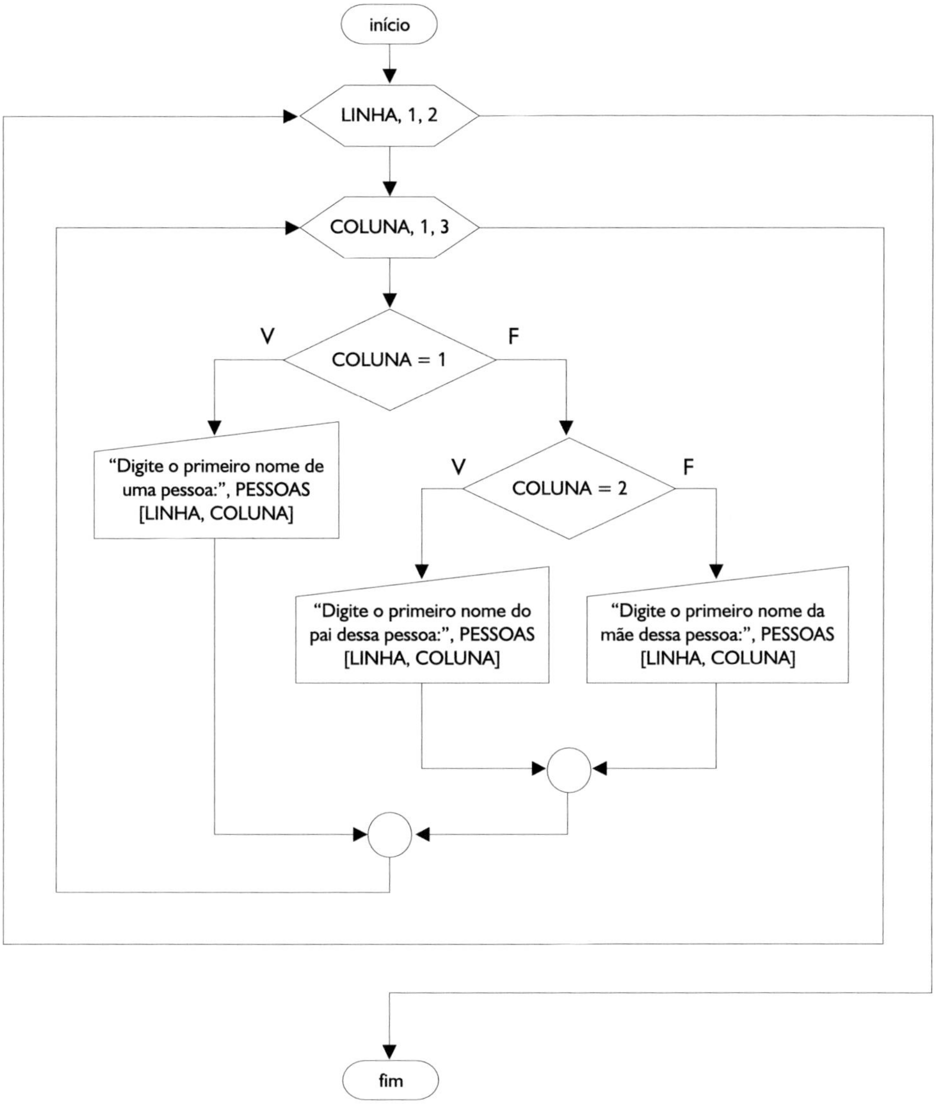

3. Teste de mesa

Faça o "teste de mesa", ou seja, execute os comandos para ver se o algoritmo está correto.

a) Criar a matriz *PESSOAS*, com 2 linhas e 3 colunas (PESSOAS: conjunto [1..2,1..3] literal).

b) Criar duas variáveis numéricas (LINHA, COLUNA: numérico)

LINHA	COLUNA

c) Inserir o valor 1 na variável *LINHA*, por meio do comando de repetição (para LINHA de 1 até 2 faça).

LINHA	COLUNA
1	

d) Inserir outro valor 1 à variável *COLUNA* por causa do comando de repetição *para* (para COLUNA de 1 até 3 faça).

LINHA	COLUNA
1	1

e) Aplicar a estrutura condicional, que vai questionar se o valor da variável *COLUNA* é igual a 1. A resposta é <u>verdadeiro</u>; então, aparece a mensagem "Digite o primeiro nome de uma pessoa:". O nome que deve ser digitado, FABIANO, é armazenado na matriz *PESSOAS*, no endereço *Linha = 1* e *Coluna = 1* (PESSOAS [LINHA, COLUNA]).

PESSOAS

FABIANO		

f) Voltar ao comando *para*, que insere mais 1 ao valor da variável *COLUNA* (para COLUNA de 1 até 3 faça).

LINHA	COLUNA
1	2

g) Voltar à estrutura condicional. Como a resposta da condição é <u>falso</u>, pois o valor da variável *COLUNA* é 2 e não 1, passar para o parâmetro *senão* do comando *se*, que possui outra condição (COLUNA = 2). A resposta é <u>verdadeiro</u>, ativando a mensagem "Digite o primeiro nome do pai dessa pessoa:". O nome que deve ser digitado, IVAN, é armazenado na matriz *PESSOAS*, no endereço *Linha = 1* e *Coluna = 2* (PESSOAS [LINHA, COLUNA]).

PESSOAS

FABIANO	IVAN	

h) Voltar ao comando de repetição *para*, que insere mais 1 ao valor da variável *COLUNA* (para COLUNA de 1 até 3 faça).

LINHA	COLUNA
1	3

i) Aplicar a estrutura condicional. Como a resposta da condição é <u>falso</u>, pois o valor da variável *COLUNA* é 3 e não 1, passar para o parâmetro *senão* do comando *se*, que possui outra condição (COLUNA = 2). A resposta é <u>falso</u>, deslocando a ação para o parâmetro *senão* da segunda estrutura condicional, que vai ativar a mensagem "Digite o primeiro nome da mãe dessa pessoa:". O nome que deve ser digitado, DARCI, é armazenado na matriz *PESSOAS*, no endereço *Linha = 1* e *Coluna = 3* (PESSOAS [LINHA, COLUNA]).

PESSOAS

FABIANO	IVAN	DARCI

j) Voltar ao comando de repetição *para*. Como a variável *COLUNA* contém o valor 3, é atingida a condição (para COLUNA de 1 até 3 faça). Acrescentar 1 ao valor da variável *LINHA* (para LINHA de 1 até 2 faça).

LINHA	COLUNA
2	3

k) Voltar à segunda estrutura de repetição (para COLUNA de 1 até 3 faça), para que seja armazenado o valor 1 na variável *COLUNA*.

LINHA	COLUNA
2	1

l) Aplicar o comando *se*. Para o teste "O valor de COLUNA é igual a 1?", a resposta é verdadeiro, ativando a mensagem "Digite o primeiro nome de uma pessoa:". O nome que deve ser digitado, SHEILA, é armazenado na matriz *PESSOAS*, no endereço *Linha = 2* e *Coluna = 1* (PESSOAS [LINHA, COLUNA]).

PESSOAS

FABIANO	IVAN	DARCI
SHEILA		

m) Aplicar o comando *para* e inserir mais 1 ao valor da variável *COLUNA* (para COLUNA de 1 até 3 faça).

LINHA	COLUNA
2	2

n) Aplicar a mesma estrutura condicional (se COLUNA = 1). Como a resposta da condição é falso, pois o valor da variável *COLUNA* é 2 e não 1, executar o parâmetro *senão* para verificar se o valor da variável *COLUNA* é igual a 2 (COLUNA = 2). A resposta é verdadeiro, ativando a mensagem "Digite o primeiro nome do pai dessa pessoa:". O nome que deve ser digitado, JOSE, é armazenado na matriz *PESSOAS*, no endereço *Linha = 2* e *Coluna = 2* (PESSOAS [LINHA, COLUNA]).

PESSOAS

FABIANO	IVAN	DARCI
SHEILA	JOSE	

o) Aplicar a estrutura de repetição *para/fim-para* e inserir mais 1 ao valor da variável *COLUNA* (para COLUNA de 1 até 3 faça).

LINHA	COLUNA
2	3

p) Aplicar a estrutura condicional. Como a resposta da condição é falso, pois o valor da variável *COLUNA* é 3 e não 1, executar o parâmetro *senão* (COLUNA = 2). A resposta é falso. Aplicar outro parâmetro *senão*, que vai ativar a mensagem "Digite o primeiro nome da mãe dessa pessoa:". O nome que deve ser digitado, AN-

TONIA, é armazenado na matriz *PESSOAS*, no endereço *Linha = 2* e *Coluna = 3* (PESSOAS [LINHA, COLUNA]).

PESSOAS

FABIANO	IVAN	DARCI
SHEILA	JOSE	ANTONIA

q) Concluídas as duas estruturas condicionais, o algoritmo retorna ao comando de repetição *para*. A aplicação desse comando tem um resultado positivo, pois indica que foi atingida a condição solicitada, que é ter a variável *COLUNA* com o valor 3 (para COLUNA de 1 até 3 faça). A verificação da primeira estrutura (para LINHA de 1 até 2 faça) também é satisfeita, pois a variável *LINHA* contém o valor 2. Depois dessa última verificação, o algoritmo é finalizado.

O teste de mesa, que você acabou de aprender, confirma que o algoritmo está correto, pois foi alcançado o objetivo de ler os nomes de duas pessoas e de seus pais.

Atividade 1 – Trabalhando com matriz

Objetivo: • Aprender a trabalhar com matriz.

Tarefa: • Montar uma matriz para armazenar matrículas de alunos e notas obtidas em uma disciplina.

Problema

Crie um algoritmo para cadastrar as matrículas e quatro notas dos 150 alunos da disciplina Matemática I. Além disso, você deve calcular as médias finais (médias aritméticas) dos alunos e armazená-las, calcular a média final da turma (média aritmética das médias finais) e mostrar quantos alunos obtiveram média final igual ou superior à média da turma. Represente o algoritmo em pseudocódigo.

Solucionando o problema

1. A partir do enunciado do problema, defina etapas para a criação do algoritmo.

   - Declarar as variáveis.
   - Fazer a leitura e a montagem da matriz da disciplina Matemática I, que será chamada *MATI*.

- Calcular a média final de cada aluno e armazenar o valor na última coluna da linha correspondente ao aluno.
- Calcular a média final da turma.
- Verificar quantos alunos obtiveram média final igual ou superior à média final da turma.

Observe a estrutura do algoritmo de acordo com as etapas anteriores.

```
início
|
|   Declarar variáveis
|   Ler e montar a matriz MATI
|   Calcular a média final de cada aluno
|   Calcular e escrever a média final da turma
|   Verificar e escrever a quantidade de alunos com média igual ou superior
|     à média da turma.
|
fim
```

2. Deixe a etapa *Declarar variáveis* para ser refinada por último, quando todas as variáveis tiverem sido definidas.
3. Refine a etapa *Ler e montar a matriz MATI*. Essa matriz tem as dimensões 150 x 6. A primeira coluna armazena as matrículas dos alunos, quatro colunas armazenam as notas e a sexta (e última) coluna armazena a média final de cada aluno, a ser calculada.

> No exemplo de montagem de matriz, o segundo comando *para* se estende até o valor da última coluna; neste algoritmo, deve estender-se até a penúltima coluna, pois a última será utilizada posteriormente.

```
ref. Ler e montar a matriz MATI
|
|   para LINHA de 1 até 150  faça {Comando para variando a linha}
|   |   para COLUNA de 1 até 5 faça {Comando para variando a coluna}
|   |   |   se COLUNA = 1
|   |   |   |   então leia "Digite a matrícula do aluno:", MATI [LINHA,
|   |   |   |                  COLUNA]
|   |   |   |   senão se COLUNA > 1
|   |   |   |              |   então leia "Digite a nota do aluno:", MATI
|   |   |   |              |                    [LINHA, COLUNA]
|   |   |   |              fim-se
|   |   |   fim-se
|   |   fim-para
|   fim-para
|
fim-ref.
```

4. Refine a etapa *Calcular a média final de cada aluno*. Nessa etapa, apenas a linha varia, pois as colunas onde estão as notas são fixas e conhecidas (colunas 2, 3, 4 e 5). Cada linha deve armazenar na sexta

coluna o resultado da divisão por quatro da soma das notas (média aritmética).

```
ref. Calcular a média final de cada aluno
   | para LINHA de 1 até 150 faça
   |  | MATI [LINHA, 6] ← ((MATI [LINHA, 2] + MATI [LINHA, 3] +
   |  |                      MATI [LINHA, 4] + MATI [LINHA, 5] ) / 4)
   | fim-para
fim-ref.
```

5. Para refinar a etapa *Calcular e escrever a média final da turma*, utilize a variável *SOMAMEDIAS* para armazenar a soma das médias finais dos alunos e calcular a média final da turma (média aritmética). Inicialize essa variável com o valor 0. Como a coluna onde está armazenada a média final de cada aluno já é conhecida, varie apenas a linha com o comando *para*. Finalizado esse comando, faça o cálculo dividindo o conteúdo da variável *SOMAMEDIAS* por 150, ou seja, a quantidade de alunos na disciplina.

```
ref. Calcular e escrever a média final da turma
   | SOMAMEDIAS ← 0
   | para LINHA de 1 até 150 faça
   |  | SOMAMEDIAS ← SOMAMEDIAS + MATI [LINHA, 6]
   | fim-para
   | MEDIATURMA ← SOMAMEDIAS / 150
   | escreva "A média final da turma foi", MEDIATURMA
fim-ref.
```

6. Na etapa *Verificar e escrever a quantidade de alunos com média igual ou superior à média da turma*, é necessária uma variável para servir de acumuladora (guardar a quantidade de alunos com média igual ou superior à média da turma, armazenada na variável *MEDIATURMA*). Essa variável, chamada *MEDIASSUPERIORES*, deve ser inicializada com o valor 0.

   A média final de cada aluno deve ser testada com a média da turma. Como é conhecido o local da média final de cada aluno (coluna 6), a variação do comando *para* será apenas de linha e não de coluna, que ficará fixa. O teste de verificação deve ser feito com um comando *se*. Encerrado esse comando de repetição, é armazenado na variável acumuladora *MEDIASSUPERIORES* o valor da quantidade de alunos com média igual ou superior à média da turma, bastando apenas emitir a mensagem correspondente.

```
ref. Calcular e escrever a quantidade de alunos com média igual ou
   | superior à média da turma
   | MEDIASSUPERIORES ← 0
   | para LINHA de 1 até 150 faça
   |  | se MATI [LINHA, 6] >= MEDIATURMA
```

```
|    |   | então MEDIASSUPERIORES ← MEDIASSUPERIORES + 1
|    | fim-se
|  fim-para
|  escreva "Há", MEDIASSUPERIORES, "alunos com média superior à
|              média da turma"
fim-ref.
```

7. Declare as variáveis.

```
ref. Declarar variáveis
|  MATI: conjunto [1..150, 1..6] numérico {Matriz com matrícula, quatro
|                                          notas e média final dos alunos
|                                          da disciplina Matemática I}
|  LINHA, {Variável para indicar a linha desejada da matriz}
|  COLUNA, {Variável para indicar a coluna desejada da matriz}
|  SOMAMEDIAS, {Variável usada para somar as médias dos alunos
|               para o cálculo da média final da turma}
|  MEDIATURMA, {Variável usada para armazenar a média final da turma}
|  MEDIASSUPERIORES: numérico {Variável para armazenar a quanti-
|                              dade de alunos com média = ou >
|                              que a média da turma}
fim-ref.
```

8. Monte o algoritmo, juntando as etapas.

```
início
|  MATI: conjunto [1..150, 1..6] numérico {Matriz com matrícula, quatro
|                                          notas e média final dos alunos
|                                          da disciplina Matemática I}
|  LINHA, {Variável para indicar a linha desejada da matriz}
|  COLUNA, {Variável para indicar a coluna desejada da matriz}
|  SOMAMEDIAS, {Variável usada para somar as médias dos alunos
|               para o cálculo da média final da turma}
|  MEDIATURMA, {Variável usada para armazenar a média final da turma}
|  MEDIASSUPERIORES: numérico {Variável para armazenar a quanti-
|                              dade de alunos com média = ou >
|                              que a média da turma}
|  para LINHA de 1 até 150 faça {Comando para variando a linha}
|  |  para COLUNA de 1 até 5 faça {Comando para variando a coluna}
|  |  |  se COLUNA = 1
|  |  |  |  então leia "Digite a matrícula do aluno:", MATI [LINHA,
|  |  |  |                 COLUNA]
|  |  |  |  senão se COLUNA > 1
|  |  |  |       |  então leia "Digite a nota do aluno:", MATI
|  |  |  |       |                 [LINHA, COLUNA]
|  |  |  |       fim-se
|  |  |  fim-se
|  |  fim-para
|  fim-para
|  para LINHA de 1 até 150 faça
|  |  MATI [LINHA, 6] ← ((MATI [LINHA, 2] + MATI [LINHA, 3] +
|  |                       MATI [LINHA, 4] + MATI [LINHA, 5]) / 4)
|  fim-para
```

```
    | SOMAMEDIAS ← 0
    | para LINHA de 1 até 150 faça
    |   | SOMAMEDIAS ← SOMAMEDIAS + MATI [LINHA, 6]
    | fim-para
    | MEDIATURMA ← SOMAMEDIAS / 150
    | escreva "A média final da turma foi", MEDIATURMA
    | MEDIASSUPERIORES ← 0
    | para LINHA de 1 até 150 faça
    |   | se MATI [LINHA, 6] >= MEDIATURMA
    |   |   | então MEDIASSUPRIORES ← MEDIASSUPRIORES + 1
    |   | fim-se
    | fim-para
    | escreva "Há", MEDIASSUPERIORES, "alunos com média superior à
    |          média da turma"
    |
fim
```

Resumo do capítulo

Termo	Explanação
Matriz	Variável bidimensional (linha e coluna) que armazena várias constantes do mesmo tipo (homogênea). Isso permite manipular um conjunto de dados do mesmo tipo sem a necessidade de se recorrer à declaração de muitas variáveis.

Declaração de matriz

1. Pseudocódigo

<nome da matriz> : conjunto [<número inicial de linhas>..<número final de linhas>, <número inicial de colunas>..<número final de colunas>] <tipo de constante>

2. Fluxograma

(não há representação)

3. Diagrama de Chapin

(não há representação)

Atribuição de valores à matriz

1. Pseudocódigo

<nome da matriz> [<número da linha>,<número da coluna>] ← <valor a ser armazenado>

2. Fluxograma

<nome da matriz> [<número da linha>,<número da coluna>] ← <valor a ser armazenado>

3. Diagrama de Chapin

<nome da matriz> [<número da linha>,<número da coluna>] ← <valor a ser armazenado>

7

Criando registros e novos tipos de variáveis

OBJETIVOS

- Entender o conceito de registro
- Conhecer e praticar montagens de registros
- Criar novos tipos de variáveis

Cadastrando fichas de mala-direta

Quantas vezes você já se deparou com fichas de cadastro de administradoras de cartão de crédito, videolocadoras, consórcios, ou ainda com fichas de matrícula em cursos ou outra atividade qualquer? Suponha que você tenha de preencher mais uma ficha, dessa vez para ser incluído na agenda de um amigo.

Nome:______________________________________ Idade: ____________

Data de nascimento:__/__/__ Estado civil: ________ Nome do cônjuge: ______________

Endereço: ______________________________ Nº —— Bairro: ______________

Cidade: ______________ UF: ____ CEP: ________ e-mail: ______________

Telefones para contato: ________/__________/__________

Imagine quanto trabalho seu amigo terá para controlar todas as fichas. Para ajudá-lo, você pode desenvolver um programa de computador. Antes, porém, deve criar um algoritmo, seguindo algumas etapas.

- Declare as variáveis necessárias para ler a ficha.

  NOME, ESTADOCIVIL, NOMECONJ, ENDERECO, BAIRRO, CIDADE, UF, EMAIL: literal

  IDADE, DATANASC, NUMERO, CEP, FONE1, FONE2, FONE3: numérico

- Se quiser, você pode utilizar um vetor de três posições para os telefones.

  NOME, ESTADOCIVIL, NOMECONJ, ENDERECO, BAIRRO, CIDADE, UF, EMAIL: literal

  IDADE, DATANASC, NUMERO, CEP: numérico

  FONE: conjunto [1..3] numérico

Tanto em uma opção quanto na outra, o armazenamento das variáveis é independente, ou seja, cada uma é armazenada em um local diferente. Isso torna o desempenho do programa um pouco mais demorado. Se, por exemplo, as variáveis *NOME* e *CEP* fossem declaradas próximas, não haveria demora. Vale lembrar que ela é imperceptível (de apenas alguns segundos) na maioria dos programas, mas não é interessante que ocorra quando muitos dados são manipulados.

Registro

Para resolver o problema anterior, existe o recurso de se utilizar uma variável heterogênea, isto é, que permite armazenar vários tipos diferentes de constantes. Esse recurso chama-se *Registro*.

Ao contrário do vetor e da matriz, o registro pode conter variáveis simples e/ou compostas. As variáveis do registro são chamadas *Campos*.

Observe como fica a declaração das variáveis por meio do registro *FICHA*.

Declarando as variáveis do registro

```
FICHA: registro
          | NOME, ESTADOCIVIL, NOMECONJ, ENDERECO, BAIRRO,
          | CIDADE, UF, EMAIL: literal
          | IDADE, DATANASC, NUMERO, CEP: numérico
          | FONE: conjunto [1..3] numérico
          fim-registro
```

Você deve estar se perguntando o que mudou nesse algoritmo além da sintaxe *registro/fim-registro*? Pois bem, quando você declara um registro, uma parte da memória é reservada e nela são inseridas as variáveis declaradas entre os comandos *registro* e *fim-registro*. Portanto, elas passam a ocupar o mesmo espaço, tornando o desempenho do programa mais rápido.

Retomando o exemplo das variáveis *NOME* e *CEP*, agora elas são declaradas juntas no espaço reservado para o registro *FICHA*. Outra diferença é que para acessar essas variáveis, que se tornaram campos do registro (ou da variável), você deve antes indicar a variável *FICHA*. Por exemplo, FICHA. NOME ou FICHA.CEP.

Sintaxe do registro

```
<nome do registro>: registro
                    | <campos que comporão o registro>
                    fim-registro
```

Lendo e guardando valores em um registro

Como as variáveis já foram declaradas, para ler o registro, basta copiá-las no início do algoritmo.

```
início
  | FICHA: registro
  |           | NOME, ESTADOCIVIL, NOMECONJ,
  |           | ENDERECO, BAIRRO, CIDADE, UF, EMAIL: literal
  |           | IDADE, DATANASC, NUMERO, CEP: numérico
  |           |
```

```
    | FONE: conjunto [1..3] numérico
    fim-registro
```

Para dar continuidade ao aprendizado, fica estabelecido que, se o usuário digitar a palavra FIM no campo *NOME*, o cadastramento das fichas está encerrado. Nesse caso, você deve, primeiramente, ler o campo *NOME* para saber se deve continuar o cadastramento ou não. Não se esqueça de que para armazenar um valor no campo *NOME* do registro *FICHA*, você deve referenciar o registro e depois o campo.

```
início
  | FICHA: registro
  |         | NOME, ESTADOCIVIL, NOMECONJ,
  |         | ENDERECO, BAIRRO, CIDADE, UF, EMAIL: literal
  |         | IDADE, DATANASC, NUMERO, CEP: numérico
  |         | FONE: conjunto [1..3] numérico
  |         fim-registro
  | leia "Digite o nome da pessoa ou FIM para encerrar o cadastro:",
  |      FICHA.NOME
```

Se o usuário não digitar a palavra FIM logo no início dessa etapa, repita a leitura dos campos para outras fichas até encontrar essa palavra. Utilize o comando de repetição *enquanto*, pois há uma condição e não um incremento.

```
início
  | FICHA: registro
  |         | NOME, ESTADOCIVIL, NOMECONJ,
  |         | ENDERECO, BAIRRO, CIDADE, UF, EMAIL: literal
  |         | IDADE, DATANASC, NUMERO, CEP: numérico
  |         | FONE: conjunto [1..3] numérico
  |         fim-registro
  | leia "Digite o nome da pessoa ou FIM para encerrar o cadastro:",
  | |    FICHA.NOME
  | enquanto (FICHA.NOME <> "FIM") faça
```

Leia os outros campos do registro. Antes de encerrar o comando *enquanto* a leitura do nome é necessária, porque a primeira leitura foi feita fora da estrutura de repetição.

```
início
  | FICHA: registro
  |         | NOME, ESTADOCIVIL, NOMECONJ,
  |         | ENDERECO, BAIRRO, CIDADE, UF, EMAIL: literal
  |         | IDADE, DATANASC, NUMERO, CEP: numérico
  |         | FONE: conjunto [1..3] numérico
  |         fim-registro
  | leia "Digite o nome da pessoa ou FIM para encerrar o cadastro:",
  |      FICHA.NOME
  | enquanto (FICHA.NOME <> "FIM") faça
  |   | leia "Digite a idade da pessoa:", FICHA.IDADE
  |   | leia "Digite a data de nascimento da pessoa:", FICHA.DATANASC
```

```
    |  | leia "Digite o estado civil da pessoa (casado, solteiro,viúvo):",
    |  |      FICHA.ESTADOCIVIL
```

Para não perguntar o nome do cônjuge a uma pessoa solteira, utilize o comando *se*, que vai verificar se a pessoa é solteira ou não. Quando todos os dados da ficha forem lidos, repita o processo para outra ficha, começando pelo teste do nome da pessoa.

```
início
  | FICHA: registro
  |           | NOME, ESTADOCIVIL, NOMECONJ,
  |           | ENDERECO, BAIRRO, CIDADE, UF, EMAIL: literal
  |           | IDADE, DATANASC, NUMERO, CEP: numérico
  |           | FONE: conjunto [1..3] numérico
  |         fim-registro
  | leia "Digite o nome da pessoa ou FIM para encerrar o cadastro:",
  |      FICHA.NOME
  | enquanto (FICHA. NOME <> "FIM") faça
  |   | leia "Digite a idade da pessoa:", FICHA.IDADE
  |   | leia "Digite a data de nascimento da pessoa:", FICHA.DATANASC
  |   | leia "Digite o estado civil da pessoa (casada, solteira, viúva):",
  |   |      FICHA.ESTADOCIVIL
  |   | se (FICHA.ESTADOCIVIL <> "SOLTEIRO")
  |   |   | então leia "Digite o nome do cônjuge da pessoa:",
  |   |   |            FICHA.NOMECONJ
  |   | fim-se
  |   | leia "Digite o endereço da pessoa:", FICHA.ENDERECO
  |   | leia "Digite o número da residência da pessoa:",
  |   |      FICHA.NUMERO
  |   | leia "Digite o bairro onde a pessoa reside:", FICHA.BAIRRO
  |   | leia "Digite o nome da cidade onde a pessoa mora:",
  |   |      FICHA.CIDADE
  |   | leia "Digite a sigla do estado onde a pessoa mora:",
  |   |      FICHA.UF
  |   | leia "Digite o CEP da rua onde a pessoa reside:", FICHA.CEP
  |   | leia "Digite o e-mail da pessoa:", FICHA.EMAIL
  |   | leia "Digite o primeiro telefone para contato com a pessoa:",
  |   |      FICHA.FONE [1]
  |   | leia "Digite o segundo telefone para contato com a pessoa:",
  |   |      FICHA.FONE [2]
  |   | leia "Digite o terceiro telefone para contato com a pessoa:",
  |   |      FICHA.FONE [3]
  |   | leia "Digite o nome da pessoa ou FIM para encerrar o cadastro:",
  |   |      FICHA.NOME
  | fim-enquanto
fim
```

Com esse algoritmo, você pode criar um programa, em qualquer linguagem de programação, para cadastrar as fichas da agenda de seu amigo.

Atividade 1 – Trabalhando com registros

Objetivo: • Aprender a trabalhar com registro.

Tarefa: • Utilizar a estrutura de registro para cadastrar matrículas e notas de alunos em determinada disciplina.

Problema

Monte o algoritmo de cadastramento de alunos utilizando a estrutura de registros. Represente o algoritmo em pseudocódigo.

Solucionando o problema

1. Pseudocódigo

   a) Copie o algoritmo final da Atividade 1 do Capítulo 4.

```
início
|                      {Declaração de variáveis}
|  NOME,               {Variável para armazenar o nome do aluno}
|  SEXO,               {Variável para armazenar o sexo do aluno}
|  ENDERECO,           {Variável para armazenar o endereço do aluno}
|  CIDADE,             {Variável para armazenar o nome da cidade
|                       onde o aluno reside}
|  UF,                 {Variável para armazenar a sigla do estado
|                       onde o aluno reside}
|  PAI,                {Variável para armazenar o nome do pai do aluno}
|  MAE: literal        {Variável para armazenar o nome da mãe do
|  aluno}
|  FONE,               {Variável para armazenar o telefone do aluno.
|                       Só considera números. Por exemplo: 2363543}
|  CEP,                {Variável para armazenar o CEP da residência
|                       do aluno}
|  RG,                 {Variável para armazenar o Registro Geral do
|                       aluno. Só considera números}
|  DATANASC,           {Variável para armazenar a data de nascimento
|                       do aluno. Só considera números}
|  GRAUESC,            {Variável para armazenar o grau de escolaridade
|                       do aluno. Serão aceitos somente 0 (analfabeto),
|                       1 (1° grau), 2 (2° grau) e 3 (3° grau)}
|  NUM_ALUNOS: numérico {Variável contadora de alunos cadastrados}
|  para NUM_ALUNOS de 1 até 50 passo 1 faça
|  |  {Leitura dos dados de 50 alunos}
|  |  leia "Entre com o nome do aluno:", NOME
|  |  leia "Entre com o sexo:", SEXO
|  |  leia "Entre com o endereço:", ENDERECO
|  |  leia "Entre com a cidade onde o aluno reside:", CIDADE
|  |  leia "Entre com a sigla do estado onde o aluno reside:", UF
|  |  leia "Entre com o CEP (somente números):", CEP
|  |  leia "Entre com o telefone (somente números):", FONE
|  |  leia "Entre com o nome do pai do aluno:", PAI
|  |  leia "Entre com o nome da mãe do aluno:", MAE
|  |  leia "Entre com o Registro Geral (RG) do aluno (somente
|  |       números):", RG
```

```
        leia "Entre com a data de nascimento do aluno (somente
              números):", DATANASC
        leia "Entre com o grau de escolaridade do aluno (0, 1, 2, 3):",
              GRAUESC
        escreva "Aluno:", NOME
        escreva "Sexo:", SEXO, "Data de Nascimento:", DATANASC
        escreva "Registro Geral (RG):", RG
        escreva "Grau de escolaridade:", GRAUESC, "grau"
        escreva "Endereço:", ENDERECO, "Cidade:", CIDADE,
               "Estado:", UF
        escreva "CEP:", CEP
        escreva "Telefone:", FONE
        escreva "Nome do pai:", PAI
        escreva "Nome da mãe:", MAE
    fim-para
fim
```

b) Sua primeira tarefa é mudar a declaração das variáveis. Todas as variáveis simples utilizadas para armazenar dados dos alunos devem ser transportadas para dentro do registro denominado *ALUNO*.

```
início
    {Declaração de variáveis}
    ALUNO: registro
                NOME, {Variável para armazenar o nome do aluno}
                SEXO, {Variável para armazenar o sexo do aluno}
                ENDERECO, {Variável para armazenar o endereço do
                           aluno}
                CIDADE, {Variável para armazenar o nome da cidade
                         onde o aluno reside}
                UF, {Variável para armazenar a sigla do estado onde o
                     aluno reside}
                PAI, {Variável para armazenar o nome do pai do aluno}
                MAE : literal {Variável para armazenar o nome da mãe
                               do aluno}
                FONE, {Variável para armazenar o telefone do aluno.
                       Só considera números. Por exemplo: 2363543}
                CEP, {Variável para armazenar o CEP da residência do
                      aluno}
                RG, {Variável para armazenar o Registro Geral do aluno.
                     Só considera números}
                DATANASC, {Variável para armazenar a data de
                           nascimento do aluno. Só considera
                           números}
                GRAUESC: numérico {Variável para armazenar o grau
                                   de escolaridade do aluno. Serão
                                   aceitos somente 0 (analfabeto),
                                   1 (1° grau), 2 (2° grau) e 3 (3°
                                   grau)}
            fim-registro
    NUM_ALUNOS: numérico {Variável contadora de alunos cadastrados}
```

c) Para finalizar, referencie as variáveis como campos do registro *ALUNO*.

```
início
    {Declaração de variáveis}
    ALUNO: registro
                NOME, {Variável para armazenar o nome do aluno}
                SEXO, {Variável para armazenar o sexo do aluno}
                ENDERECO, {Variável para armazenar o endereço do
                               aluno}
                CIDADE, {Variável para armazenar o nome da cidade
                            onde o aluno reside}
                UF, {Variável para armazenar a sigla do estado onde o
                        aluno reside}
                PAI, {Variável para armazenar o nome do pai do aluno}
                MAE: literal {Variável para armazenar o nome da mãe
                                  do aluno}
                FONE, {Variável para armazenar o telefone do aluno.
                          Só considera números. Por exemplo: 2363543}
                CEP, {Variável para armazenar o CEP da residência do
                        aluno}
                RG, {Variável para armazenar o Registro Geral do aluno.
                       Só considera números}
                DATANASC, {Variável para armazenar a data de
                               nascimento do aluno. Só considera
                               números}
                GRAUESC: numérico {Variável para armazenar o grau
                                       de escolaridade do aluno. Serão
                                       aceitos somente 0 (analfabeto),
                                       1 (1° grau), 2 (2° grau) e 3 (3°
                                       grau)}
            fim-registro
    NUM_ALUNOS: numérico {Variável contadora de alunos cadastrados}
    para NUM_ALUNOS de 1 até 50 passo 1 faça
        {leitura dos dados de 50 alunos}
        leia "Entre com o nome do aluno:", ALUNO.NOME
        leia "Entre com o sexo:", ALUNO.SEXO
        leia "Entre com o endereço:", ALUNO.ENDERECO
        leia "Entre com a cidade onde o aluno reside:", ALUNO.CIDADE
        leia "Entre com a sigla do estado onde o aluno reside:", ALUNO.UF
        leia "Entre com o CEP (somente números):", ALUNO.CEP
        leia "Entre com o telefone (somente números):", ALUNO.FONE
        leia "Entre com o nome do pai do aluno:", ALUNO.PAI
        leia "Entre com o nome da mãe do aluno:", ALUNO.MAE
        leia "Entre com o Registro Geral (RG) do aluno (somente
              números):", ALUNO.RG
        leia "Entre com a data de nascimento do aluno (somente
              números):", ALUNO.DATANASC
        leia "Entre com o grau de escolaridade do aluno (0, 1, 2, 3):",
              ALUNO.GRAUESC
        escreva "Aluno:", ALUNO.NOME
```

```
        escreva "Sexo:", ALUNO.SEXO, "Data de Nascimento:",
                ALUNO.DATANASC
        escreva "Registro Geral (RG):", ALUNO.RG
        escreva "Grau de escolaridade:", ALUNO.GRAUESC, "grau"
        escreva "Endereço:", ALUNO.ENDERECO, "Cidade:",
                ALUNO.CIDADE, "Estado:", ALUNO.UF
        escreva "CEP:", ALUNO.CEP
        escreva "Telefone:", ALUNO.FONE
        escreva "Nome do pai:", ALUNO.PAI
        escreva "Nome da mãe:", ALUNO.MAE
    fim-para
fim
```

> Veja a resposta para esta atividade na representação Fluxograma na pasta *Atividades*. Além disso, na pasta *Exercícios Propostos*, você encontrará sugestões de exercícios para assimilar os conteúdos abordados nesta atividade.

Criando novos tipos de variáveis

Algumas vezes os tipos básicos de variáveis que você conheceu até aqui (numérico, literal e lógico) não são suficientes para resolver um algoritmo. Então, você deve criar outro tipo de variável; para isso, deve utilizar o comando *tipo*.

Comando *tipo*

Esse comando serve para criar novos tipos de variáveis baseados nos tipos básicos. Por exemplo, no exercício de cadastramento das fichas da agenda do início deste capítulo, existem os campos: ENDERECO, NUMERO, BAIRRO, CIDADE e UF (Estado). Por meio do comando *tipo*, você pode montar um outro registro, denominado *ENDERECO*, diferente do que foi utilizado, para conter todos esses campos.

```
tipo ENDERECO = registro
                    RUA, BAIRRO, CIDADE, UF: literal
                    NUMERO, CEP: numérico
                fim-registro
FICHA: registro
           NOME, ESTADOCIVIL, NOMECONJ: literal
           IDADE, DATANASC: numérico
           FONE: conjunto [1..3] numérico
           ENDERECOALUNO: ENDERECO
       fim-registro
```

Por uma questão de ordem prática, o primeiro campo *ENDERECO* foi modificado para *RUA*, evitando a repetição ENDERECO.ENDERECO. O segundo campo *ENDERECO* foi modificado para *ENDERECOALUNO*, para que não fosse confundido o tipo (*ENDERECO*) com o nome de campo do registro (*ENDERECOALUNO*).

> A criação do tipo *ENDERECO* foi anterior à declaração das variáveis. Esse procedimento, de declarar as variáveis após o comando *tipo*, deve **sempre** ser seguido, para evitar que ocorra um erro, pois, se as variáveis forem declaradas antes desse comando, o computador não as reconhece. Isso explica porque a declaração da variável *FICHA* veio depois do comando *tipo*, que cria a variável *ENDERECO*. Observe que FICHA tem um campo (*ENDERECOALUNO*) que é do tipo *ENDERECO*.

A praticidade do comando *tipo* está na possibilidade de você criar novas variáveis em vez de declarar a mesma estrutura várias vezes. Imagine se no mesmo algoritmo houvesse dois tipos de registros que tivessem a mesma estrutura de endereço nos seus campos. A declaração das variáveis seria a mesma para os dois campos de endereçamento. Com esse comando, você economiza na repetição das estruturas. Veja os exemplos a seguir.

1. Declaração de variáveis sem o comando *tipo*

```
FICHACAND: registro
                 | NOMECAND, ESTADOCIVIL, ENDERECO, BAIRRO,
                 | CIDADE, UF: literal
                 | IDADE, DATANASC, NUMERO, CEP, GRAUESC,
                 | NUMINSCRICAO: numérico
                 | FONE: conjunto [1..3] numérico
               fim-registro
FICHAFUNC: registro
                 | NOME, ESTADOCIVIL, NOMECONJ, ENDERECO,
                 | BAIRRO, CIDADE, UF: literal
                 | IDADE, DATANASC, NUMERO, CEP, NUMDEP: numérico
                 | FONE: conjunto [1..3] numérico
               fim-registro
```

2. Declaração de variáveis com o comando *tipo*.

```
tipo ENDERECO = registro
                      | RUA, BAIRRO, CIDADE, UF: literal
                      | NUMERO, CEP: numérico
                    fim-registro
FICHACAND: registro
                 | NOMECAND, ESTADOCIVIL: literal
                 | IDADE, DATANASC, GRAUESC, NUMINSCRICAO:
                 | numérico
```

```
          | FONE: conjunto [1..3] numérico
          | ENDERECOCAND: ENDERECO
        fim-registro
FICHAFUNC: registro
          | NOME, ESTADOCIVIL, NOMECONJ: literal
          | IDADE, DATANASC, NUMDEP: numérico
          | FONE: conjunto [1..3] numérico
          | ENDERECOFUNC: ENDERECO
        fim-registro
```

3. Simplificação por meio da variável *FICHAGERAL*

   Observe que NOME, ESTADOCIVIL, IDADE, DATANASC e FONE se repetem nas duas fichas. Você pode utilizar uma variável *REGISTRO*, chamada *FICHAGERAL*, para armazenar os dados que se repetem. Essa nova estrutura pode ser aplicada às duas fichas, acrescentado-se apenas os campos que forem diferentes.

```
tipo ENDERECO = registro
                  | RUA, BAIRRO, CIDADE, UF: literal
                  | NUMERO, CEP: numérico
                fim-registro
tipo FICHAGERAL= registro
                  | NOME, ESTADOCIVIL: literal
                  | IDADE, DATANASC: numérico
                  | FONE: conjunto [1..3] numérico
                  | ENDERFICHA: ENDERECO
                fim-registro
FICHACAND: registro
          | FICHAC: FICHAGERAL
          | GRAUESC, NUMINSCRICAO: numérico
        fim-registro
FICHAFUNC: registro
          | FICHAF: FICHAGERAL
          | NOMECONJ: literal
          | NUMDEP: numérico
        fim-registro
```

O armazenamento de uma variável ocorre através do nome do registro seguido do campo da nova variável. Veja os exemplos a seguir.

1. Armazenar o telefone 23363445 na segunda posição do vetor *FONE* da estrutura *FICHAF* presente no registro *FICHAFUNC.*

   FICHAFUNC.FICHAF.FONE [2] ← 23363445

2. Armazenar o nome *Rua do Ouvidor* no campo *RUA* em *ENDERFICHA* da estrutura *FICHAF* do registro *FICHAFUNC.*

   FICHAFUNC.FICHAF.ENDERFICHA.RUA ← "Rua do Ouvidor"

Criando um conjunto de registros

Para incrementar o algoritmo das fichas da agenda do seu amigo, monte um conjunto de 100 registros.

Você terá um problema, pois esse algoritmo não permite o acesso a mais de uma ficha – o espaço para o registro é único. Para solucioná-lo, você deve criar um vetor de registros, que aceita vários dados desde que sejam do mesmo tipo.

Vetor de registros

1. Declare o tipo *FICHA*, utilizando a mesma estrutura do algoritmo anterior

```
tipo FICHA = registro
                  | NOME, ESTADOCIVIL, NOMECONJ, ENDERECO,
                  |     BAIRRO, CIDADE, UF: literal
                  | IDADE, DATANASC, NUMERO, CEP: numérico
                  | FONE: conjunto [1..3] numérico
                fim-registro
```

Sintaxes do vetor de registros

2. Declare o vetor *FICHAS*, de 100 posições, onde cada uma terá um registro *FICHA*.

```
tipo FICHA = registro
                  | NOME, ESTADOCIVIL, NOMECONJ, ENDERECO,
                  |     BAIRRO, CIDADE, UF: literal
                  | IDADE, DATANASC, NUMERO, CEP: numérico
                  | FONE: conjunto [1..3] numérico
                fim-registro

FICHAS: conjunto [1..100] FICHA
```

Pronto, está montado o conjunto de fichas. Agora veja alguns exemplos de sintaxe, utilizando esse algoritmo.

1. Acessar o campo *NOME* do sexto registro lido.

```
FICHAS[6].NOME
```

2. Acessar o segundo telefone do quarto registro.

```
FICHAS[4].FONE[2]
```

Atividade 2 – Trabalhando com um conjunto de registros

Objetivo: • Aprender a criar e manipular um conjunto de registros.

Tarefa: • Montar um vetor de registros para armazenar as fichas de matrículas dos alunos de uma escola.

Problema

Baseado no algoritmo final da Atividade 1 deste capítulo, monte um algoritmo para cadastrar os dados de 100 alunos, ler os nomes de dez alunos e indicar em qual posição eles foram lidos. Represente o algoritmo em pseudocódigo.

Solucionando o problema

1. Pseudocódigo

a) A partir do enunciado do problema, defina etapas para a criação do algoritmo.

- Declarar as variáveis.
- Ler os dados dos alunos e armazenar para consulta.
- Ler os nomes de dez alunos e indicar a posição em que foram lidos.

Observe a estrutura do algoritmo de acordo com as etapas anteriores.

```
início
|  Declarar variáveis
|  Ler e armazenar dados dos alunos
|  Ler nomes para consulta e indicar a posição que foram lidos
fim
```

b) Refine a segunda etapa. Depois da leitura, como será preciso consultar as fichas no final, utilize um vetor de registros para comparar cada ficha com os nomes que serão pesquisados posteriormente. Utilize o vetor *ALUNOS*, de 100 posições. Terminada a leitura dos dados de uma ficha, acrescente uma posição, para que a próxima ficha seja armazenada na próxima posição do vetor. Para isso, utilize o comando *para*.

```
ref. Ler e armazenar dados dos alunos
|  para POS de 1 até 100 passo 1 faça
|  |  {Leitura dos dados de 100 alunos}
|  |  leia "Entre com o nome do aluno:", ALUNOS[POS].NOME
|  |  leia "Entre com o sexo:", ALUNOS[POS].SEXO
|  |  leia "Entre com o endereço:", ALUNOS[POS].ENDERALUNO.RUA
|  |  leia "Entre com a cidade onde o aluno reside:",
|  |        ALUNOS[POS].ENDERALUNO.CIDADE
```

```
        leia "Entre com a sigla do estado onde o aluno reside:",
             ALUNOS[POS].ENDERALUNO.UF
        leia "Entre com o CEP (somente números):", ALUNOS[POS].
             ENDERALUNO.CEP
        leia "Entre com o telefone (somente números):",
             ALUNOS[POS].FONE
        leia "Entre com o nome do pai do aluno:", ALUNOS[POS].PAI
        leia "Entre com o nome da mãe do aluno:", ALUNOS[POS].MAE
        leia "Entre com o Registro Geral (RG) do aluno (somente
             números):", ALUNOS[POS].RG
        leia "Entre com a data de nascimento do aluno (somente
             números):", ALUNOS[POS].DATANASC
        leia "Entre com o grau de escolaridade do aluno (0,1,2,3):",
             ALUNOS[POS].GRAUESC
    fim-para
fim-ref.
```

c) Para ler e consultar os cinco nomes, utilize uma estrutura de repetição, mais especificamente a estrutura *para*. Você deve comparar cada nome lido com todas as fichas, até chegar ao final do vetor de registros, em vez de parar quando encontrar o nome correspondente à ficha. Isso porque podem existir nomes iguais no vetor. Como só existe uma condição para se chegar ao final do vetor (POS = 100), utilize novamente a estrutura *para*. Dentro dessa estrutura, você deve testar se o nome lido é igual ao nome da ficha; isso requer um comando *se*. Caso o nome seja igual ao da ficha, basta escrever a posição em que está o vetor, pois é essa a posição em que foi lida a ficha. Por meio desse procedimento, serão impressas todas as posições, caso o nome se repita.

```
ref. Ler nomes para consulta e indicar a posição em que foram lidos
    para CONSULTAS de 1 até 10 faça
        leia "Entre com um nome do aluno para consulta:", NOMECONSUL
        para POS de 1 até 100 faça
            se (ALUNOS[POS].NOME = NOMECONSUL)
                então escreva "A posição em que foi lido o nome",
                              NOMECONSUL, "é:", POS
            fim-se
        fim-para
    fim-para
fim-ref.
```

d) Declare as variáveis e não se esqueça de criar a variável nova do registro, que estará no vetor.

```
ref. Declarar variáveis
    tipo ENDERECO = registro
                        RUA, {Campo para armazenar o endereço
                              do aluno}
                        CIDADE, {Campo para armazenar o nome
```

```
                    da cidade onde o aluno reside}
            UF, {Campo para armazenar a sigla do
                 estado onde o aluno reside}
            CEP: literal{Campo para armazenar o CEP da
                    residência do aluno}
        fim-registro
    tipo ALUNO = registro
            NOME, {Campo para armazenar o nome do
                  aluno}
            SEXO, {Campo para armazenar o sexo do aluno}
            PAI, {Campo para armazenar o nome do pai do aluno}
            MAE: literal {Campo para armazenar o nome da
                         mãe do aluno}
            FONE, {Campo para armazenar o telefone do
                  aluno. Só considera números. Por
                  exemplo: 2363543}
            RG, {Campo para armazenar o Registro Geral do
                aluno. Só considera números}
            DATANASC, {Campo para armazenar a data de
                      nascimento do aluno. Só considera
                      números}
            GRAUESC: numérico {Campo para armazenar o
                              grau de escolaridade do
                              aluno. Serão aceitos
                              somente 0 (analfabeto),
                              1 (1° grau), 2 (2° grau) e
                              3 (3°° grau)}
            ENDERALUNO: ENDERECO
        fim-registro
    ALUNOS: conjunto [1..100] ALUNO
    CONSULTAS: numérico {Variável contadora de nomes consultados}
    NOMECONSUL: literal {Variável que armazenará os nomes consultados}
    POS: numérico
fim-ref.
```

e) Para finalizar, monte o algoritmo completo.

```
início
    tipo ENDERECO = registro
            RUA, {Campo para armazenar o endereço
                 do aluno}
            CIDADE, {Campo para armazenar o nome
                    da cidade onde o aluno reside}
            UF, {Campo para armazenar a sigla do
                 estado onde o aluno reside}
            CEP: literal{Campo para armazenar o CEP da
                    residência do aluno}
        fim-registro
    tipo ALUNO = registro
            NOME, {Campo para armazenar o nome do aluno}
            SEXO, {Campo para armazenar o sexo do aluno}
            PAI, {Campo para armazenar o nome do pai do
                 aluno}
            MAE: literal {Campo para armazenar o nome da
                         mãe do aluno}
```

```
                  FONE, {Campo para armazenar o telefone do
                          aluno. Só considera números. Por
                          exemplo: 2363543}
                  RG, {Campo para armazenar o Registro Geral do
                        aluno. Só considera números}
                  DATANASC, {Campo para armazenar a data de
                              nascimento do aluno. Só considera
                              números}
                  GRAUESC: numérico {Campo para armazenar o
                                     grau de escolaridade do
                                     aluno. Serão aceitos
                                     somente 0 (analfabeto),
                                     1 (1° grau), 2 (2° grau) e
                                     3 (3° grau)}
                  ENDERALUNO: ENDERECO
               fim-registro
   ALUNOS: vetor [1..100] ALUNO
   CONSULTAS: numérico {Variável contadora de nomes consultados}
   NOMECONSUL: literal {Variável que armazenará os nomes
                        consultados}
   POS: numérico
   para POS de 1 até 100 passo 1 faça
      {Leitura dos dados de 100 alunos}
      leia "Entre com o nome do aluno:", ALUNOS[POS].NOME
      leia "Entre com o sexo:", ALUNOS[POS].SEXO
      leia "Entre com o endereço:", ALUNOS[POS].ENDERALUNO.RUA
      leia "Entre com a cidade onde o aluno reside:",
           ALUNOS[POS].ENDERALUNO.CIDADE
      leia "Entre com a sigla do estado onde o aluno reside:",
           ALUNOS[POS].ENDERALUNO.UF
      leia "Entre com o CEP (somente números):", ALUNOS[POS].
           ENDERALUNO.CEP
      leia "Entre com o telefone (somente números):",
           ALUNOS[POS].FONE
      leia "Entre com o nome do pai do aluno:", ALUNOS[POS].PAI
      leia "Entre com o nome da mãe do aluno:", ALUNOS[POS].MAE
      leia "Entre com o Registro Geral (RG) do aluno (somente
           números):", ALUNOS[POS].RG
      leia "Entre com a data de nascimento do aluno (somente
           números):", ALUNOS[POS].DATANASC
      leia "Entre com o grau de escolaridade do aluno (0,1,2,3):",
           ALUNOS[POS].GRAUESC
   fim-para
   para CONSULTAS de 1 até 10 faça
      leia "Entre com um nome de aluno para consulta:", NOMECONSUL
      para POS de 1 até 100 faça
         se (ALUNOS[POS].NOME = NOMECONSUL)
            então escreva "A posição em que foi lido o nome",
                          NOMECONSUL, "é:", POS
         fim-se
      fim-para
   fim-para
fim
```

Veja a resposta para esta atividade na representação Fluxograma na pasta *Atividades*. Além disso, na pasta *Exercícios Propostos*, você encontrará sugestões de exercícios para assimilar os conteúdos abordados nesta atividade.

Resumo do capítulo

Termo	Explanação
Registro	Variável heterogênea, ou seja, que pode armazenar várias constantes de vários tipos.
Comando *tipo*	Utilizado para criar novos tipos de variáveis baseados nos tipos básicos. Sua praticidade está em criar novas variáveis em vez de se declarar um conjunto de variáveis várias vezes.
Conjunto de registros	Vetor composto de vários registros de um só tipo, cuja estrutura utiliza o comando *tipo*.

Declaração de variáveis do registro

1. Pseudocódigo

```
<nome do registro> : registro
                     | <campos que irão compor o registro>
                     fim-registro
```

2. Fluxograma

(não há representação)

3. Diagrama de Chapin

(não há representação)

Atribuindo valores a registros

1. Pseudocódigo

```
<nome do registro>.<nome do campo do registro> ← <valor a ser armazenado>
```

2. Fluxograma

<nome do registro>.<nome do campo do registro> ← <valor a ser armazenado>

3. Diagrama de Chapin

<nome do registro>.<nome do campo do registro> ← <valor a ser armazenado>

Comando *tipo*

1. Pseudocódigo

tipo <nome da nova variável> = <estrutura da nova variável, que pode ser simples ou composta (vetor, matriz ou registro)>

2. Fluxograma

(não há representação)

3. Diagrama de Chapin

(não há representação)

8

Arquivando informações

OBJETIVOS

- Entender o conceito de arquivos
- Conhecer e criar arquivos sequenciais e diretos

Arquivo

As informações dos registros que você criou, no Capítulo 7, para as fichas da agenda de um amigo, serão apagadas se você desligar o computador. Isso ocorre porque a memória RAM, onde foram gravadas as informações, não retém os dados quando o computador é desligado.

Só há duas maneiras de resolver esse problema: digitar novamente todas as fichas ou gravar os registros em algum lugar para serem lidos quando necessário. Em algoritmo, como em todas as linguagens de programação, utilizam-se arquivos para gravar as informações.

No dia a dia, provavelmente você guarda seus documentos em um arquivo (seja de pastas suspensas, fichário ou outro tipo qualquer). Transportando essa ideia para o algoritmo, a palavra arquivo é utilizada para denominar o espaço onde um conjunto de registros é gravado. Depois que os dados são armazenados nos registros, localizados na memória do computador, estes devem ser gravados em um arquivo externo.

Arquivo, portanto, é um conjunto de registros gravados (guardados) permanentemente em um meio digital externo (memória auxiliar), como CD, DVD, Pen Drive, disco rígido, etc. Outra vantagem da gravação permanente é que não é necessário indicar a quantidade de registros que o arquivo contém, pois, como ele é gravado em um meio externo, o computador não precisa reservar espaço na memória. Dessa forma, o espaço é alterado de acordo com a necessidade, diferentemente dos conjuntos de registros do vetor que, utilizados ou não, têm um determinado espaço reservado na memória.

Arquivo sequencial

Quando você grava dados em uma fita magnética (muito usada para backup de dados em computadores que gerenciam redes) eles são colocados em sequência. Para acessar um arquivo específico, você deve passar por todos até chegar ao selecionado. Da mesma forma, no arquivo sequencial os registros são gravados um atrás do outro e, para ter acesso a algum registro específico, você deve passar por todos os registros anteriores.

Declarando um arquivo sequencial

1. Pseudocódigo

    a) Crie o tipo para o registro que será gravado no arquivo (neste exemplo, foi utilizada a estrutura do registro criada no capítulo anterior).

```
tipo ENDERECO = registro
                    | RUA, BAIRRO, CIDADE, UF: literal
                    | NUMERO, CEP: numérico
                fim-registro
```

```
FICHA: registro
    NOME, ESTADOCIVIL, NOMECONJ: literal
    IDADE, DATANASC: numérico
    FONE: conjunto [1..3] numérico
    ENDERECOALUNO: ENDERECO
fim-registro
```

b) Criado o registro, declare o arquivo sequencial.

```
AGENDA: arquivo sequencial de FICHA
```

Sintaxe de declaração de arquivo sequencial

```
<nome do arquivo> : arquivo sequencial de <nome do tipo do registro>
```

Os termos utilizados nesse tipo de sintaxe são explicados a seguir.

<nome do arquivo>	Nome do arquivo a ser declarado.
: arquivo sequencial de	Especificação do tipo de arquivo.
<nome do tipo do registro>	Nome do tipo de registro que irá compor o arquivo que está sendo declarado.

- O tipo do registro deve ser declarado antes da declaração do arquivo para que o algoritmo reconheça qual registro vai compor o arquivo que está sendo declarado.
- O comando de declaração de arquivo sequencial está disponível somente em pseudocódigo.

Montando um arquivo sequencial

Comando abra

Antes de qualquer comando de manipulação de registro (*leitura* e *gravação*), é necessário abrir o arquivo sequencial e indicar o tipo de operação que será realizada nele. Esse procedimento é feito por meio do comando *abra*, que informa ao computador quais arquivos serão utilizados e com qual finalidade seus registros serão manipulados.

Sintaxe do comando abra

```
abra <nome do arquivo> <tipo de manipulação>
```

Os termos utilizados nesse tipo de sintaxe são explicados a seguir.

abra	Comando de abertura do arquivo.
<nome do arquivo>	Nome do arquivo a ser aberto para manipulação.
<tipo de manipulação>	Nome do tipo de manipulação que será aplicada aos registros: • leitura – somente leitura dos registros do arquivo; • escrita – somente gravação de registros no arquivo; • nenhuma palavra – para leitura e gravação de registros.

1. Pseudocódigo

   a) Inicie a montagem do arquivo sequencial abrindo o arquivo *AGENDA* para leitura. Abrir um arquivo para leitura significa que os registros serão apenas lidos; em nenhum momento o computador permitirá que seja gravado outro registro no arquivo.

   ```
   abra AGENDA leitura
   ```

   b) Para gravar um registro no arquivo, você deve abri-lo para escrita.

   ```
   abra AGENDA escrita
   ```

   c) Se quiser abrir o arquivo tanto para escrita quanto para leitura de um registro, basta omitir o tipo de manipulação dos registros.

   ```
   abra AGENDA
   ```

Comando feche

Ao encerrar o algoritmo, nunca se esqueça de fechar os arquivos que foram abertos, pois isso evita que os registros contidos nos arquivos sejam perdidos.

Sintaxe do comando feche

```
feche <nome do arquivo>
```

Os termos utilizados nesse tipo de sintaxe são explicados a seguir.

feche	Comando de fechamento do arquivo.
<nome do arquivo>	Nome do arquivo a ser fechado.

   d) Para finalizar, feche o arquivo.

   ```
   feche AGENDA
   ```

2. Fluxograma

a) Abra o arquivo.

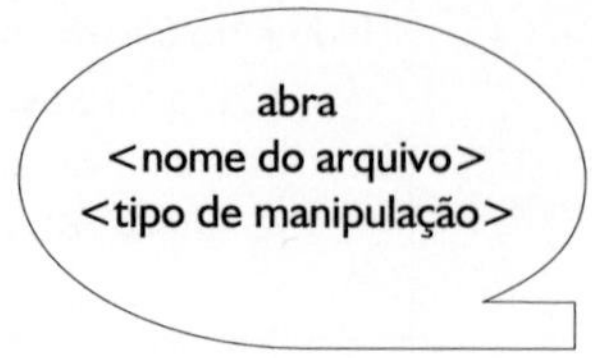

> O símbolo  significa armazenamento em fita magnética ou outro meio externo sequencial.

b) Feche o arquivo.

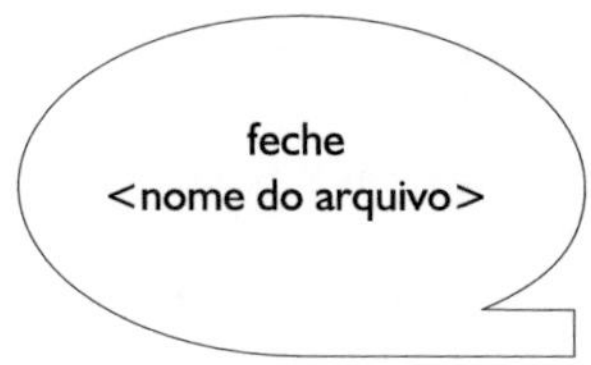

2. Diagrama de Chapin

a) Abra o arquivo.

abra <nome do arquivo> <tipo de manipulação>

b) Feche o arquivo.

feche <nome do arquivo>

Gravando um registro em um arquivo sequencial

Comando escreva

Para gravar um registro em um arquivo sequencial, primeiro monte o registro e depois aplique o comando *escreva*. O termo *escreva*, neste caso, é empregado no sentido de gravar; portanto, o comando *escreva* vai gravar um registro, que ocupa um espaço da memória RAM, em um meio externo de armazenamento (memória auxiliar).

Sintaxe do comando escreva

escreva <nome do arquivo>.<nome do registro>

Os termos utilizados nesse tipo de sintaxe são explicados a seguir.

escreva	Comando de gravação do arquivo.
<nome do arquivo>	Nome do arquivo que será gravado no registro.
. (ponto)	Separador do nome do arquivo do nome do registro.
<nome do registro>	Nome do registro que será usado para armazenar, no ambiente do algoritmo, o registro do arquivo antes da escrita.

Exemplos

1. Pseudocódigo

escreva FUNCIONARIOS.FICHAFUNC

escreva ALUNOS.FICHAMAT

- Se quiser gravar apenas um campo do registro, basta referenciá-lo após o nome do registro no comando *escreva*. Por exemplo, para gravar apenas o campo NOME no registro FICHA do arquivo AGENDA utilize a sintaxe: *escreva* AGENDA.FICHA.NOME.
- Antes de escrever o arquivo, não se esqueça de abri-lo. Isso evita que ocorra um erro no algoritmo e os dados sejam perdidos.

2. Fluxograma

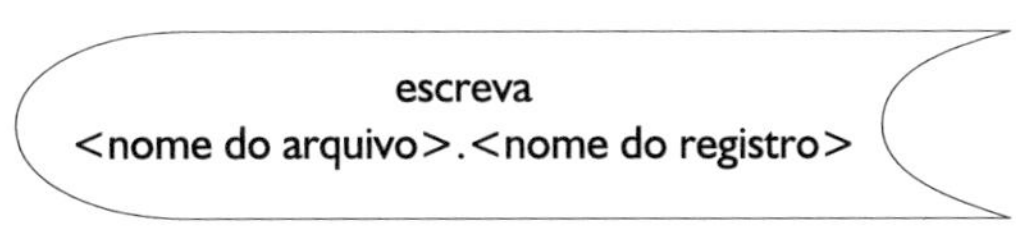

3. Diagrama de Chapin

escreva <nome do arquivo>.<nome do registro>

Atividade 1 – Gravando dados de alunos em um arquivo

Objetivo: • Aprender a gravar registros em arquivos sequenciais.

Tarefa: • Declarar e armazenar registros de alunos em um arquivo sequencial.

Problema

Faça um algoritmo para cadastrar um número indeterminado de alunos de uma escola. Cada cadastro deverá conter os dados: nome, sexo, data de nascimento, nome do pai, nome da mãe, RG, grau de escolaridade, endereço e telefone para contato. Represente o algoritmo em pseudocódigo.

Solucionando o problema

1. Pseudocódigo

a) A partir do enunciado do problema, defina etapas para a criação do algoritmo.

- Declarar as variáveis.
- Abrir o arquivo.
- Ler os dados e gravá-los no arquivo.
- Fechar o arquivo para não perder os dados gravados.

Observe a estrutura do algoritmo de acordo com as etapas anteriores.

```
início
|  Declarar variáveis
|  Abrir arquivo
|  Ler e gravar dados dos alunos no arquivo
|  Fechar arquivo
fim
```

b) Inicie os refinamentos sempre pela segunda etapa, deixando a etapa *Declarar variáveis* para o final. Comece pela etapa *Abrir arquivo*, utilizando o comando *abra*. Seguindo o enunciado, você deve abrir o arquivo para escrita (ou também pode omitir a manipulação, para que o arquivo seja lido e escrito).

```
ref. Abrir arquivo
|  abra CADASTRO_ALUNOS escrita
fim-ref.
```

c) Agora os dados devem ser lidos e gravados no arquivo que foi aberto. Como os dados se referem a um número indeterminado de alunos, crie o flag *FIM* no nome do aluno, ou seja, quando o usuário do programa digitar *FIM* no campo referente ao nome do aluno, o programa para de executar o cadastro. Porém, antes de iniciar a estrutura de repetição, o nome de um aluno deve ser lido.

```
ref. Ler e gravar dados dos alunos no arquivo
    leia "Entre com o nome do aluno:", ALUNO.NOME
    enquanto ALUNO.NOME <> "FIM" faça
        leia "Entre com o sexo:", ALUNO.SEXO
        leia "Entre com o endereço:", ALUNO.ENDERALUNO.RUA
        leia "Entre com a cidade onde o aluno reside:",
            ALUNO.ENDERALUNO.CIDADE
        leia "Entre com a sigla do estado onde o aluno reside:", ALUNO.
            ENDERALUNO.UF
        leia "Entre com o CEP (somente números):", ALUNO.
            ENDERALUNO.CEP
        leia "Entre com o telefone (somente números):", ALUNO.FONE
        leia "Entre com o nome do pai do aluno:", ALUNO.PAI
        leia "Entre com o nome da mãe do aluno:", ALUNO.MAE
        leia "Entre com o Registro Geral (RG) do aluno (somente
            números):", ALUNO.RG
        leia "Entre com a data de nascimento do aluno (somente
            números):", ALUNO.DATANASC
        leia "Entre com o grau de escolaridade do aluno (0, 1, 2, 3):",
            ALUNO.GRAUESC
```

d) Terminada a leitura dos dados referentes a um aluno, grave esses dados no arquivo e inicie a leitura dos dados de outro aluno.

```
ref. Ler e gravar dados dos alunos no arquivo
    leia "Entre com o nome do aluno:", ALUNO.NOME
    enquanto ALUNO.NOME <> "FIM" faça
        leia "Entre com o sexo:", ALUNO.SEXO
        leia "Entre com o endereço:", ALUNO.ENDERALUNO.RUA
        leia "Entre com a cidade onde o aluno reside:",
            ALUNO.ENDERALUNO.CIDADE
        leia "Entre com a sigla do estado onde o aluno reside:",
            ALUNO.ENDERALUNO.UF
        leia "Entre com o CEP (somente números):", ALUNO.
            ENDERALUNO.CEP
        leia "Entre com o telefone (somente números):", ALUNO.FONE
        leia "Entre com o nome do pai do aluno:", ALUNO.PAI
        leia "Entre com o nome da mãe do aluno:", ALUNO.MAE
        leia "Entre com o Registro Geral (RG) do aluno (somente
            números):", ALUNO.RG
        leia "Entre com a data de nascimento do aluno (somente
            números):", ALUNO.DATANASC
        leia "Entre com o grau de escolaridade do aluno (0, 1, 2, 3):",
            ALUNO.GRAUESC
        escreva CADASTRO_ALUNOS.ALUNO
        leia "Entre com o nome do aluno:", ALUNO.NOME
    fim-enquanto
fim-ref.
```

e) Quando a estrutura de repetição terminar, o cadastramento também deve terminar. Para que isso ocorra, encerre o algoritmo. Porém, antes execute a etapa *Fechar arquivo* para evitar a perda dos dados cadastrados.

```
ref. Fechar arquivo
  | feche CADASTRO_ALUNOS
fim-ref.
```

f) Para finalizar, declare as variáveis.

```
ref. Declarar variáveis
  | tipo ENDERECO = registro
  |                     | RUA, {Campo para armazenar o endereço
  |                     |       do aluno}
  |                     | CIDADE, {Campo para armazenar o nome
  |                     |       da cidade onde o aluno reside}
  |                     | UF, {Campo para armazenar a sigla do
  |                     |       estado onde o aluno reside}
  |                     | CEP:literal{Campo para armazenar o CEP da
  |                     |       residência do aluno}
  |                   fim-registro
  | ALUNO: registro
  |          | NOME, {Campo para armazenar o nome do aluno}
  |          | SEXO, {Campo para armazenar o sexo do aluno}
  |          | PAI, {Campo para armazenar o nome do pai do aluno}
  |          | MAE: literal {Campo para armazenar o nome da mãe
  |          |       do aluno}
  |          | FONE, {Campo para armazenar o telefone do aluno. Só
  |          |       considera números. Por exemplo: 2363543}
  |          | RG, {Campo para armazenar o Registro Geral do aluno.
  |          |       Só considera números}
  |          | DATANASC, {Campo para armazenar a data de nasci-
  |          |       mento do aluno. Só considera números}
  |          | GRAUESC: numérico {Campo para armazenar o grau
  |          |       de escolaridade do aluno. Serão
  |          |       aceitos somente 0 (analfabeto),
  |          |       1 (1° grau), 2 (2° grau) e 3 (3°
  |          |       grau)}
  |          | ENDERALUNO: ENDERECO
  |        fim-registro
  | CADASTRO_ALUNOS: arquivo sequencial de ALUNO
fim-ref.
```

g) Para finalizar, monte o algoritmo completo.

```
início
  | tipo ENDERECO = registro
  |                     | RUA, {Campo para armazenar o endereço
  |                     |       do aluno}
```

```
                    CIDADE, {Campo para armazenar o nome
                                da cidade onde o aluno reside}
                    UF, {Campo para armazenar a sigla do
                          estado onde o aluno reside}
                    CEP:literal{Campo para armazenar o CEP da
                            residência do aluno}
                  fim-registro
ALUNO: registro
          NOME, {Campo para armazenar o nome do aluno}
          SEXO, {Campo para armazenar o sexo do aluno}
          PAI, {Campo para armazenar o nome do pai do aluno}
          MAE: literal {Campo para armazenar o nome da mãe
                         do aluno}
          FONE, {Campo para armazenar o telefone do aluno. Só
                   considera números. Por exemplo: 2363543}
          RG, {Campo para armazenar o Registro Geral do aluno.
                Só considera números}
          DATANASC, {Campo para armazenar a data de nasci-
                      mento do aluno. Só considera números}
          GRAUESC: numérico {Campo para armazenar o grau
                              de escolaridade do aluno. Serão
                              aceitos somente 0 (analfabeto),
                              1 (1° grau), 2 (2° grau) e 3 (3°
                              grau)}
          ENDERALUNO: ENDERECO
        fim-registro
CADASTRO_ALUNOS: arquivo sequencial de ALUNO
abra CADASTRO_ALUNOS escrita
leia "Entre com o nome do aluno:", ALUNO.NOME
enquanto ALUNO.NOME <> "FIM" faça
    leia "Entre com o sexo:", ALUNO.SEXO
    leia "Entre com o endereço:", ALUNO.ENDERALUNO.RUA
    leia "Entre com a cidade onde o aluno reside:",
         ALUNO.ENDERALUNO.CIDADE
    leia "Entre com a sigla do estado onde o aluno reside:", ALUNO.
         ENDERALUNO.UF
    leia "Entre com o CEP (somente números):", ALUNO.
         ENDERALUNO.CEP
    leia "Entre com o telefone (somente números):", ALUNO.FONE
    leia "Entre com o nome do pai do aluno:", ALUNO.PAI
    leia "Entre com o nome da mãe do aluno:", ALUNO.MAE
    leia "Entre com o Registro Geral (RG) do aluno (somente
         números):", ALUNO.RG
    leia "Entre com a data de nascimento do aluno (somente
         números):", ALUNO.DATANASC
    leia "Entre com o grau de escolaridade do aluno (0, 1, 2, 3):",
         ALUNO.GRAUESC
    escreva CADASTRO_ALUNOS.ALUNO
    leia "Entre com o nome do aluno:", ALUNO.NOME
fim-enquanto
feche CADASTRO_ALUNOS
fim
```

> Veja a resposta para esta atividade na representação Fluxograma na pasta *Atividades*. Além disso, na pasta *Exercícios Propostos*, você encontrará sugestões de exercícios para assimilar os conteúdos abordados nesta atividade.

Lendo um registro em um arquivo sequencial

Comando *leia*

Para ler um registro em um arquivo sequencial é utilizado o comando *leia*, porém, assim como o comando *escreva*, neste caso, o termo *ler* significa que é lido um registro ou um campo de registro armazenado em um meio externo.

Sintaxe do comando leia

leia <nome do arquivo>.<nome do registro>

Os termos utilizados nesse tipo de sintaxe são explicados a seguir.

leia	Comando de leitura do arquivo.
<nome do arquivo>	Nome do arquivo em que será lido o registro.
. (ponto)	Separador do nome do arquivo do nome do registro.
<nome do registro>	Nome do registro usado para armazenar, no ambiente do algoritmo, o registro do arquivo, após a leitura.

Exemplos

1. Pseudocódigo

   leia FUNCIONARIOS.FICHAFUNC

   leia ALUNOS.FICHAMAT

> - Se quiser ler apenas um campo do registro, basta referenciá-lo após o nome do registro no comando *leia*. Por exemplo, para ler apenas o campo NOME no registro FICHA do arquivo AGENDA utilize a sintaxe: *leia* AGENDA.FICHA.NOME.
> - Antes de escrever o arquivo, não se esqueça de abri-lo. Isso evita que ocorra um erro no algoritmo e os dados sejam perdidos.
> - Se quiser que haja um aviso quando o comando *leia* atingir o fim do arquivo, utilize a condição *FIM-DE-ARQUIVO* ou *FDA*. Essa condição faz com que todo comando de leitura, ao chegar no final do arquivo, retorne *FDA* em vez de um registro.

2. Fluxograma

leia
<nome do arquivo>.<nome do registro>

3. Diagrama de Chapin

leia <nome do arquivo>.<nome do registro>

Atividade 2 – Lendo registros e emitindo um relatório

Objetivo: • Aprender a ler registros em arquivos sequenciais.

Tarefa: • Declarar e ler registros de um arquivo sequencial que contém dados de alunos de uma escola.

Problema

A diretoria de uma escola pretende convocar os pais dos alunos para uma reunião. Antes disso, a secretaria precisa fazer um relatório contendo os nomes dos alunos, dos pais e das mães, além dos telefones para contato. Faça um algoritmo para ler e imprimir esse relatório, colocando os seguintes dados em um arquivo sequencial: nome do aluno, sexo, data de nascimento, RG, grau de escolaridade, nome do pai, nome da mãe, endereço e telefone para contato. Represente o algoritmo em pseudocódigo.

Solucionando o problema

1. Pseudocódigo

   a) A partir do enunciado do problema, defina etapas para a criação do algoritmo.

      - Declarar as variáveis.
      - Abrir o arquivo que contém os dados a serem lidos.
      - Ler os dados no arquivo e imprimir o relatório.
      - Fechar o arquivo.

   Observe a estrutura do algoritmo de acordo com as etapas anteriores.

```
início
  | Declarar variáveis
  | Abrir arquivo
  | Ler e emitir relatório
  | Fechar arquivo
fim
```

b) Inicie os refinamentos pela etapa *Abrir arquivo*. Utilize o comando *abra* para realizar a operação de leitura do arquivo.

```
ref. Abrir arquivo
| abra CADASTRO_ALUNOS leitura
fim-ref.
```

c) Aberto o arquivo, leia cada registro e escreva os conteúdos dos campos desejados no relatório. Utilize uma estrutura de repetição até o final do arquivo. Porém, antes de iniciar a estrutura de repetição, escreva os enunciados dos campos que serão impressos e leia o primeiro registro para testar a condição de repetição. Isso servirá para testar se o arquivo está vazio ou não.

```
ref. Ler e emitir relatório
| escreva "Nome do aluno", "Nome do pai", "Nome da mãe", "Telefo-
|           ne para contato"
| leia CADASTRO_ALUNOS.ALUNO
| enquanto CADASTRO_ALUNOS <> FDA faça
|   | escreva ALUNO.NOME, ALUNO.PAI, ALUNO.MAE,
|   |         ALUNO.FONE
|   | leia CADASTRO_ALUNOS.ALUNO
| fim-enquanto
fim-ref.
```

d) Feche o arquivo.

```
ref. Fechar arquivo
| feche CADASTRO_ALUNOS
fim-ref.
```

e) Declare as variáveis.

```
ref. Declarar variáveis
| tipo ENDERECO = registro
|                          | RUA, {Campo para armazenar o endereço
|                          |        do aluno}
|                          | CIDADE, {Campo para armazenar o nome
|                          |        da cidade onde o aluno reside}
|                          | UF, {Campo para armazenar a sigla do
|                          |        estado onde o aluno reside}
|                          | CEP:literal{Campo para armazenar o CEP da
|                          |        residência do aluno}
|                        fim-registro
| ALUNO: registro
|          | NOME, {Campo para armazenar o nome do aluno}
|          | SEXO, {Campo para armazenar o sexo do aluno}
|          | PAI, {Campo para armazenar o nome do pai do aluno}
|          | MAE: literal {Campo para armazenar o nome da mãe
|          |        do aluno}
```

```
|           | FONE, {Campo para armazenar o telefone do aluno. Só
|           |          considera números. Por exemplo: 2363543}
|           | RG, {Campo para armazenar o Registro Geral do aluno.
|           |      Só considera números}
|           | DATANASC, {Campo para armazenar a data de nasci-
|           |            mento do aluno. Só considera números}
|           | GRAUESC: numérico {Campo para armazenar o grau
|           |                    de escolaridade do aluno. Serão
|           |                    aceitos somente 0 (analfabeto),
|           |                    1 (1° grau), 2 (2° grau) e 3
|           |                    (3° grau)}
|           | ENDERALUNO: ENDERECO
|         fim-registro
| CADASTRO_ALUNOS: arquivo sequencial de ALUNO
|
fim-ref.
```

f) Para finalizar, monte o algoritmo completo.

```
início
|
| tipo ENDERECO = registro
|                     | RUA, {Campo para armazenar o endereço
|                     |       do aluno}
|                     | CIDADE, {Campo para armazenar o nome
|                     |          da cidade onde o aluno reside}
|                     | UF, {Campo para armazenar a sigla do
|                     |      estado onde o aluno reside}
|                     | CEP:literal{Campo para armazenar o CEP da
|                     |       residência do aluno}
|                   fim-registro
| ALUNO: registro
|           | NOME, {Campo para armazenar o nome do aluno}
|           | SEXO, {Campo para armazenar o sexo do aluno}
|           | PAI, {Campo para armazenar o nome do pai do aluno}
|           | MAE: literal {Campo para armazenar o nome da mãe
|           |               do aluno}
|           | FONE, {Campo para armazenar o telefone do aluno. Só
|           |          considera números. Por exemplo: 2363543}
|           | RG, {Campo para armazenar o Registro Geral do aluno.
|           |      Só considera números}
|           | DATANASC, {Campo para armazenar a data de nasci-
|           |            mento do aluno. Só considera números}
|           | GRAUESC: numérico {Campo para armazenar o grau
|           |                    de escolaridade do aluno. Serão
|           |                    aceitos somente 0 (analfabeto),
|           |                    1 (1° grau), 2 (2° grau) e 3
|           |                    (3° grau)}
|           | ENDERALUNO: ENDERECO
|         fim-registro
| CADASTRO_ALUNOS: arquivo sequencial de ALUNO
| abra CADASTRO_ALUNOS leitura
| escreva "Nome do aluno", "Nome do pai", "Nome da mãe",
|         "Telefone para contato"
|
```

```
    leia CADASTRO_ALUNOS.ALUNO
    enquanto CADASTRO_ALUNOS <> FDA faça
        escreva ALUNO.NOME, ALUNO.PAI, ALUNO.MAE,
                ALUNO.FONE
        leia CADASTRO_ALUNOS.ALUNO
    fim-enquanto
    feche CADASTRO_ALUNOS
fim
```

> Veja a resposta para esta atividade na representação Fluxograma na pasta *Atividades*. Além disso, na pasta *Exercícios Propostos*, você encontrará sugestões de exercícios para assimilar os conteúdos abordados nesta atividade.

Arquivo direto (indexado)

Diferentemente da fita magnética, o CD e o DVD têm marcas ou indicações de onde as músicas estão gravadas. Você pode ouvir uma música específica, sem ter de passar pelas anteriores. De forma semelhante, no arquivo direto (também chamado indexado), você tem acesso a determinado registro, gravado em um meio externo, por meio de uma marca, ou chave, que o referencia.

Declarando arquivos diretos

1. Pseudocódigo

    a) Você vai aprender a declarar um arquivo direto, aproveitando a estrutura do registro da agenda.

```
tipo ENDERECO = registro
                    RUA, BAIRRO, CIDADE, UF: literal
                    NUMERO, CEP: numérico
                fim-registro

FICHA: registro
           NOME, ESTADOCIVIL, NOMECONJ: literal
           IDADE, DATANASC: numérico
           FONE: conjunto [1..3] numérico
           ENDERECOALUNO: ENDERECO
       fim-registro
```

    b) Por meio dessa estrutura, veja a seguir como é a declaração do arquivo direto.

```
AGENDA: arquivo direto de FICHA
```

Sintaxe de declaração de arquivo direto

<nome do arquivo> : arquivo direto de <nome do tipo do registro>

Os termos utilizados nesse tipo de sintaxe são explicados a seguir.

<nome do arquivo>	Nome do arquivo a ser declarado.
: arquivo direto de	Especificação do tipo de arquivo.
<nome do tipo de registro>	Nome do tipo de registro que irá compor o arquivo que está sendo declarado.

- O tipo do registro deve ser declarado antes da declaração do arquivo, para que o algoritmo reconheça qual registro vai compor o arquivo que está sendo declarado.
- O comando de declaração de arquivo direto está disponível somente em pseudocódigo.

Montando um arquivo direto

1. Pseudocódigo

Como no arquivo sequencial, você deve abrir e fechar o arquivo direto antes de manipular os dados que estão contidos nele.

Os comandos de abertura e fechamento de arquivo em pseudocódigo e diagrama de Chapin são os mesmos dos arquivos sequenciais.

a) Abra o arquivo.

abra AGENDA leitura

b) Feche o arquivo.

feche AGENDA

2. Fluxograma

No fluxograma, os comandos de abertura e fechamento de arquivo são colocados dentro de figuras que representam um disco magnético (ou).

a) Abra o arquivo.

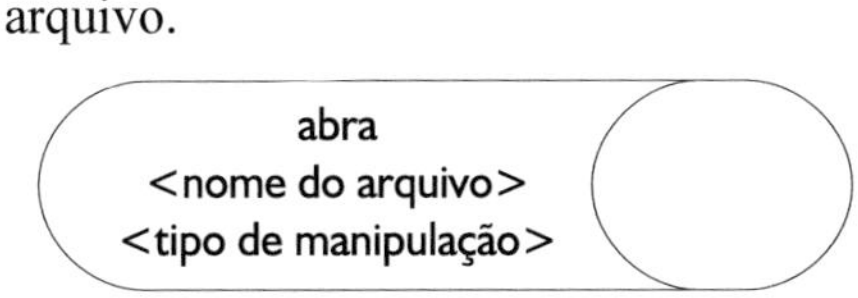

b) Feche o arquivo.

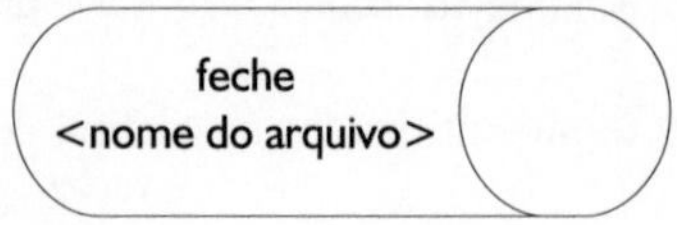

3. Diagrama de Chapin

a) Abra o arquivo.

abra <nome do arquivo> <tipo de manipulação>

b) Feche o arquivo.

feche <nome do arquivo>

Gravando um registro em um arquivo direto

Campo-chave

Antes de executar qualquer operação em um arquivo direto, é necessário criar aquela marca citada anteriormente, denominada *Chave*. O campo-chave referencia e distingue um único registro dos demais. Por exemplo, na estrutura da agenda montada no Capítulo 7, o campo *NOME* não pode ser uma chave, pois podem existir dois nomes iguais. Os outros campos também podem apresentar registros de mesmo conteúdo. Para solucionar esse problema, você deve criar um campo, denominado *CODIGO*, contendo um número para referenciar o registro a ser gravado, lido ou manipulado. Entretanto, se existisse nessa estrutura o campo *CPF*, você poderia utilizá-lo como chave, pois o mesmo CPF não pode ser utilizado por mais de uma pessoa.

Para gravar um registro em um arquivo direto, você deve indicar o valor do campo-chave do registro que será gravado. A utilização da chave torna o acesso ao registro rápido e fácil.

Sintaxe do comando escreva *para arquivo com o campo-chave*

```
escreva <nome do arquivo>.<nome do registro> [chave]
```

Os termos utilizados nesse tipo de sintaxe são explicados a seguir.

escreva	Comando de gravação do arquivo.
<nome do arquivo>	Nome do arquivo em que será gravado o registro.
. (ponto)	Separador do nome do arquivo do nome do registro.
<nome do registro>	Nome do registro que será usado para armazenar, no ambiente do algoritmo, o registro do arquivo antes da escrita.
[chave]	Nome ou valor do campo-chave do registro que será utilizado para referenciar o registro a ser gravado.

Veja os exemplos a seguir.

1. Pseudocódigo

```
escreva FUNCIONARIOS.FICHAFUNC[2342]
escreva ALUNOS.FICHAMAT[CODMATRICULA]
escreva CARROS.FICHA[KBY3535]
```

> Para gravar apenas um campo do registro, basta indicar o campo-chave. Por exemplo, para gravar apenas o campo NOME no registro FICHA que tiver o número do CPF igual ao valor do conteúdo da variável NUMCPF utilize a sintaxe: *escreva* AGENDA.FICHA.NOME [NUMCPF].

2. Fluxograma

escreva
<nome do arquivo>.<nome do registro>[chave]

3. Diagrama de Chapin

escreva <nome do arquivo>.<nome do registro>[chave]

Atividade 3 – Gravando dados de alunos em um arquivo direto

Objetivo: • Aprender a gravar registros em arquivos diretos.

Tarefa: • Declarar e armazenar um registro específico em um arquivo direto.

Problema

Crie um algoritmo para cadastrar um aluno em um arquivo de acesso direto. Os campos do arquivo são os dados: número da matrícula (chave), nome, sexo, data de nascimento, nome do pai, nome da mãe, RG, grau de escolaridade, endereço e telefone para contato. Represente o algoritmo em pseudocódigo.

Solucionando o problema

1. Pseudocódigo

a) A partir do enunciado do problema, defina etapas para a criação do algoritmo.

- Declarar as variáveis.
- Abrir o arquivo.
- Ler os dados cadastrais do aluno e gravá-los no arquivo.
- Fechar o arquivo.

Observe a estrutura do algoritmo de acordo com as etapas anteriores.

```
início
| Declarar variáveis
| Abrir arquivo
| Ler e gravar dados do aluno no arquivo
| Fechar arquivo
fim
```

b) Refine a etapa *Abrir arquivo*. Como você vai gravar os dados, deve abrir o arquivo para escrita.

```
ref. Abrir arquivo
| abra CADASTRO_ALUNOS escrita
fim-ref.
```

c) A etapa a ser refinada é aquela em que você deve ler os dados de um aluno específico e gravá-los no arquivo indexado. Neste caso, a estrutura de repetição não é necessária porque apenas um registro será gravado.

```
ref. Ler e gravar dados do aluno no arquivo
| leia "Entre com o código de matrícula do aluno:",
|      ALUNO.CODMATRICULA
| leia "Entre com o nome do aluno:", ALUNO.NOME
| leia "Entre com o sexo:", ALUNO.SEXO
| leia "Entre com o endereço:", ALUNO.ENDERALUNO.RUA
| leia "Entre com a cidade onde o aluno reside:",
|      ALUNO.ENDERALUNO.CIDADE
```

```
|  leia "Entre com a sigla do estado onde o aluno reside:", ALUNO.
|       ENDERALUNO.UF
|  leia "Entre com o CEP (somente números):", ALUNO.
|       ENDERALUNO.CEP
|  leia "Entre com o telefone (somente números):", ALUNO.FONE
|  leia "Entre com o nome do pai do aluno:", ALUNO.PAI
|  leia "Entre com o nome da mãe do aluno:", ALUNO.MAE
|  leia "Entre com o Registro Geral (RG) do aluno (somente
|       números):", ALUNO.RG
|  leia "Entre com a data de nascimento do aluno (somente números):",
|       ALUNO.DATANASC
|  leia "Entre com o grau de escolaridade do aluno (0, 1, 2, 3):",
|       ALUNO.GRAUESC
|  escreva CADASTRO_ALUNOS.ALUNO[CODMATRICULA]
fim-ref.
```

d) Refine a etapa *Fechar arquivo*.

```
ref. Fechar arquivo
|  feche CADASTRO_ALUNOS
fim-ref.
```

e) Declare as variáveis.

```
ref. Declarar variáveis
|  tipo ENDERECO = registro
|                        | RUA, {Campo para armazenar o endereço
|                        |        do aluno}
|                        | CIDADE, {Campo para armazenar o nome
|                        |        da cidade onde o aluno reside}
|                        | UF, {Campo para armazenar a sigla do
|                        |        estado onde o aluno reside}
|                        | CEP:literal{Campo para armazenar o CEP da
|                        |        residência do aluno}
|                      fim-registro
|  ALUNO: registro
|            | CODMATRICULA {Campo para armazenar o código da
|            |        matrícula do aluno}
|            | NOME, {Campo para armazenar o nome do aluno}
|            | SEXO, {Campo para armazenar o sexo do aluno}
|            | PAI, {Campo para armazenar o nome do pai do aluno}
|            | MAE: literal {Campo para armazenar o nome da mãe
|            |        do aluno}
|            | FONE, {Campo para armazenar o telefone do aluno. Só
|            |        considera números. Por exemplo: 2363543}
|            | RG, {Campo para armazenar o Registro Geral do aluno.
|            |        Só considera números}
|            | DATANASC, {Campo para armazenar a data de nasci-
|            |        mento do aluno. Só considera números}
```

```
            GRAUESC: numérico {Campo para armazenar o grau
                          de escolaridade do aluno. Serão
                          aceitos somente 0 (analfabeto),
                          1 (1° grau), 2 (2° grau) e 3
                          (3° grau)}
            ENDERALUNO: ENDERECO
         fim-registro
   CADASTRO_ALUNOS: arquivo direto de ALUNO
fim-ref.
```

f) Para finalizar, monte o algoritmo completo.

```
início
   tipo ENDERECO = registro
                  RUA, {Campo para armazenar o endereço
                        do aluno}
                  CIDADE, {Campo para armazenar o nome
                           da cidade onde o aluno reside}
                  UF, {Campo para armazenar a sigla do
                       estado onde o aluno reside}
                  CEP:literal{Campo para armazenar o CEP da
                       residência do aluno}
                fim-registro
   ALUNO: registro
            CODMATRICULA {Campo para armazenar o código da
                          matrícula do aluno}
            NOME, {Campo para armazenar o nome do aluno}
            SEXO, {Campo para armazenar o sexo do aluno}
            PAI, {Campo para armazenar o nome do pai do aluno}
            MAE: literal {Campo para armazenar o nome da mãe
                         do aluno}
            FONE, {Campo para armazenar o telefone do aluno. Só
                  considera números. Por exemplo: 2363543}
            RG, {Campo para armazenar o Registro Geral do aluno.
                Só considera números}
            DATANASC, {Campo para armazenar a data de nasci-
                      mento do aluno. Só considera números}
            GRAUESC: numérico {Campo para armazenar o grau
                          de escolaridade do aluno. Serão
                          aceitos somente 0 (analfabeto),
                          1 (1° grau), 2 (2° grau) e 3
                          (3° grau)}
            ENDERALUNO: ENDERECO
         fim-registro
   CADASTRO_ALUNOS: arquivo direto de ALUNO
   abra CADASTRO_ALUNOS escrita
   leia "Entre com o código de matrícula do aluno:",
        ALUNO.CODMATRICULA
   leia "Entre com o nome do aluno:", ALUNO.NOME
   leia "Entre com o sexo:", ALUNO.SEXO
   leia "Entre com o endereço:", ALUNO.ENDERALUNO.RUA
```

```
    leia "Entre com a cidade onde o aluno reside:",
        ALUNO.ENDERALUNO.CIDADE
    leia "Entre com a sigla do estado onde o aluno reside:", ALUNO.
        ENDERALUNO.UF
    leia "Entre com o CEP (somente números):", ALUNO.
        ENDERALUNO.CEP
    leia "Entre com o telefone (somente números):", ALUNO.FONE
    leia "Entre com o nome do pai do aluno:", ALUNO.PAI
    leia "Entre com o nome da mãe do aluno:", ALUNO.MAE
    leia "Entre com o Registro Geral (RG) do aluno (somente
        números):", ALUNO.RG
    leia "Entre com a data de nascimento do aluno (somente números):",
        ALUNO.DATANASC
    leia "Entre com o grau de escolaridade do aluno (0, 1, 2, 3):",
        ALUNO.GRAUESC
    escreva CADASTRO_ALUNOS.ALUNO[CODMATRICULA]
    feche CADASTRO_ALUNOS
fim
```

> Veja a resposta para esta atividade na representação Fluxograma na pasta *Atividades*. Além disso, na pasta *Exercícios Propostos*, você encontrará sugestões de exercícios para assimilar os conteúdos abordados nesta atividade.

Lendo um registro em um arquivo direto

Ler um registro em um arquivo direto é quase semelhante a ler um registro em um arquivo sequencial, a diferença é que nesse tipo de arquivo você deve indicar a chave que referencia o registro solicitado. Caso a chave não exista, será emitida a mensagem "Chave inválida", como indicação de que não existe um registro que tenha o valor especificado como chave.

Comando *leia* para arquivo direto

Sintaxe do comando leia *para arquivo com o campo-chave*

```
leia <nome do arquivo>.<nome do registro>[chave]
```

Os termos utilizados nesse tipo de sintaxe são explicados a seguir.

leia	Comando de leitura do arquivo.
<nome do arquivo>	Nome do arquivo em que será lido o registro.
. (ponto)	Separador do nome do arquivo do nome do registro.
<nome do registro>	Nome do registro que será usado para armazenar, no ambiente do algoritmo, o registro do arquivo, após a leitura.
[chave]	Nome ou valor do campo-chave do registro que será utilizado para referenciar o registro a ser lido.

Exemplos

1. Pseudocódigo

```
leia FUNCIONARIOS.FICHAFUNC[2344]
leia ALUNOS.FICHAMAT[CODMATRICULA]
leia CARROS.FICHA[KBY2344]
```

- Para ler apenas um campo do registro, indique o nome do campo especificado após o nome do registro. Por exemplo, para ler apenas o campo NOME do registro FICHA que contém um valor igual ao da variável CODMATRICULA no campo chave, utilize a sintaxe: *leia* AGENDA.FICHA.NOME[CODMATRICULA].
- Não se esqueça de declarar o arquivo ou abri-lo para leitura. Isso evita que ocorra um erro no algoritmo e os dados sejam perdidos.

2. Fluxograma

leia
<nome do arquivo>.<nome do registro>[chave]

3. Diagrama de Chapin

leia <nome do arquivo>.<nome do registro>[chave]

Atividade 4 – Lendo um registro e imprimindo uma ficha

Objetivo: • Aprender a ler registros em arquivos diretos.

Tarefa: • Declarar e ler registros de um arquivo direto que contém dados de alunos de uma escola.

Problema

Crie um algoritmo para consultar a existência da ficha de um aluno no cadastro que contém os dados: código de matrícula, nome, sexo, data de nascimento, nome do pai, nome da mãe, RG, grau de escolaridade, endereço e telefone para contato. O arquivo que contém esses dados está indexado pelo campo *Código da matrícula*. Represente o algoritmo em pseudocódigo.

Solucionando o problema

1. Pseudocódigo

 a) A partir do enunciado do problema, defina etapas para a criação do algoritmo.

 - Declarar as variáveis.
 - Abrir o arquivo.
 - Ler o código de matrícula do aluno a ser consultado no cadastro.
 - Mostrar se existe ou não a ficha do aluno.
 - Fechar o arquivo.

 Observe a estrutura do algoritmo de acordo com as etapas anteriores.

```
início
  | Declarar variáveis
  | Abrir arquivo
  | Ler código de matrícula do aluno a ser consultado
  | Exibir resultado da consulta
  | Fechar arquivo
fim
```

 b) Abra o arquivo pelo comando *abra* e utilize o comando *leitura* para consultar os dados.

```
ref. Abrir arquivo
  | abra CADASTRO_ALUNOS leitura
fim-ref.
```

 c) Leia o número do código da matrícula do aluno a ser consultado, por meio de um comando de leitura simples (veja o Capítulo 2).

```
ref. Ler código de matrícula do aluno a ser consultado
  | leia "Número de matrícula do aluno a ser consultado:"
  |      NUMMATRICULA
fim-ref.
```

 d) Leia o campo *NOME* do registro que contém o valor do campo-chave igual ao código lido. Se ao fazer essa leitura, você obtiver o valor do nome igual à mensagem "Chave inválida", significa que não existe nenhum registro com o código de matrícula igual ao que foi lido.

```
ref. Exibir resultado da consulta
    leia CADASTRO_ALUNOS.ALUNO.NOME[NUMMATRICULA]
    se ALUNO.NOME = "Chave inválida"
        então escreva "Não existe nenhum cadastro com o código de
                      matrícula igual a", NUMMATRICULA
        senão escreva "A ficha com código", NUMMATRICULA, "é do
                      aluno", ALUNO.NOME
    fim-se
fim-ref.
```

e) Feche o arquivo.

```
ref. Fechar arquivo
    feche CADASTRO_ALUNOS
fim-ref.
```

f) Declare as variáveis.

```
ref. Declarar variáveis
    tipo ENDERECO = registro
                        RUA, {Campo para armazenar o endereço
                              do aluno}
                        CIDADE, {Campo para armazenar o nome
                                 da cidade onde o aluno reside}
                        UF, {Campo para armazenar a sigla do
                             estado onde o aluno reside}
                        CEP:literal {Campo para armazenar o CEP da
                                     residência do aluno}
                    fim-registro
    ALUNO: registro
               NOME, {Campo para armazenar o nome do aluno}
               SEXO, {Campo para armazenar o sexo do aluno}
               PAI, {Campo para armazenar o nome do pai do aluno}
               MAE: literal {Campo para armazenar o nome da mãe do
                             aluno}
               CODMATRICULA, {Código de matrícula do aluno e
                              chave do arquivo direto}
               FONE, {Campo para armazenar o telefone do aluno. Só
                      considera números. Por exemplo: 2363543}
               RG, {Campo para armazenar o Registro Geral do aluno.
                    Só considera números}
               DATANASC, {Campo para armazenar a data de nasci-
                          mento do aluno. Só considera números}
               GRAUESC: numérico {Campo para armazenar o grau
                                  de escolaridade do aluno. Serão
                                  aceitos somente 0 (analfabeto),
                                  1 (1º grau), 2 (2º grau) e 3
                                  (3º grau)}
               ENDERALUNO: ENDERECO
           fim-registro
    CADASTRO_ALUNOS: arquivo direto de ALUNO
```

```
    NUMMATRICULA: numérico {Variável para leitura do código de
                            matrícula a ser consultado}
fim-ref.
```

g) Monte o algoritmo final.

```
início
    tipo ENDERECO = registro
                    RUA, {Campo para armazenar o endereço
                          do aluno}
                    CIDADE, {Campo para armazenar o nome
                             da cidade onde o aluno reside}
                    UF, {Campo para armazenar a sigla do
                         estado onde o aluno reside}
                    CEP:literal {Campo para armazenar o CEP da
                                 residência do aluno}
                  fim-registro
    ALUNO: registro
               NOME, {Campo para armazenar o nome do aluno}
               SEXO, {Campo para armazenar o sexo do aluno}
               PAI, {Campo para armazenar o nome do pai do aluno}
               MAE: literal {Campo para armazenar o nome da mãe do
                             aluno}
               CODMATRICULA, {Código de matrícula do aluno e
                              chave do arquivo direto}
               FONE, {Campo para armazenar o telefone do aluno. Só
                      considera números. Por exemplo: 2363543}
               RG, {Campo para armazenar o Registro Geral do aluno.
                    Só considera números}
               DATANASC, {Campo para armazenar a data de nasci-
                          mento do aluno. Só considera números}
               GRAUESC: numérico {Campo para armazenar o grau
                                  de escolaridade do aluno. Serão
                                  aceitos somente 0 (analfabeto),
                                  1 (1° grau), 2 (2° grau) e 3
                                  (3° grau)}
               ENDERALUNO: ENDERECO
           fim-registro
    CADASTRO_ALUNOS: arquivo direto de ALUNO
    NUMMATRICULA: numérico {Variável para leitura do código de
                            matrícula a ser consultado}
    abra CADASTRO_ALUNOS leitura
    leia "Número de matrícula do aluno a ser consultado:"
        NUMMATRICULA
    leia CADASTRO_ALUNOS.ALUNO.NOME[NUMMATRICULA]
    se ALUNO.NOME = "Chave inválida"
        então escreva "Não existe nenhum cadastro com o código de
                      matrícula igual a", NUMMATRICULA
        senão escreva "A ficha com código", NUMMATRICULA, "é do
                      aluno", ALUNO.NOME
    fim-se
    feche CADASTRO_ALUNOS
fim
```

A variável NUMMATRICULA foi a variável lida e não a variável CODMATRICULA. Ao colocar a variável NUMMATRICULA no comando *leia*, você está, na verdade, utilizando o valor armazenado nela para acessar o registro cujo campo CODMATRICULA tenha o mesmo valor.

Veja a resposta para esta atividade na representação Fluxograma na pasta *Atividades*. Além disso, na pasta *Exercícios Propostos*, você encontrará sugestões de exercícios para assimilar os conteúdos abordados nesta atividade.

Resumo do capítulo

Termo	**Explanação**
Arquivo	Conjunto de registros gravados em um meio digital externo (memória auxiliar). Divide-se em sequencial e direto (indexado).
Arquivo sequencial	Arquivo onde os registros são gravados sequencialmente (um após o outro). Para acessar um registro específico é necessário passar por todos os registros anteriores.
Arquivo direto ou indexado	Arquivo onde os registros são gravados com uma referência de localização (campo-chave). Para acessar um registro específico, é necessário indicar a chave.
Campo-chave	Campo que referencia e distingue um único registro dos demais.

Arquivo sequencial

1. Pseudocódigo

<nome do arquivo> : arquivo sequencial de <nome do tipo de registro>

2. Fluxograma

(não há representação)

3. Diagrama de Chapin

(não há representação)

Comando abra

1. Pseudocódigo

abra <nome do arquivo>:<tipo de manipulação (leitura e/ou escrita)>

2. Fluxograma

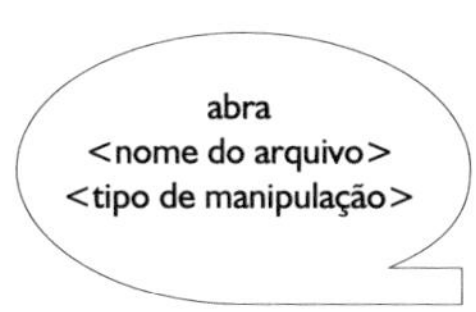

3. Diagrama de Chapin

abra <nome do arquivo> <tipo de manipulação>

Comando feche

1. Pseudocódigo

feche <nome do arquivo>

2. Fluxograma

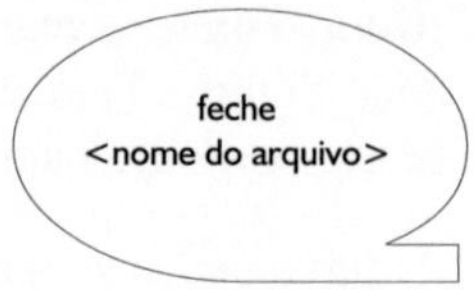

3. Diagrama de Chapin

Comando escreva

1. Pseudocódigo

escreva <nome do arquivo>.<nome do registro>

2. Fluxograma

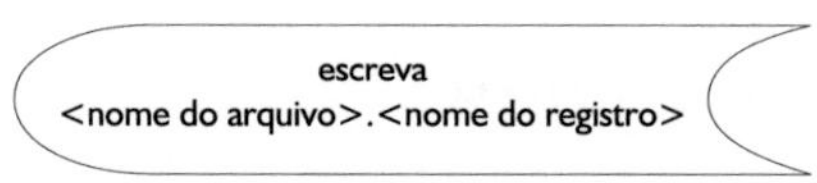

3. Diagrama de Chapin

Comando leia

1. Pseudocódigo

leia <nome do arquivo>.<nome do registro>

2. Fluxograma

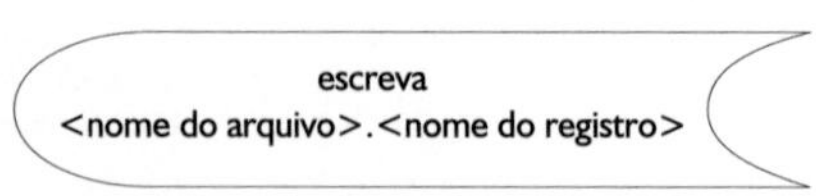

3. Diagrama de Chapin

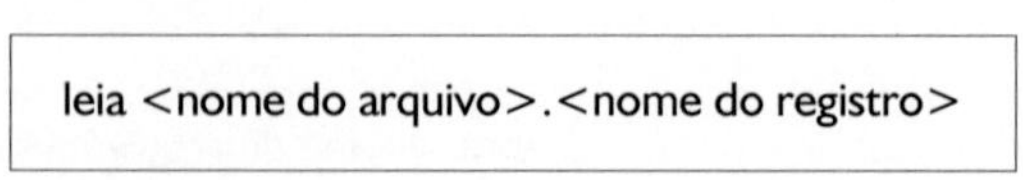

Arquivo direto

1. Pseudocódigo

<nome do arquivo> : arquivo direto de <nome do tipo de registro>

2. Fluxograma

(não há representação)

3. Diagrama de Chapin

(não há representação)

Comando abra

1. Pseudocódigo

abra <nome do arquivo> : <tipo de manipulação (leitura e/ou escrita)>

2. Fluxograma

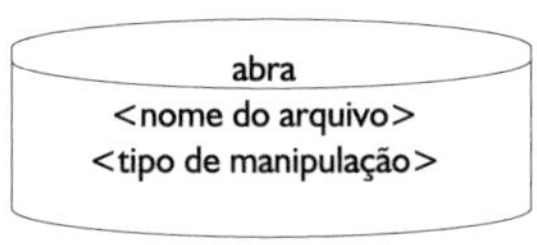

ou

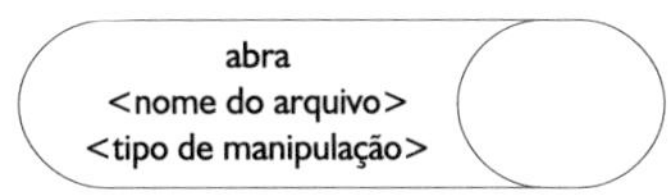

3. Diagrama de Chapin

abra <nome do arquivo>.<tipo de manipulação>

Comando feche

1. Pseudocódigo

feche <nome do arquivo>

2. Fluxograma

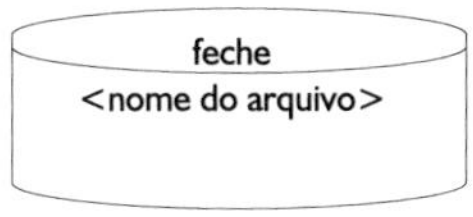

ou

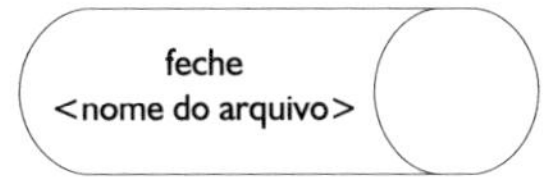

3. Diagrama de Chapin

feche <nome do arquivo>

Comando escreva

1. Pseudocódigo

escreva <nome do arquivo>.<nome do registro>[<campo-chave>]

2. Fluxograma

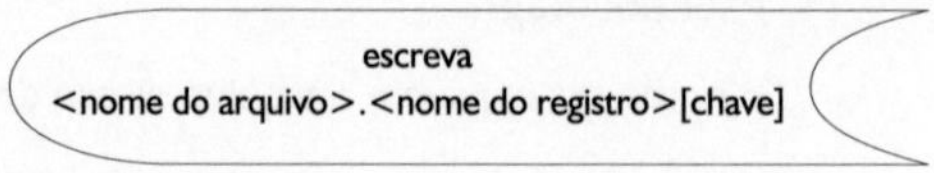

3. Diagrama de Chapin

escreva <nome do arquivo>.<nome do registro>[chave]

Comando leia

1. Pseudocódigo

   leia <nome do arquivo>.<nome do registro>[chave]

2. Fluxograma

3. Diagrama de Chapin

leia <nome do arquivo>.<nome do registro>[chave]

9 Estruturando algoritmos

OBJETIVOS

- Entender os conceitos de programação estruturada, modularização, procedimento e função
- Praticar a modularização de algoritmos
- Conhecer o comando *caso*

Modelos de programação

No final dos anos 1960, várias empresas se depararam com o aumento crescente dos custos para a elaboração de programas de computador, isso gerou a chamada *crise do software.* Essa crise foi também decorrente do descompasso entre a tecnologia empregada na fabricação de equipamentos e a tecnologia de desenvolvimento dos softwares. Sem metodologias avançadas para a elaboração de programas, a probabilidade de aparecimento de bugs (falhas, erros) nos softwares era quase inevitável. Isso tornava a manutenção dos sistemas de informações cada vez mais onerosa.

Para tentar resolver esses problemas, uma série de estudos foi iniciada e surgiram vários tipos de programação. Neste livro, serão abordados os conceitos iniciais dos dois tipos mais utilizados pelo mercado: Programação Estruturada e Programação Orientada a Objetos.

Programação estruturada

A característica da Programação Estruturada é a utilização de técnicas que decompõem a solução de um problema em "blocos" que interagem com um bloco principal. Isso é possível por meio da técnica de refinamentos sucessivos (veja o Capítulo 1) e da modularização dos algoritmos. A programação estruturada tem como objetivo desenvolver programas/algoritmos confiáveis, legíveis, de fácil entendimento, flexíveis e de fácil manutenção; para isso, ela utiliza as técnicas a seguir.

1. Desenvolvimento de algoritmos por etapas/refinamentos sucessivos.
2. Número limitado de estruturas de controle de fluxo.
3. Mudanças de etapas/refinamentos de alta complexidade ou tamanho em módulos.

As técnicas 1 e 2 foram utilizadas no decorrer deste livro, agora você vai aprender a técnica 3.

Modularização

Técnica para desenvolver algoritmos, por meio de refinamentos sucessivos, em que podem ser utilizados módulos.

Módulo

Conjunto de comandos que contitui uma parte de um algoritmo principal e que tem uma tarefa bem definida e independente em relação ao resto do algoritmo. Fazendo uma analogia, imagine o coração como um módulo do corpo humano. Esse módulo desempenha um conjunto de operações específicas, tem uma tarefa bem definida e é independente em relação a boa parte dos outros órgãos (tanto assim, que pode ser transplantado para outro corpo).

Veja a seguir as características da técnica de modularização.

- A independência do módulo permite uma manutenção mais simples e evita efeitos colaterais em outros pontos do algoritmo.
- A elaboração do módulo pode ser feita independentemente e em época diferente do restante do algoritmo.
- Testes e correções dos módulos podem ser feitos separadamente.
- Um módulo pode ser utilizado em outros algoritmos que requerem o mesmo processamento por ele executado.

Procedimento e função

Para inserir módulos em um algoritmo, existem os comandos *procedimento* e *função*. As ações de procedimento e função estão hierarquicamente subordinadas a um algoritmo principal, geralmente chamado *Módulo Principal*. Dentro de um procedimento ou uma função podem haver vários outros procedimentos ou funções. Veja o diagrama a seguir.

Algoritmo modularizado

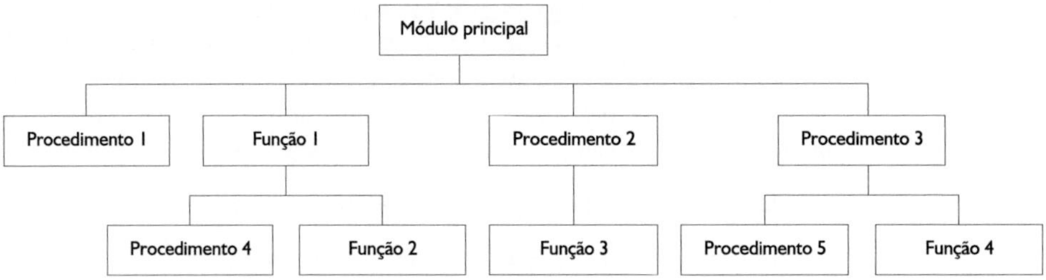

Cada procedimento e função pode utilizar os objetos (constantes e variáveis) do módulo principal, definir os seus próprios, ou ainda utilizar os dois tipos.

Exemplo

Módulo principal
variável X ← variável global para todos os módulos

Função 1
variável X ← variável local para Função 1 e global para Procedimento 4 e Função 2

Procedimento 4
variável W ← variável local

Função 2
variável Z ← variável local

Pelo exemplo, tanto as Funções 1 e 2 como o Procedimento 4 podem utilizar a variável *X*, porque ela é uma variável global e está no módulo principal. Porém, a variável *Z* não pode ser utilizada no algoritmo principal por ser uma variável local da Função 2.

A partir desse exemplo, você pode entender os termos a seguir.

Variável global

Variável que só pode ser utilizada em um módulo interno a outro módulo do algoritmo onde foi declarada.

Variável local

Variável que só pode ser utilizada no módulo do algoritmo onde foi declarada e que não possui qualquer significado fora desse módulo.

> Todo módulo (procedimento ou função) é criado por meio de declarações e executado por meio de um comando de chamada.

Procedimento

Declarando um procedimento

A declaração de um módulo apresenta cabeçalho e corpo. No cabeçalho colocam-se o nome do módulo e a lista de parâmetros que ele vai conter; no corpo, a declaração das variáveis e os comandos locais. Veja a seguir os exemplos de procedimento.

1. Pseudocódigo

   a) Procedimento para somar dois números.

```
procedimento SOMA
|  TOTAL: numérico
|  TOTAL ← NUM1 + NUM2
|  escreva TOTAL
fim-procedimento
```

   b) Ler e somar dois números.

```
início
|  NUM1, NUM2: numérico
|  procedimento SOMA
|  |  TOTAL: numérico
|  |  TOTAL ← NUM1 + NUM2
|  |  escreva TOTAL
|  fim-procedimento
|  leia "Os dois números para a soma são:", NUM1, NUM2
|  SOMA
fim
```

No exemplo anterior, você pode perguntar: "não é mais fácil escrever no algoritmo principal os comandos do procedimento?". Neste caso, com certeza, sim, pois é um procedimento muito pequeno. Porém se o módulo fosse grande ou aparecesse várias vezes no algoritmo principal, seria justificado o uso da modularização. Observe, nesse exemplo, que o procedimento foi declarado e depois executado no corpo do algoritmo principal.

Sintaxe de declaração de procedimento

procedimento <nome do procedimento>

Os termos utilizados nesse tipo de sintaxe são explicados a seguir.

procedimento	Comando de procedimento.
<nome do procedimento>	Nome do procedimento que está sendo declarado.

2. Fluxograma

   O procedimento é declarado e executado em duas partes. O símbolo representa a chamada do procedimento e deve ser utilizado no módulo principal. Separadamente, ele é executado. Observe que o nome do módulo substitui o comando *início*.

Chamada no módulo principal

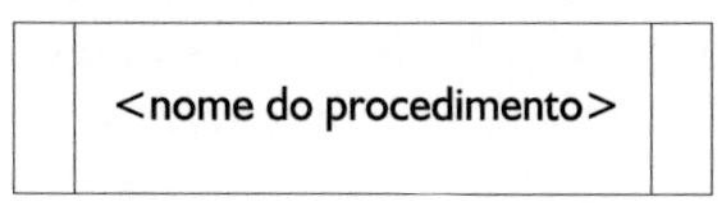

Representação do procedimento

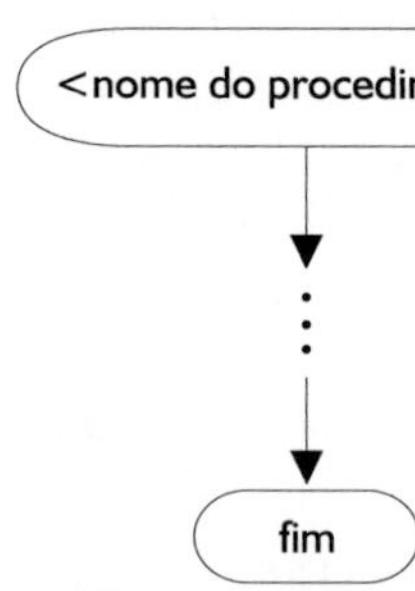

3. Diagrama de Chapin

   Da mesma forma que no fluxograma, o procedimento é declarado e executado separadamente.

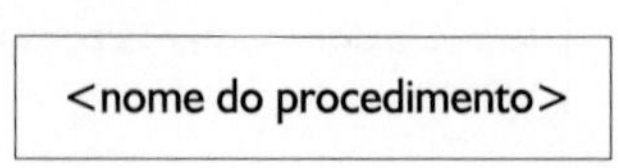

Atividade 1 – Modularizando a entrada de dados

Objetivo: • Aprender a utilizar procedimentos.

Tarefa: • Declarar e usar um procedimento no algoritmo.

Problema

Crie um algoritmo, utilizando a técnica de modularização, para cadastrar um número indeterminado de alunos de uma escola. Cada aluno deverá ter em seu cadastro os dados: nome, sexo, data de nascimento, nome do pai, nome da mãe, RG, grau de escolaridade e endereço. Represente o algoritmo em pseudocódigo.

Solucionando o problema

1. Pseudocódigo

a) A partir do enunciado do problema, defina etapas para a criação do algoritmo.

- Declarar as variáveis.
- Abrir o arquivo.
- Ler os dados e gravá-los no arquivo.
- Fechar o arquivo.

```
início
|  Declarar variáveis
|  Abrir arquivo
|  Ler e gravar dados dos alunos no arquivo
|  Fechar arquivo
fim
```

b) Por meio da técnica de modularização, você deve criar um módulo para ler e gravar os dados do aluno. Dessa forma, se o número de dados ou de campos for alterado, a manutenção pode ser feita facilmente no procedimento sem alterar o módulo principal. Porém, lembre-se de fazer o teste do flag do algoritmo principal, ou seja, se o usuário encontrar a palavra FIM no campo do nome do aluno a ser cadastrado, automaticamente, o procedimento de inclusão de dados é encerrado.

```
procedimento INCLUSAO
|  leia "Entre com o nome do aluno:", ALUNO.NOME
|  se ALUNO.NOME <> "FIM"
|  |  então leia "Entre com o sexo:", ALUNO.SEXO
|  |        leia "Entre com o endereço:", ALUNO.ENDERALUNO.RUA
|  |        leia "Entre com a cidade onde o aluno reside:",
|  |             ALUNO.ENDERALUNO.CIDADE
```

```
|  |          leia "Entre com a sigla do estado onde o aluno reside:",
|  |              ALUNO.ENDERALUNO.UF
|  |          leia "Entre com o CEP (somente números):", ALUNO.
|  |              ENDERALUNO.CEP
|  |          leia "Entre com o telefone (somente números):",
|  |              ALUNO.FONE
|  |          leia "Entre com o nome do pai do aluno:", ALUNO.PAI
|  |          leia "Entre com o nome da mãe do aluno:", ALUNO.MAE
|  |          leia "Entre com o Registro Geral (RG) do aluno (somente
|  |              números):", ALUNO.RG
|  |          leia "Entre com a data de nascimento do aluno (somente
|  |              números):", ALUNO.DATANASC
|  |          leia "Entre com o grau de escolaridade do aluno
|  |              (0, 1, 2, 3):", ALUNO.GRAUESC
|  |          escreva CADASTRO_ALUNOS.ALUNO
|  fim-se
fim-procedimento
```

c) Voltando ao algoritmo principal, refine a etapa *Abrir arquivo*.

```
ref. Abrir arquivo
|  abra CADASTRO_ALUNOS escrita
fim-ref.
```

d) Leia os dados e grave-os no arquivo. Utilize o procedimento *INCLUSAO* e uma estrutura de repetição (comando *repita*).

```
ref. Ler e gravar dados dos alunos no arquivo
|  repita
|  |  INCLUSAO
|  até que ALUNO.NOME = "FIM"
fim-ref.
```

> Se quiser utilizar o comando *enquanto*, inicie a variável *ALUNO.NOME* com um valor diferente de FIM, para que seja executada a estrutura de repetição. Dessa forma, será lido um valor para a variável que vai sobrepor o valor inicial.

e) Feche o arquivo.

```
ref. Fechar arquivo
|  feche CADASTRO_ALUNOS
fim-ref.
```

f) Declare as variáveis.

```
ref. Declarar variáveis
    tipo ENDERECO = registro
                        RUA, {Campo para armazenar o endereço
                             do aluno}
                        CIDADE, {Campo para armazenar o nome
                                da cidade onde o aluno reside}
                        UF, {Campo para armazenar a sigla do
                            estado onde o aluno reside}
                        CEP:literal {Campo para armazenar o CEP da
                                    residência do aluno}
                    fim-registro
    ALUNO: registro
               NOME, {Campo para armazenar o nome do aluno}
               SEXO, {Campo para armazenar o sexo do aluno}
               PAI, {Campo para armazenar o nome do pai do aluno}
               MAE: literal {Campo para armazenar o nome da mãe do
                            aluno}
               FONE, {Campo para armazenar o telefone do aluno. Só
                     considera números. Por exemplo: 2363543}
               RG, {Campo para armazenar o Registro Geral do aluno.
                   Só considera números}
               DATANASC, {Campo para armazenar a data de nasci-
                         mento do aluno. Só considera números}
               GRAUESC: numérico {Campo para armazenar o grau
                                 de escolaridade do aluno. Serão
                                 aceitos somente 0 (analfabeto),
                                 1 (1° grau), 2 (2° grau) e 3
                                 (3° grau)}
               ENDERALUNO: ENDERECO
           fim-registro
    CADASTRO_ALUNOS: arquivo sequencial de ALUNO
fim-ref.
```

g) Para finalizar, monte o algoritmo final.

```
início
    tipo ENDERECO = registro
                        RUA, {Campo para armazenar o endereço
                             do aluno}
                        CIDADE, {Campo para armazenar o nome
                                da cidade onde o aluno reside}
                        UF, {Campo para armazenar a sigla do
                            estado onde o aluno reside}
                        CEP:literal {Campo para armazenar o CEP da
                                    residência do aluno}
                    fim-registro
    ALUNO: registro
               NOME, {Campo para armazenar o nome do aluno}
               SEXO, {Campo para armazenar o sexo do aluno}
               PAI, {Campo para armazenar o nome do pai do aluno}
```

```
|           | MAE: literal {Campo para armazenar o nome da mãe do
|           |                aluno}
|           | FONE, {Campo para armazenar o telefone do aluno. Só
|           |            considera números. Por exemplo: 2363543}
|           | RG, {Campo para armazenar o Registro Geral do aluno.
|           |        Só considera números}
|           | DATANASC, {Campo para armazenar a data de nasci-
|           |                 mento do aluno. Só considera números}
|           | GRAUESC: numérico {Campo para armazenar o grau
|           |                         de escolaridade do aluno. Serão
|           |                         aceitos somente 0 (analfabeto),
|           |                         1 (1° grau), 2 (2° grau) e 3
|           |                         (3° grau)}
|           | ENDERALUNO: ENDERECO
|         fim-registro
| CADASTRO_ALUNOS: arquivo sequencial de ALUNO
| procedimento INCLUSAO
|   | leia "Entre com o nome do aluno:", ALUNO.NOME
|   | se ALUNO.NOME <> "FIM"
|   |   | então leia "Entre com o sexo:", ALUNO.SEXO
|   |   |       leia "Entre com o endereço:",
|   |   |            ALUNO.ENDERALUNO.RUA
|   |   |       leia "Entre com a cidade onde o aluno reside:",
|   |   |            ALUNO.ENDERALUNO.CIDADE
|   |   |       leia "Entre com a sigla do estado onde o aluno reside:",
|   |   |            ALUNO.ENDERALUNO.UF
|   |   |       leia "Entre com o CEP (somente números):",
|   |   |            ALUNO.ENDERALUNO.CEP
|   |   |       leia "Entre com o telefone (somente números):",
|   |   |            ALUNO.FONE
|   |   |       leia "Entre com o nome do pai do aluno:", ALUNO.PAI
|   |   |       leia "Entre com o nome da mãe do aluno:", ALUNO.MAE
|   |   |       leia "Entre com o Registro Geral (RG) do aluno
|   |   |            (somente números):", ALUNO.RG
|   |   |       leia "Entre com a data de nascimento do aluno
|   |   |            (somente números):", ALUNO.DATANASC
|   |   |       leia "Entre com o grau de escolaridade do aluno
|   |   |            (0, 1, 2, 3):", ALUNO.GRAUESC
|   |   |       escreva CADASTRO_ALUNOS.ALUNO
|   | fim-se
| fim-procedimento
| abra CADASTRO_ALUNOS escrita
| repita
|   | INCLUSAO
| até que ALUNO.NOME = "FIM"
| feche CADASTRO_ALUNOS
fim
```

Observe como o algoritmo principal ficou "enxuto". Além disso, todas as alterações na parte de inclusão de dados podem ser feitas no procedimento *INCLUSAO*, sem prejudicar o algoritmo principal.

Veja a resposta para esta atividade na representação Fluxograma na pasta *Atividades*. Além disso, na pasta *Exercícios Propostos*, você encontrará sugestões de exercícios para assimilar os conteúdos abordados nesta atividade.

Procedimentos com parâmetros

Parâmetros

Na técnica de modularização podem ser utilizados pontos de comunicação entre os módulos. Esses pontos, chamados *Parâmetros*, classificam-se em formais e reais.

Parâmetros formais

São os parâmetros declarados com o módulo.

No exemplo da soma de dois números, foram aplicados os parâmetros formais N1 e N2 do procedimento *SOMA*, que serão utilizados para a entrada de dados.

```
procedimento SOMA (N1, N2: numérico)
    TOTAL: numérico
    TOTAL ← N1 + N2
    escreva TOTAL
fim-procedimento
```

Observe como é a utilização do parâmetro formal no algoritmo principal.

```
início
    NUM1, NUM2: numérico
    procedimento SOMA (N1, N2: numérico)
        TOTAL: numérico
        TOTAL ← N1 + N2
        escreva TOTAL
    fim-procedimento
    leia "Os dois números para a soma são:", NUM1, NUM2
    SOMA (NUM1, NUM2)
fim
```

Observe, no algoritmo anterior, a linha *SOMA (NUM1, NUM2)* do procedimento. Nessa etapa do algoritmo, os valores de NUM1 e NUM2 são parâmetros reais.

Parâmetros reais

São os parâmetros que substituem os parâmetros formais no procedimento executado no algoritmo principal.

Passagem de parâmetros

É a substituição do parâmetro formal pelo parâmetro real e pode ser feita de duas formas: por valor ou por referência.

Passagem de parâmetros por valor

No procedimento anterior você encontra um exemplo desse tipo de passagem de parâmetros. Os valores de NUM1 e NUM2 foram armazenados em N1 e N2, quando foi executado o procedimento *SOMA*. Dentro desse procedimento foram manipulados os valores de N1 e N2, ficando preservados os valores de NUM1 e NUM2.

Passagem de parâmetros por referência

Um exemplo desse tipo de passagem de parâmetros é dado no algoritmo a seguir, em que foi utilizado um parâmetro para retornar a soma dos números para o algoritmo principal.

```
início
|
|  NUM1, NUM2, RESULT: numérico
|  procedimento SOMA (N1, N2, TOTAL: numérico)
|  |  TOTAL ← N1 + N2
|  |  retorne TOTAL
|  fim-procedimento
|  leia "Os dois números para a soma são:", NUM1, NUM2
|  SOMA (NUM1, NUM2, RESULT)
|  escreva RESULT
|
fim
```

Observe no exemplo que, por meio do comando *retorne*, o valor resultante da soma foi calculado no procedimento dentro da variável local *TOTAL* e armazenado, no final, na variável global *RESULT*.

Parâmetros de entrada

As variáveis *N1* e *N2* são parâmetros de entrada; por meio delas foram lidos valores para o procedimento.

Parâmetros de saída

A variável local *RESULT* é um parâmetro de saída; por meio dela um valor foi retornado para o algoritmo principal.

Atividade 2 – Trabalhando com procedimentos e parâmetros

Objetivo: • Aprender a utilizar procedimentos e parâmetros.

Tarefa: • Montar um procedimento com parâmetros para calcular a média aritmética das notas de um aluno em uma disciplina.

Problema

Crie um algoritmo, utilizando a técnica de modularização, para calcular a média final de vários alunos de uma disciplina. Devem ser lidas quatro notas em um arquivo sequencial e escrita a media final. Represente o algoritmo em pseudocódigo.

Solucionando o problema

1. A partir do enunciado do problema, defina etapas para a criação do algoritmo.

   - Declare as variáveis.
   - Abra o arquivo.
   - Leia as notas do arquivo.
   - Calcule a média final na disciplina.
   - Grave a média final no arquivo.
   - Feche o arquivo.

   Observe a estrutura do algoritmo de acordo com as etapas anteriores.

```
início
 | Declarar variáveis
 | Abrir arquivo
 | Calcular média final
 | Fechar arquivo
fim
```

2. Faça a modularização da etapa *Calcular média final*, utilizando parâmetros de entrada e saída.

```
procedimento CALCULOMEDIA (N1, N2, N3, N4, RESULT: numérico)
 | RESULT ← (N1 + N2 + N3 + N4) / 4
 | retorne RESULT
fim-procedimento
```

3. Volte ao algoritmo principal e refine a etapa *Abrir arquivo*.

```
ref. Abrir arquivo
 | abra CADASTRO_ALUNOS
fim-ref.
```

4. Leia os dados e grave-os no arquivo. Para ler e calcular as médias de todos os alunos, a leitura deve ser feita até o final do arquivo.

```
ref. Calcular média final
   leia ALUNO.NOTA1
   enquanto CADASTRO_ALUNOS <> FDA faça
      leia ALUNO.NOTA2
      leia ALUNO.NOTA3
      leia ALUNO.NOTA4
      CALCULOMEDIA (ALUNO.NOTA1, ALUNO.NOTA2,
                    ALUNO.NOTA3, ALUNO.NOTA4,
                    ALUNO.MEDIA)
      escreva ALUNO.MEDIA
      leia ALUNO.NOTA1
   fim-enquanto
fim-ref.
```

5. Feche o arquivo.

```
ref. Fechar arquivo
   feche CADASTRO_ALUNOS
fim-ref.
```

6. Declare as variáveis.

```
ref. Declarar variáveis
   ALUNO: registro
              NOTA1,
              NOTA2,
              NOTA3,
              NOTA4,
              MEDIA: numérico
          fim-registro
   CADASTRO_ALUNOS: arquivo sequencial de ALUNO
fim-ref.
```

7. Para finalizar, monte o algoritmo final.

```
início
   ALUNO: registro
              NOTA1,
              NOTA2,
              NOTA3,
              NOTA4,
              MEDIA: numérico
          fim-registro
   CADASTRO_ALUNOS: arquivo sequencial de ALUNO
```

```
    procedimento CALCULOMEDIA (N1, N2, N3, N4, RESULT:
    numérico)
        RESULT ← (N1 + N2 + N3 + N4) / 4
        retorne RESULT
    fim-procedimento
    abra CADASTRO_ALUNOS
    leia ALUNO.NOTA1
    enquanto CADASTRO_ALUNOS <> FDA faça
        leia ALUNO.NOTA2
        leia ALUNO.NOTA3
        leia ALUNO.NOTA4
        CALCULOMEDIA (ALUNO.NOTA1, ALUNO.NOTA2,
                      ALUNO.NOTA3, ALUNO.NOTA4,
                      ALUNO.MEDIA)
        escreva ALUNO.MEDIA
        leia ALUNO.NOTA1
    fim-enquanto
    feche CADASTRO_ALUNOS
fim
```

Módulos funcionais

Função

A função é quase semelhante ao procedimento, ou seja, é um conjunto de comandos para uma tarefa específica referenciada por um nome no algoritmo principal. A diferença é que ela retorna um determinado valor no próprio nome da função. As funções matemáticas que você viu no Capítulo 2 são exemplos de funções.

1. Pseudocódigo

   Veja o exemplo da soma de dois números com uma função sendo aplicada.

```
função SOMA (N1, N2: numérico): numérico
    SOMA ← N1 + N2
fim-função
```

   No algoritmo principal, é utilizada a função *SOMA* para calcular o resultado.

```
início
    NUM1, NUM2, RESULT: numérico
    função SOMA (N1, N2: numérico): numérico
        SOMA ← N1 + N2
    fim-função
    leia "Os dois números para a soma são:", NUM1, NUM2
    RESULT ← SOMA (NUM1, NUM2)
    escreva RESULT
fim
```

Na função você só pode utilizar a passagem de parâmetros por valor, pois ela já é um tipo de passagem de parâmetros por referência.

Sintaxe da função

função <nome da função> (<lista de parâmetros>) : <tipo de variável>

Os termos utilizados nesse tipo de sintaxe são explicados a seguir.

função	Comando referente à função.
<nome da função>	Nome da função que será declarada.
<lista de parâmetros>	Lista dos parâmetros que serão utilizados (se houver).
<tipo de variável>	Tipo da variável que será retornada pela função declarada (numérico, literal, lógico).

2. Fluxograma

   A função é declarada e executada em duas partes. O símbolo representa a chamada da função no módulo principal. Ela é executada separadamente. Observe que o nome da função substitui o comando *início*.

Chamada no módulo principal

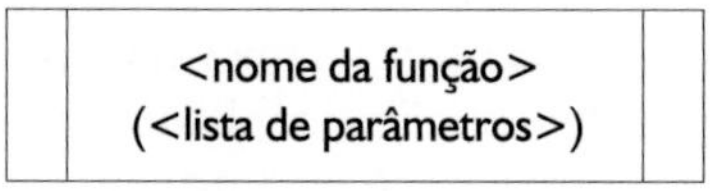

Representação do procedimento

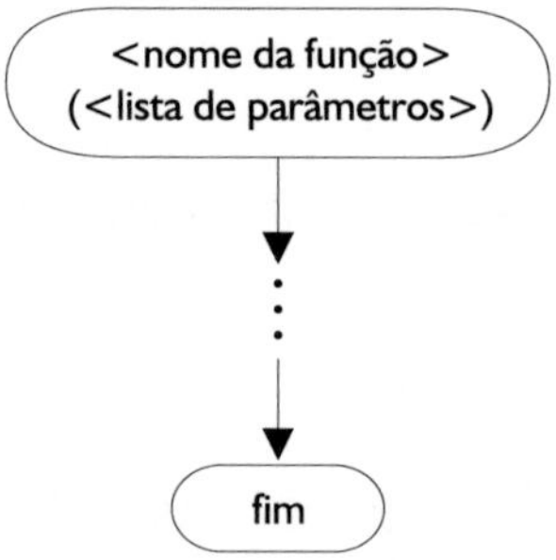

3. Diagrama de Chapin

   Da mesma forma que no fluxograma, o procedimento é declarado e executado separadamente.

Atividade 3 – Trabalhando com funções

Objetivo: • Aprender a utilizar funções.

Tarefa: • Montar uma função para calcular a média aritmética das notas de um aluno em uma disciplina.

Problema

Crie um algoritmo utilizando uma função para calcular a média final de vários alunos de uma disciplina. Deverão ser lidas quatro notas em um arquivo sequencial e escrita a media final. Represente o algoritmo em pseudocódigo.

Solucionando o problema

1. A partir do enunciado do problema, defina etapas para a criação do algoritmo.

   - Declare as variáveis.
   - Abra o arquivo.
   - Leia as notas do arquivo.
   - Calcule a média final na disciplina.
   - Grave a média final no arquivo.
   - Feche o arquivo.

   Observe a estrutura do algoritmo de acordo com as etapas anteriores.

```
início
   | Declarar variáveis
   | Abrir arquivo
   | Ler notas do arquivo
   | Calcular média final
   | Gravar média final
   | Fechar arquivo
fim
```

2. Faça a modularização da etapa *Calcular média final*, utilizando os parâmetros de entrada e saída.

```
função MEDIA (N1, N2, N3, N4: numérico): numérico
   | MEDIA ← (N1 + N2 + N3 + N4) / 4
fim-função
```

3. No algoritmo principal, refine a etapa *Abrir arquivo*.

```
ref. Abrir arquivo
   | abra CADASTRO_ALUNOS
fim-ref.
```

4. Leia os dados e grave-os no arquivo. Para ler e calcular as médias de todos os alunos o arquivo deve ser lido até o final.

```
ref. Calcular média final
  | leia ALUNO.NOTA1
  | enquanto CADASTRO_ALUNOS <> FDA faça
  |   | leia ALUNO.NOTA2
  |   | leia ALUNO.NOTA3
  |   | leia ALUNO.NOTA4
  |   | ALUNO.MEDIA ← MEDIA (ALUNO.NOTA1, ALUNO.NOTA2,
  |   |                      ALUNO.NOTA3, ALUNO.NOTA4)
  |   | escreva ALUNO.MEDIA
  |   | leia ALUNO.NOTA1
  | fim-enquanto
fim-ref.
```

5. Feche o arquivo.

```
ref. Fechar arquivo
  | feche CADASTRO_ALUNOS
fim-ref.
```

6. Declare as variáveis.

```
ref. Declarar variáveis
  | ALUNO: registro
  |          | NOTA1,
  |          | NOTA2,
  |          | NOTA3,
  |          | NOTA4,
  |          | MEDIA: numérico
  |        fim-registro
  | CADASTRO_ALUNOS: arquivo sequencial de ALUNO
fim-ref.
```

7. Para finalizar, monte o algoritmo final.

```
início
  | ALUNO: registro
  |          | NOTA1,
  |          | NOTA2,
  |          | NOTA3,
  |          | NOTA4,
  |          | MEDIA: numérico
  |        fim-registro
  | CADASTRO_ALUNOS: arquivo sequencial de ALUNO
  | função MEDIA (N1, N2, N3, N4: numérico): numérico
  |   | MEDIA ← (N1 + N2 + N3 + N4) / 4
  | fim-função
  | abra CADASTRO_ALUNOS
```

```
    leia ALUNO.NOTA1
    enquanto CADASTRO_ALUNOS <> FDA faça
        leia ALUNO.NOTA2
        leia ALUNO.NOTA3
        leia ALUNO.NOTA4
        ALUNO.MEDIA ← MEDIA (ALUNO.NOTA1, ALUNO.NOTA2,
                             ALUNO.NOTA3, ALUNO.NOTA4)
        escreva ALUNO.MEDIA
        leia ALUNO.NOTA1
    fim-enquanto
    feche CADASTRO_ALUNOS
fim
```

Manipulando vários procedimentos ou várias funções no mesmo algoritmo

Agora que aprendeu a criar procedimentos e funções, você tem ideia do que seja manipular vários procedimentos ou várias funções no mesmo algoritmo. Por exemplo, imagine um algoritmo para controlar os pedidos em um restaurante com várias opções no cardápio. Com certeza, haveria vários comandos *se* para testar cada opção.

Comando *caso*

Para poupar a utilização de vários comandos *se*, existe o comando *caso*, que apresenta uma estrutura de controle de múltipla escolha.

Veja um exemplo de aplicação do comando *caso*.

1. Pseudocódigo

    a) Neste exemplo será criado um algoritmo para controlar as tarefas principais do sistema de fichas para uma agenda desenvolvido no Capítulo 7: cadastro, alteração de dados, exclusão de ficha, consulta de fichas, impressão de fichas, saída do sistema Agenda.

```
início
    OPCAO: literal
    OPCAO ← " "
    enquanto OPCAO <> "6"
        escreva "Menu do Sistema Agenda"
        escreva "1 - Cadastro de Ficha"
        escreva "2 - Alteração de Dados na Ficha"
        escreva "3 - Exclusão de Ficha"
        escreva "4 - Consulta de Ficha"
        escreva "5 - Impressão de Ficha"
        escreva "6 - Saída do Sistema Agenda"
        leia "Digite a opção desejada:", OPCAO
```

```
|  | se OPCAO <> "6"
|  |    então caso OPCAO
|  |    |          | seja "1" faça CADASTRO {Procedimento de cadastro}
|  |    |          | seja "2" faça ALTERACAO {Procedimento de
|  |    |          |                                     alteração}
|  |    |          | seja "3" faça EXCLUSAO {Procedimento de
|  |    |          |                                    exclusão}
|  |    |          | seja "4" faça CONSULTA
|  |    |          | seja "5" faça IMPRESSAO
|  |    |          | senão escreva "Opção inválida! Digite sua opção
|  |    |          |                          novamente!"
|  |    |          fim-caso
|  | fim-se
| fim-enquanto
fim
```

No exemplo anterior foi destacada apenas a parte do algoritmo que envolveu o comando *caso*. Não se esqueça de que no algoritmo principal devem constar todos os procedimentos, com suas variáveis locais e globais, bem como com suas declarações.

A variável *OPCAO* foi declarada como literal, em vez de numérica, para evitar que ocorresse erro caso o usuário digitasse uma letra. A declaração literal aceita qualquer tipo de caractere.

Sintaxe do comando caso

```
caso <variável a ser testada>
|  seja <1° valor a ser testado> faça <comandos>
|       :
|  seja <número do valor a ser testado> faça <comandos>
|  senão <comandos a serem executados caso nenhuma opção sirva>
fim-caso
```

2. Fluxograma

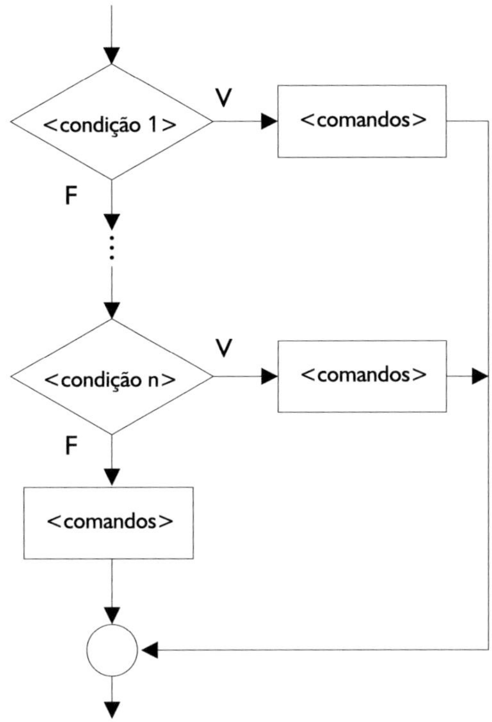

3. Diagrama de Chapin

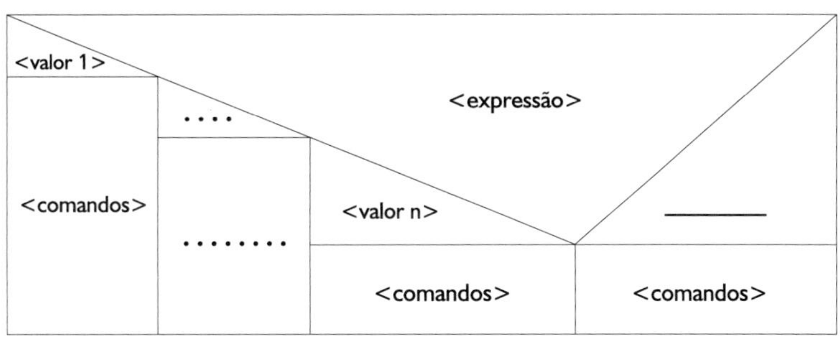

Atividade 4 – Criando menu

Objetivo: • Aprender a utilizar o comando *caso*.

Tarefa: • Montar o menu do cadastro de alunos de um sistema de administração escolar.

Problema

Crie um menu para que o usuário possa escolher uma das seguintes opções do cadastramento de alunos: cadastrar dados, alterar dados, excluir dados, consultar dados, imprimir dados e sair do cadastramento de alunos. Represente o algoritmo em pseudocódigo.

Faça apenas o módulo principal do menu de opções com as devidas chamadas aos procedimentos e/ou funções que executarão as tarefas solicitadas.

Solucionando o problema

1. Fluxograma

a) Como as variáveis são poucas, você pode começar pela etapa *Declarar variáveis*.

```
início
|  Declarar variáveis
```

b) Em seguida, o menu com as opções deve ser exibido. Porém, lembre-se de que essa exibição deve ocorrer repetidas vezes, ou seja, até que o usuário decida sair do programa. Utilize o comando *repita* para inserir as etapas de exibição na estrutura de repetição até que o usuário escolha o número 5.

```
início
|  Declarar variáveis
|  repita
|  |  Exibir menu
```

c) Leia a opção do usuário. Essa etapa também deve estar dentro da estrutura de repetição porque pode ocorrer várias vezes.

```
início
|  Declarar variáveis
|  repita
|  |  Exibir menu
|  |  Ler opção desejada
```

d) Faça a chamada para a execução do procedimento solicitado. Essa etapa deve estar dentro da estrutura de repetição.

```
início
|  Declarar variáveis
|  repita
|  |  Exibir menu
|  |  Ler opção desejada
|  |  Executar o procedimento desejado
```

e) Terminada a execução das etapas, encerre a estrutura de repetição. A interrupção da estrutura de repetição deve ser indicada no menu (etapa *Exibir menu*).

```
início
   Declarar variáveis
   repita
      Exibir menu
      Ler opção desejada
      Executar o procedimento desejado
   até que Opção de sair do algoritmo
fim
```

f) Refine a etapa *Exibir menu.*

```
ref. Exibir menu
   {Escrevendo as opções na tela}
   escreva "Cadastramento de alunos"
   escreva "===== Menu de opções ========="
   escreva "1 - Cadastrar dados"
   escreva "2 - Alterar dados"
   escreva "3 - Excluir dados"
   escreva "4 - Consultar dados"
   escreva "5 - Imprimir dados"
   escreva "6 - Sair do cadastramento de alunos"
fim-ref.
```

g) Refine a etapa *Ler a opção desejada* por meio de um comando de leitura que vai armazenar um valor na variável *OPCAO.*

```
ref. Ler a opção desejada
   leia "Digite a opção desejada:", OPCAO
fim-ref.
```

h) Utilize o comando *caso* para verificar qual foi a opção digitada e realizar a chamada de execução do respectivo procedimento. Porém, antes, verifique se a opção digitada é igual a seis; se for, pule todas as chamadas realizadas pelo comando *caso* e interrompa a estrutura de repetição.

```
ref. Executar o procedimento desejado
   se OPCAO <> 6
      então caso OPCAO
               seja "1" faça CADASTRA_ALUNO {Chama o procedi-
                                              mento de cadastra-
                                              mento de dados}
               seja "2" faça ALTERA_ALUNO {Chama o procedimento
                                            de alteração de dados}
               seja "3" faça EXCLUI_ALUNO {Chama o procedimento
                                            de exclusão de dados}
               seja "4" faça CONSULTA_ALUNO {Chama o procedi-
                                              mento de consulta
                                              de dados}
```

```
|  |        | seja "5" faça IMPRIME_ALUNO {Chama o procedi-
|  |        |                              mento de impressão
|  |        |                              de dados}
|  |        | senão escreva "Opção inválida! Digite novamente!"
|  |        fim-caso
|  fim-se
fim-ref.
```

i) Declare as variáveis. Neste algoritmo, especificamente, utilize apenas uma variável (*OPCAO*). Declare essa variável como literal (apesar de as opções serem números), isso vai evitar que ocorra um erro de lógica (erro não previsto) no algoritmo se o usuário digitar uma letra ou outro caractere. Se a variável for declarada como literal, o usuário poderá digitar qualquer tipo de caractere (letra, número ou caractere especial).

```
ref. Declarar variáveis
|  OPCAO: literal
fim-ref.
```

j) Para terminar, basta montar o algoritmo final. Não se esqueça de substituir a interrupção na estrutura de repetição por OPCAO = "6", como foi definido na etapa *Exibir menu*.

```
início
|  OPCAO: literal
|  repita
|  |  {Escrevendo as opções na tela}
|  |  escreva "Cadastramento de alunos
|  |  ===== Menu de opções =========
|  |          1 - Cadastrar dados
|  |          2 - Alterar dados
|  |          3 - Excluir dados
|  |          4 - Consultar dados
|  |          5 - Imprimir dados
|  |          6 - Sair do cadastramento de alunos"
|  |  leia "Digite a opção desejada:", OPCAO
|  |  se OPCAO <> 6
|  |  |  então caso OPCAO
|  |  |        | seja "1" faça CADASTRA_ALUNO {Chama o proce-
|  |  |        |                               dimento de ca-
|  |  |        |                               cadastramento
|  |  |        |                               de dados}
|  |  |        | seja "2" faça ALTERA_ALUNO {Chama o procedi-
|  |  |        |                            mento de alteração
|  |  |        |                            de dados}
|  |  |        | seja "3" faça EXCLUI_ALUNO {Chama o procedi-
|  |  |        |                            mento de exclusão
|  |  |        |                            de dados}
```

```
|   |   |          | seja "4" faça CONSULTA_ALUNO {Chama o
|   |   |          |                               procedimento
|   |   |          |                               de consulta de
|   |   |          |                               dados}
|   |   |          | seja "5" faça IMPRIME_ALUNO {Chama o procedi-
|   |   |          |                              mento de impres-
|   |   |          |                              são de dados}
|   |   |          | senão escreva "Opção inválida! Digite novamente!"
|   |   |        fim-caso
|   | fim-se
| até que OPCAO = "6"
fim
```

Veja a resposta para esta atividade na representação Fluxograma na pasta *Atividades*. Além disso, na pasta *Exercícios Propostos*, você encontrará sugestões de exercícios para assimilar os conteúdos abordados nesta atividade.

Resumo do capítulo

Termo	Explanação
Programação estruturada	Programação que utiliza técnicas que decompõem a solução de um problema em "blocos" que interagem com um "bloco" principal. Esse tipo de programação desenvolve programas/algoritmos confiáveis, legíveis, de fácil entendimento, flexíveis e de fácil manutenção.
Modularização	Técnica de criação de algoritmos por meio de refinamentos sucessivos que conduz à adoção de módulos.
Módulo	Conjunto de comandos que constitui uma parte de um algoritmo principal com uma tarefa bem definida e independente em relação ao resto do algoritmo. Divide-se em dois tipos: procedimento e função.
Objeto global	Tipo de variável que só pode ser usado em módulos internos a outro módulo do algoritmo onde foi declarado.
Objeto local	Tipo de variável que só pode ser utilizado no módulo do algoritmo onde foi declarado e não possui nenhum significado fora desse módulo.
Procedimento	Conjunto de comandos para uma tarefa específica referenciada por um nome no algoritmo principal.
Função	Conjunto de comandos para uma tarefa específica referenciada por um nome no algoritmo principal, retornando um determinado valor no próprio nome da função.

Procedimento

1. Pseudocódigo

```
procedimento <nome do procedimento>
```

2. Fluxograma

Chamada no módulo principal

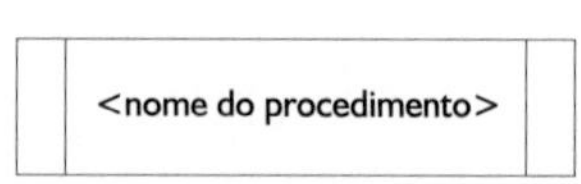

Representação do procedimento

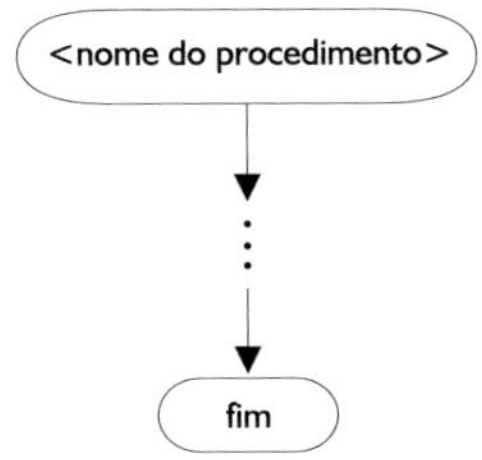

3. Diagrama de Chapin

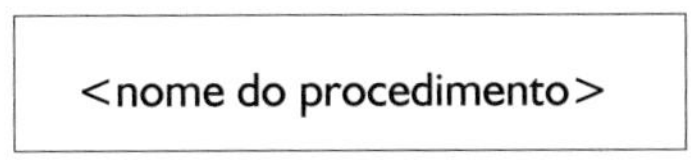

Função

1. Pseudocódigo

   função <nome da função>(<lita de parâmetros>):<tipo de variável>

2. Fluxograma

Chamada no módulo principal

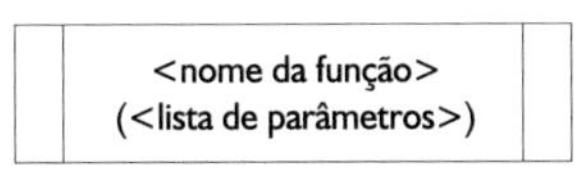

Representação do procedimento

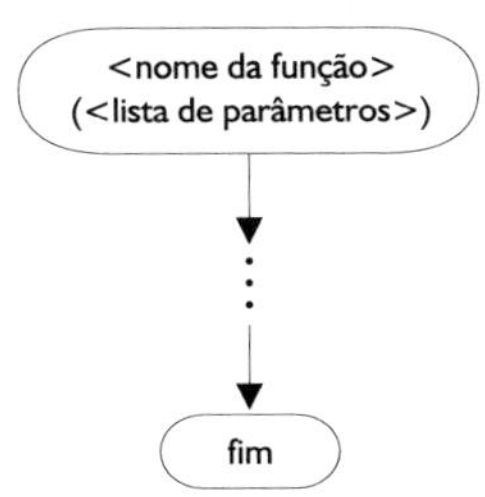

3. Diagrama de Chapin

Comando *caso*

1. Pseudocódigo

```
caso <variável a ser testada>
  | seja <1° valor a ser testado> faça <comandos>
  |      :
  |
  | seja <n° valor a ser testado> faça <comandos>
  | senão <comandos a serem executados caso não sirva nenhuma opção>
fim-caso
```

2. Fluxograma

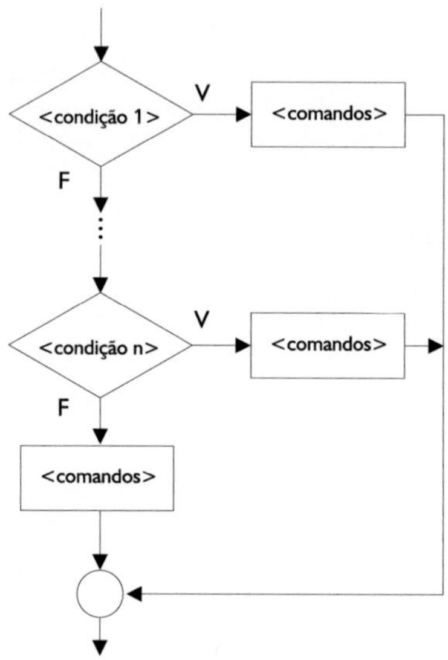

3. Diagrama de Chapin

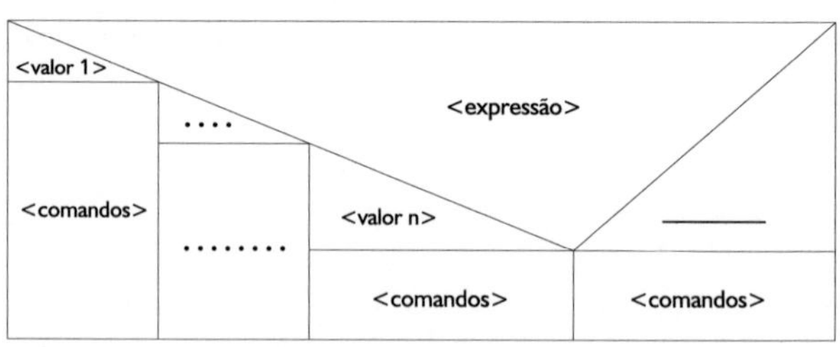

10

Orientação a Objetos

OBJETIVO

- Entender o conceito de Orientação a Objetos
- Entender e aplicar os principais conceitos da programação orientada a objetos

Definição

Neste capítulo, será abordado outro tipo de programação utilizada no desenvolvimento de softwares: a Orientação a Objetos.

A Orientação a Objetos (OO) possui, assim como a Programação Estruturada, conceitos e características bem definidos e importantes na construção de sistemas que a utilizam e que serão demonstrados resumidamente neste capítulo.

Surgida na década de 1960, a OO é um estilo de programação que enfatiza os dados em detrimento das ações, ou seja, seu foco principal está na transposição para um sistema de informação de um contexto específico do mundo real no qual existem objetos que interagem entre si e que possuem características, comportamentos e responsabilidades.

Para exemplificar, um sistema escolar na programação estruturada teria ênfase no desenvolvimento de ações, tais como: cadastrar alunos, montar horários de aula, locar professores em turmas, etc. Porém, esse sistema em OO seria centrado nas informações que existiriam no sistema, ou seja, nas classes e nos objetos (que terão seus conceitos explicados neste capítulo) de alunos, professores, disciplinas e outras necessárias, bem como suas características, seus comportamentos e suas interações.

Pode parecer semelhante, mas não é! O uso dos principais conceitos de OO (objeto, classe, herança, encapsulamento e polimorfismo), que serão mostrados a seguir, faz que essa semelhança torne-se cada vez mais inexistente.

Entretanto, mesmo desenvolvendo uma linguagem de programação orientada a objetos, muitos programadores acabam criando programas estruturados ao invés de orientados a objetos por não terem esse outro "olhar" sobre os dados ou por não saberem aplicar os conceitos de OO quando elaboram suas aplicações.

As vantagens de utilizar a OO são:

- possibilidades de reúso de código;
- facilidade de manutenção; e
- distribuição dos sistemas gerados.

Classe e objeto

O principal conceito de OO nasce da necessidade de transpor um item do mundo real (seja concreto ou abstrato) presente em um contexto específico que será abordado no desenvolvimento de um sistema.

Suponha que você tivesse de criar um jogo de Bicho Virtual (também chamado de Virtual PET ou Tamagotchi). Neste jogo, o jogador terá um animal e deverá fazer com ele várias ações com o objetivo de criá-lo por um determinado tempo. O objetivo é não deixá-lo morrer de fome, cansaço ou sede.

Para construir o jogo usando OO, é preciso imaginar. Imaginar genericamente um animal e não somente um tipo de animal ou apenas o seu animal de estimação.

Pense então nas características principais que gostaria que ele tivesse. Com quais informações você poderia descrever esse animal genérico? Provavelmente seriam: nome, classe, família, idade, cor, tipo de pelagem, cor dos olhos, etc.

Em seguida, determine quais ações seriam executadas por ele. Imagine-se criando situações para o cotidiano desse animal: como nascerá, como morrerá, o que comerá, de que maneira correrá, como dormirá, entre outras situações.

Observe que com essas características e ações, é possível conceituar qualquer animal do mundo real que você queira colocar no jogo. Foi a partir do conhecimento que se tem do animal do mundo real, que foi criada essa descrição de animal para o jogo, ou seja, tem-se a abstração do conceito de animal.

Abstração é o nome dado à técnica de análise de um contexto do mundo real para criar representações no desenvolvimento de soluções informatizadas.

A Abstração é muito importante no desenvolvimento de sistemas, principalmente em OO, pois somente com esta técnica é possível começar a categorizar ou classificar as entidades do contexto do mundo real onde se localiza o problema que será resolvido com os sistemas que serão criados.

É certo que a categorização das entidades existe em razão do problema ou de quem está "olhando" este cenário do mundo real. Por exemplo, se fosse um contexto de um sistema de classificação de animais para um zoológico, provavelmente você teria de imaginar outras ações.

No entanto, se fosse um sistema de controle de gado, provavelmente seriam criadas outras características.

Quando se utiliza esta técnica para classificar as entidades do mundo real, são criadas classes, um conceito básico de OO.

Quando se define as características e ações que especificam qualquer animal para o jogo, cria-se uma classe chamada Animal.

Portanto, conceitua-se CLASSE como o conjunto de um ou mais objetos com as mesmas características e comportamentos, porém distintos entre si.

Para entender este conceito, é necessário explicar a palavra OBJETO presente na definição de Classe e no nome Orientação a Objetos. OBJETO é a representação de qualquer coisa, real ou abstrata, do mundo real que o sistema necessita armazenar ou manipular dados e/ou ações que são feitas por ele.

Com esses dois conceitos, reforça-se que objeto sempre será a instância (elemento) de uma classe. É possível haver classe sem objetos, porém jamais existirá um objeto que não tenha classe.

Inserindo esses conceitos no jogo Virtual PET, você terá a Classe Animal contendo a descrição de animal para o jogo e os objetos Totó, Chiquinho e Amarelo, que são animais do jogador e pertencem à classe Animal do jogo, veja o desenho a seguir.

Para compreender melhor, você pode usar também a analogia de uma casa. A planta baixa de uma casa está para a Classe, assim como uma das casas construídas com esta planta está para o Objeto.

Note que é possível ter uma planta baixa sem necessariamente ser preciso ter a casa construída. Porém, não se pode ter uma casa sem ter no mínimo uma planta baixa ou, pelo menos, um esboço dela.

Atributo e método

Anteriormente foram descritas algumas características para o Animal, quando foi criada a classe Animal: nome, classe, família, idade, cor, tipo de pelagem, cor dos olhos, etc.

Essas características devem estar presentes na classe e são chamadas de Atributos. Veja o diagrama a seguir que representa a classe Animal, assim como alguns atributos:

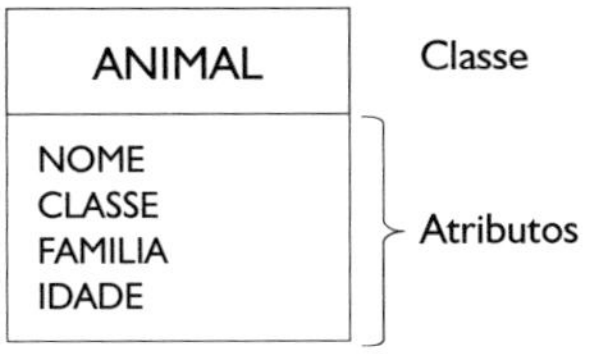

Todo objeto criado a partir da classe Animal deve ter os atributos descritos no diagrama. Porém, os conteúdos desses atributos presentes nos objetos é que os distinguem entre si. Esses conteúdos são chamados de estados.

Veja no diagrama a seguir a representação da classe Animal com seus atributos e três objetos dessa mesma classe com os estados dos seus atributos.

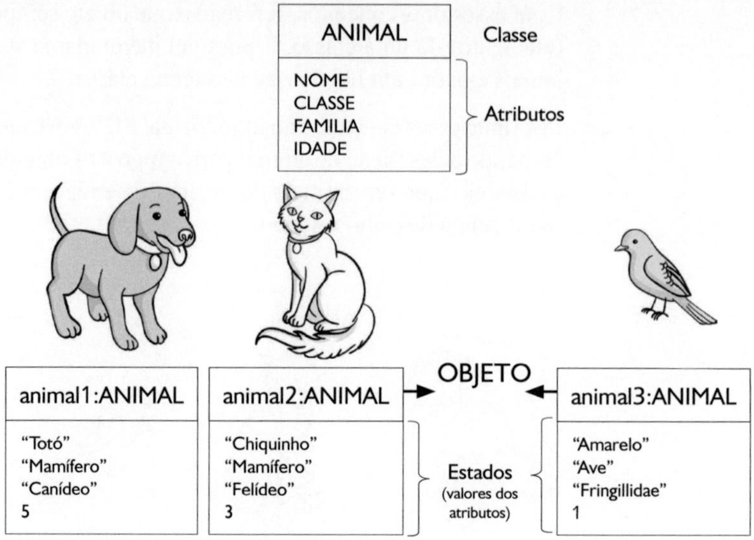

Quando se fala em comportamento na definição de classe, está se referindo a métodos, ou seja, às ações/operações.

No Virtual PET foram escolhidas algumas ações, como: nascer, morrer, comer, correr e dormir. Veja no diagrama a seguir como ficam a classe e os objetos com a inserção dos métodos.

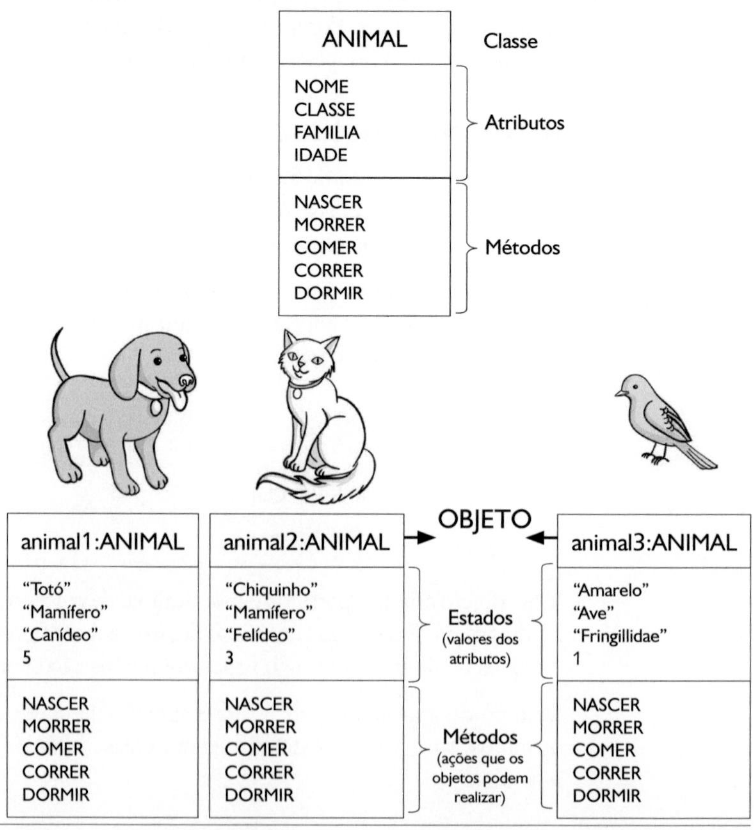

> Para a definição do nome da classe, escolha sempre um substantivo. Mas para a definição dos métodos, use sempre verbos, pois eles sugerem uma ação. Para os atributos, prefira os substantivos, pois eles ressaltam suas características. Entretanto, utilize palavras que expressem ao máximo a possibilidade de estado (atributo) ou ação (método) que será realizada.

Atividade 1 – Identificando classes e objetos

Objetivo: • Fixar a técnica de Abstração para identificar objetos e classes possíveis na criação de um sistema.

Tarefa: • Exercitar a identificação e criação de classes e objetos.

Problema: • Crie um diagrama de classe que represente um sistema de controle de contas correntes bancárias de um correntista.

Solução: • Inicialmente pense em quais objetos (concretos ou abstratos) do mundo real teríamos neste problema. Utilize as seguintes questões para visualizar melhor as definições de uma classe:

- Existem um ou mais desse objeto no contexto do problema?
- Esses objetos possuem os dados necessários para o armazenamento e a solução do problema?
- Esses objetos possuem ações de interação entre si ou com outros para que a solução seja executada?

Provavelmente, baseado nas respostas, seriam encontradas as seguintes entidades do mundo real:

1. Conta: porque seriam movimentadas uma ou várias contas. Para isso, serão necessários os seguintes dados (número, banco, saldo, etc.) para realizar operações de crédito, débito, entre outras operações bancárias nas contas.
2. Banco: porque poderia ter um ou mais bancos a quem essas contas pertencessem.
3. Correntista: porque toda conta pertence a uma pessoa no mundo real e geralmente têm atrelado a elas seus dados (nome, endereço, fone, documento de identidade, CPF, etc.).Com essas entidades do mundo real, você poderá identificar quais seriam as classes, os objetos, atributos e métodos.

Baseado nas definições que foram feitas, fica claro que existem três possíveis classes: Conta, Banco e Correntista.

A primeira é válida como classe, pois contém várias contas que precisam ter seus dados armazenados para que você saiba como controlá-las e quais ações serão necessárias para estabelecer esse controle.

Para a segunda, cabem as perguntas: o sistema serve para o controle de banco ou de contas? Qual o mais importante? Se você chegar à definição que seria o banco, poderá então criar um sistema de controle bancário (controle de bancos e suas contas) e não um sistema de controle de contas bancárias.

Para isso, você precisa saber neste sistema qual o nome e o número do Banco e não quais as contas que o banco possui. É importante também saber: quem são os titulares das contas, quem são os correntistas, que tipo de contas eles têm, quais operações bancárias mais realizam, etc.

Neste caso, é fundamental saber quais são as contas, assim como se os dados necessários sobre o banco entram como atributo da classe Conta (nome e número do Banco).

Finalmente a terceira, se há correntista. Ele somente existirá no sistema se você estiver pensando em desenvolver um sistema que permita que uma ou mais pessoas possam controlar suas próprias contas. Caso contrário, as informações passam a ser também atributos de Conta.

Como o enunciado solicita que seja criado um controle de contas e não o controle de bancos e contas, será diagramada apenas uma classe (CONTA) pensando em um sistema que permita somente um usuário controlar suas contas.

CONTA

Para atributos, liste os possíveis dados que serão necessários armazenar para obter o controle de uma conta bancária.

Para isso, serão necessários os seguintes dados da conta: número, nome da agência, número da agência, nome e número do banco, tipo da conta e saldo.

CONTA
NUMERO NOME AGÊNCIA NUMERO AGÊNCIA NOME BANCO NUMERO BANCO TIPO CONTA SALDO

Observe quais ações os objetos desta classe terão de realizar para que eles possam interagir entre si. Depois, procure escrevê-los com verbos.

Você provavelmente chegará a essas ações básicas feitas em uma conta bancária.

Conta: abrir conta, encerrar conta, consultar o saldo da conta, creditar valor na conta e debitar valor na conta.

Observe como ficará o diagrama final contendo a classe e seus atributos e métodos.

CONTA
NUMERO NOME AGÊNCIA NUMERO AGÊNCIA NOME BANCO NUMERO BANCO TIPO CONTA SALDO
ABRIR ENCERRAR CONSULTAR SALDO CREDITAR DEBITAR

> Caso você tenha chegado a outro diagrama, não se preocupe, pois assim como o algoritmo, há várias formas de solucionar um problema. Nesse momento, não existe somente uma resposta para o problema, o correto é resolver o problema independentemente do diagrama proposto!

Representando OO em pseudocódigo

Até o momento foram apresentados alguns conceitos de OO, porém, antes de prosseguir, é necessário inserir mais algumas informações no jogo Virtual PET.

Serão incluídos mais três atributos: estado, caloria e força. Estes atributos servirão para indicar a saúde do animal. Isto é, ele somente fará algo se estiver vivo (atributo estado), possuir a quantidade de calorias necessárias (atributo caloria) e tiver força para isso (atributo força), como todo animal precisa.

Para entender o real funcionamento de cada método da classe Animal, é necessário:

- **NASCER** – método que pergunta os dados do animal: nome, classe e família, coloca-o em estado vivo, insere uma quantidade de calorias e força e insere 0 como estado do atributo idade.

- **MORRER** – método que coloca o objeto em estado morto.
- **COMER** – método que, caso o animal não esteja cheio e/ou morto, insere determinada quantidade de calorias e retira uma quantidade de força por ter realizado essa ação.
- **CORRER** – método que retira determinada quantidade de calorias e uma quantidade de força por ter realizado essa ação, caso o animal não esteja morto ou exausto.
- **DORMIR** – método que retira determinada quantidade de calorias e insere uma quantidade de força, caso o animal não esteja morto.

Veja como está a classe ANIMAL agora:

ANIMAL
NOME CLASSE FAMILIA IDADE ESTADO CALORIA FORCA
NASCER MORRER COMER CORRER DORMIR

Após detalhar o jogo Virtual PET, o próximo passo será codificar a classe Animal. Para isso, será utilizado o pseudocódigo aprendido ao longo deste livro.

> As representações Fluxograma e Diagrama de Chapin não são utilizadas na construção de soluções que usem OO por não poderem assimilar seus conceitos e por serem exclusivas para a representação de ações/comandos.

A princípio, toda classe precisa ser criada com o comando *classe* seguido posteriormente com o nome da mesma.

```
classe ANIMAL
```

Em seguida, são declarados os atributos e os tipos de constantes que serão armazenados neles (similar ao conceito de variável – ver o Capítulo 2). No caso de estado, será usado o lógico, pois só haverá dois possíveis estados: vivo (verdadeiro) ou morto (falso). Observe:

```
classe ANIMAL
        NOME, CLASSE, FAMILIA : literal
        IDADE,CALORIA,FORCA: numérico
        ESTADO:lógico
```

Finalmente, os métodos. Para escrever os métodos, é necessário entender que todo método possui uma assinatura, ou seja, um cabeçalho que é composto de quatro partes:

- **método** *tipo de retorno(se há)* *nome do método* (parâmetros, se necessário).

```
método NASCER (N, C, F: literal)
   |      NOME ← N
   |      CLASSE ← C
   |      FAMILIA ← F
   |      CALORIA ← 10
   |      FORCA ← 10
   |      ESTADO ← verdadeiro
   |      IDADE ← 0
fim-método
```

Observe que este método receberá informações externas por meio do uso de parâmetros (N, C, F: literal), que serão copiados para os atributos.

No próximo método, haverá a devolução de uma mensagem avisando que o animal morreu. Para isso, você deverá:

1. Indicar na assinatura (cabeçalho) do método qual o tipo de constante que será retornado por ele.
2. Utilizar dentro do método sempre como último comando do método, o comando *retorne* com a constante ou a variável que tenha a constante que você queira retornar. Como este método não terá parâmetros de entrada, ou seja, não receberá informações externas ao método, não será preciso a inclusão de parâmetros na assinatura. Porém, não se esqueça de colocar sempre os parênteses para indicar que se trata de um método.

```
método literal MORRER ( )
   |          ESTADO ← falso
   |          FORCA ← 0
   |          retorne "Morto!"
fim-método
```

Veja a codificação dos demais métodos:

```
método COMER ( )
|       se (ESTADO e FORCA > 10)
|       |   então CALORIA ← CALORIA + 20
|       |         FORCA ← FORCA – 10
|       |   senão se (ESTADO)
|       |        |   então escreva "O animal está morto e não pode
|       |        |   comer!"
|       |        |   senão escreva "O animal está exausto!Faça-o dormir
|       |        |   um pouco!"
|       |        fim-se
|       fim-se
fim-método

método CORRER ( )
|       se (ESTADO e FORCA > 10 e CALORIA > 10 )
|       |   então CALORIA ← CALORIA - 10
|       |         FORCA ← FORCA – 10
|       |   senão se (ESTADO)
|       |        |   então escreva "O animal está morto e não pode
|       |        |   correr!"
|       |        |   senão se (CALORIA < 10)
|       |        |        |   então escreva "O animal está fraco!Faça-o
|       |        |        |   comer!"
|       |        |        |   senão escreva "O animal está exausto!
|       |        |        |   Faça-o dormir!"
|       |        |        fim-se
|       |        fim-se
|       fim-se
fim-método

método DORMIR ( )
|       se (ESTADO)
|       |   então CALORIA ← CALORIA - 5
|       |         FORCA ← FORCA +20
|       |   senão escreva "O animal está morto!"
|       fim-se
fim-método
```

Finalizando, você terá o diagrama e o pseudocódigo da classe ANIMAL, como mostra o exemplo a seguir:

ANIMAL
NOME CLASSE FAMILIA IDADE ESTADO CALORIA FORCA
NASCER( ) MORRER( ) COMER( ) CORRER( ) DORMIR( )

```
classe ANIMAL
|   NOME, CLASSE, FAMILIA : literal
|   IDADE,CALORIA,FORCA: numérico
|   ESTADO:lógico
|   método NASCER (N, C, F: literal)
|   |   NOME ← N
|   |   CLASSE ← C
|   |   FAMILIA ← F
|   |   CALORIA ← 10
|   |   FORCA ← 10
|   |   ESTADO ← verdadeiro
|   |   IDADE ← 0
|   fim-método
|   método literal MORRER ( )
|   |   ESTADO ← falso
|   |   FORCA ← 0
|   |   retorne "Morto!"
|   fim-método
|   método COMER ( )
|   |   se (ESTADO e FORCA > 10)
|   |   |   então CALORIA ← CALORIA + 20
|   |   |         FORCA ← FORCA – 10
|   |   |   senão se (ESTADO)
|   |   |         |   então escreva "O animal está morto e não
|   |   |         |   pode comer!"
|   |   |         |   senão escreva "O animal está exausto!Faça-o
|   |   |         |   dormir um pouco!"
|   |   |     fim-se
|   |   fim-se
|   fim-método
|   método CORRER ( )
|   |   se (ESTADO e FORCA > 10 e CALORIA > 10 )
|   |   |   então CALORIA ← CALORIA - 10
|   |   |         FORCA ← FORCA – 10
|   |   |   senão se (ESTADO)
|   |   |         |   então escreva "O animal está morto e não
|   |   |         |   pode correr!"
```

```
                    senão se (CALORIA < 10)
                          então escreva "O animal está fraco!
                          Faça-o comer!"
                          senão escreva "O animal está
                          exausto! Faça-o dormir!"
                    fim-se
              fim-se
        fim-se
  fim-método
  método DORMIR ( )
        se (ESTADO)
              então CALORIA ← CALORIA - 5
                    FORCA ← FORCA +20
              senão escreva "O animal está morto!"
        fim-se
  fim-método
fim-classe
```

> Na pasta *Exercícios Propostos*, você encontrará sugestões de exercícios para assimilar os conteúdos abordados nesta atividade.

Atividade 2 – Representando classes em pseudocódigo

Objetivo: • Fixar conceitos de OO em pseudocódigo.

Tarefa: • Exercitar a representação de classes presentes em diagramas OO em pseudocódigo.

Problema:

1. Represente um diagrama de classe de um sistema de controle de contas bancárias de um correntista em pseudocódigo.

Solução:

Inicialmente, pegue o diagrama proposto:

CONTA
NUMERO NOME AGÊNCIA NUMERO AGÊNCIA NOME BANCO NUMERO BANCO TIPO CONTA SALDO
ABRIR ENCERRAR CONSULTAR SALDO CREDITAR DEBITAR

Explique quais os tipos de constantes deverão ser armazenados nos atributos e o que farão os métodos. A seguir veja como poderia ser feito.

Atributos:

NUMERO → literal (caso o banco possa ter o dígito x ou se for considerado o -) ou numérico

NOME AGÊNCIA → literal

NUMERO AGÊNCIA → literal (caso o banco possa ter o dígito x ou se for considerado o -) ou numérico

NOME BANCO → literal

NUMERO BANCO → numérico

TIPO CONTA → literal ou numérico (se for classificar em número os tipos. Exemplo: Corrente – 1, Poupança-2,etc.)

SALDO → numérico

Métodos:

ABRIR → método que recebe todos os atributos e insere 0,0 no saldo;

ENCERRAR → método que, caso a conta não tenha saldo negativo, retorna o valor do saldo atual e, logo após, o zera;

CONSULTAR SALDO → método que retorna o valor atual do saldo;

CREDITAR → método que adiciona um valor no saldo atual;

DEBITAR → método que diminui um valor no saldo atual.

Logo após, inicie a declaração da classe e seus atributos.

```
classe CONTA
          NUMERO, NOME_AG,NUMERO_AG,NOME_BCO: literal
          NUMERO_BCO,TIPO_CTA, SALDO: numérico{Valores
          Tipo:Conta Corrente → 1, Conta Poupança → 2 }
```

Agora, comece o desenvolvimento dos métodos:

```
método ABRIR ( NUM, NOMAG, NUMAG,NOMBCO : literal ,
|         NUMBCO,TIPO: numérico)
|         NUMERO ← NUM
|         NOME_AG ← NOMAG
|         NUMERO_AG ← NUMAG
|         NOME_BCO ← NOMBCO
|         NUMERO_BCO ← NUMBCO
|         TIPO_CTA ← TIPO
|         SALDO ← 0,0
fim-método
```

Para o método ENCERRAR, é preciso prestar atenção em duas ressalvas:

1. Primeiro, lembrar que um valor (saldo atual) será retornado. Portanto, é importante apontar isso na assinatura (cabeçalho) do método.
2. Será necessário criar uma variável local para armazenar temporariamente o valor do saldo para depois zerá-lo, pois o comando retorne deverá ser sempre o último comando do método quando ele for retornar algum valor.

```
método numérico ENCERRAR ( )
|       AUX: numérico
|       AUX ← SALDO
|       se (SALDO < 0)
|          | então escreva "Não é possível encerrar esta conta! Saldo
|          |                Negativo!"
|          | senão SALDO ← 0,0
|       fim-se
|       retorne AUX
fim-método

método numérico CONSULTAR_SALDO ( )
|       retorne SALDO
fim-método

método CREDITAR ( VALOR:numérico)
|       SALDO ← SALDO + VALOR
fim-método

método DEBITAR (VALOR:numérico)
|       SALDO ← SALDO - VALOR
fim-método
```

Finalizando, você terá a codificação da classe CONTA descrita no diagrama proposto inicialmente.

```
classe CONTA
|       NUMERO, NOME_AG,NUMERO_AG,NOME_BCO: literal
|       NUMERO_BCO,TIPO_CTA, SALDO: numérico{Valores
|       Tipo:Conta Corrente → 1, Conta Poupança → 2 }
|
|       método ABRIR  ( NUM, NOMAG, NUMAG,NOMBCO : literal ,
|          |      NUMBCO,TIPO: numérico)
|          |      NUMERO ← NUM
|          |      NOME_AG ← NOMAG
|          |      NUMERO_AG ← NUMAG
|          |      NOME_BCO ← NOMBCO
|          |      NUMERO_BCO ← NUMBCO
|          |      TIPO_CTA ← TIPO
|          |      SALDO ← 0,0
|       fim-método
```

```
    método numérico ENCERRAR ( )
        AUX: numérico
        AUX ← SALDO
        se (SALDO < 0)
            então escreva "Não é possível encerrar esta conta!
            Saldo Negativo!"
            senão SALDO ← 0,0
        fim-se
        retorne AUX
    fim-método
    método numérico CONSULTAR_SALDO ( )
        retorne SALDO
    fim-método

    método CREDITAR ( VALOR:numérico)
        SALDO ← SALDO + VALOR
    fim-método

    método DEBITAR (VALOR:numérico)
        SALDO ← SALDO - VALOR
    fim-método
fim-classe
```

Sobrecarga de métodos

Outro conceito importante em OO é a sobrecarga de métodos. Porém, antes de estender este conceito, é necessário saber a definição de dois métodos essenciais em OO: construtor e destruidor.

Esses métodos podem estar presentes (definidos) ou não em uma classe. Porém, se estiverem presentes, serão de execução obrigatória, lógico que em momentos distintos.

Isto é, eles deverão surgir nos momentos de criação ou extinção de um objeto da classe em que os métodos estão especificados.

O método construtor, por exemplo, deverá obrigatoriamente ser executado ao criar (ou instanciar) um objeto da classe.

Já o método destruidor será o oposto, ou seja, deverá ser de execução obrigatória quando o objetivo for destruir (liberar memória) de um objeto.

Esses métodos, apesar de opcionais, são importantes para a definição de classes quando for necessário iniciar ou finalizar valores, bem como ativar outros métodos antes de construir ou destruir totalmente um objeto. Esses métodos estão presentes na maioria das linguagens que suportam o desenvolvimento em OO.

> Os métodos construtor e destruidor devem receber o mesmo nome da classe e não devem retornar nenhum valor. O método destruidor também não pode ter nenhum argumento de entrada.

Por exemplo, na classe animal há dois métodos: nascer e morrer que são candidatos a ser os métodos construtor e destruidor. Para serem estes métodos, é preciso verificar se eles devem ter suas execuções obrigatórias ao iniciar ou finalizar um objeto de classe Animal. Portanto, pense:

1. Para que um animal nasça, você terá obrigatoriamente de executar o método NASCER( ), pois não é possível criar um animal sem seus dados iniciais e sem inserir a idade 0.

Portanto, está claro que o método NASCER( ) terá de ser um método construtor e que deverá ter o mesmo nome da classe. Para isso, sua assinatura passará de:

```
método NASCER (N, C, F: literal)        para
construtor ANIMAL (N, C, F: literal)
```

2. Ao executar o método MORRER( ), você precisará continuar a ter o animal no jogo. Caso contrário, este método poderá ser um candidato a método destruidor.

Se for necessário continuar a ter esse objeto na memória para que o jogo o utilize, então não será necessário recorrer ao método destruidor.

Para este exemplo, o método MORRER( ) será transformado em um método destruidor.

Entretanto, antes será necessário entender que tanto o método construtor quanto o método destruidor não poderão retornar nenhuma informação para o sistema por serem momentos de criação e extinção de objetos que não existiam ou deixarão de existir, mas podem receber dados externos por meio de parâmetros.

Portanto, para tornar o método MORRER ( ) em um método destruidor, você deverá inserir a mensagem "morto!" para dentro do método ao invés de ser uma mensagem retornada. Lembre-se de que o método destruidor não pode ter nenhum retorno em sua assinatura. A codificação deverá ficar igual ao exemplo a seguir:

Antes:

```
método literal MORRER ( )
|      ESTADO ← falso
|      FORCA ← 0
|      retorne "Morto!"
fim-método
```

Depois:

```
destruidor ANIMAL ( )
|      ESTADO ← falso
|      FORCA ← 0
|      escreva "Morto!"
fim-destruidor
```

A classe Animal passará a ser então codificada da seguinte maneira:

ANIMAL
NOME CLASSE FAMILIA IDADE ESTADO CALORIA FORCA
ANIMAL( ) COMER( ) CORRER( ) DORMIR( )

```
classe ANIMAL
    NOME, CLASSE, FAMILIA : literal
    IDADE,CALORIA,FORCA: numérico
    ESTADO:lógico
    construtor ANIMAL (N, C, F: literal)
        NOME ← N
        CLASSE ← C
        FAMILIA ← F
        CALORIA ← 10
        FORCA ← 10
        ESTADO ← verdadeiro
        IDADE ← 0
    fim-construtor
    destruidor ANIMAL ( )
        ESTADO ← falso
        FORCA ← 0
        escreva "Morto!"
    fim-destruidor
    método COMER ( )
        se (ESTADO e FORCA > 10)
            então CALORIA ← CALORIA + 20
                  FORCA ← FORCA – 10
            senão se (ESTADO)
                      então escreva "O animal está morto e não pode
                      comer!"
                      senão escreva "O animal está exausto!Faça-o
                      dormir um pouco!"
              fim-se
        fim-se
    fim-método
    método CORRER ( )
        se (ESTADO e FORCA > 10 e CALORIA > 10 )
            então CALORIA ← CALORIA - 10
                  FORCA ← FORCA – 10
            senão se (ESTADO)
                      então escreva "O animal está morto e não pode
                      correr!"
```

```
|   |   |   |   senão se (CALORIA < 10)
|   |   |   |   |   então escreva "O animal está
|   |   |   |   |   fraco!Faça-o comer!"
|   |   |   |   |   senão escreva "O animal está exausto!
|   |   |   |   |   Faça-o dormir!"
|   |   |   |   fim-se
|   |   |   fim-se
|   |   fim-se
|   fim-método
|   método DORMIR ( )
|   |   se (ESTADO)
|   |   |   então CALORIA ← CALORIA - 5
|   |   |         FORCA ← FORCA +20
|   |   |   senão escreva "O animal está morto!"
|   |   fim-se
|   fim-método
fim-classe
```

Agora que você entendeu e exemplificou esses métodos, será explicado o conceito de Sobrecarga de métodos.

Como a própria grafia já exemplifica, Sobrecarga de métodos é a possibilidade de um mesmo método ter assinaturas e codificações diferentes. Entretanto, deve sempre ter o mesmo nome.

No exemplo Virtual PET, você poderá imaginar que, caso uma pessoa queira criar um cachorro e não saiba sua classe ou família, seria possível simplesmente indicar o nome do cachorro.

Para isso, é necessário que a classe tenha outro método construtor para este caso, ou seja, um construtor para casos em que o animal seja um cachorro. Veja como seria:

```
construtor ANIMAL (N, C, F: literal)
|       NOME ← N
|       CLASSE ← C
|       FAMILIA ← F
|       CALORIA ← 10
|       FORCA ← 10
|       ESTADO ← verdadeiro
|       IDADE ← 0
fim_construtor
```

Para a criação de objetos cachorro, você teria:

```
construtor ANIMAL (N:literal)
|       NOME ← N
|       CLASSE ← "Mamífero"
|       FAMILIA ← "Canídeo"
|       CALORIA ← 10
|       FORCA ← 10
```

```
    |      ESTADO ← verdadeiro
    |      IDADE ← 0
fim-construtor
```

Para isso, então a classe Animal passaria a ter dois métodos construtores: um para qualquer animal e outro específico para cachorros.

A diferenciação para essa chamada está no jogo mostrado a seguir:

Solução final:

ANIMAL
NOME CLASSE FAMILIA IDADE ESTADO CALORIA FORCA
ANIMAL( ) COMER( ) CORRER( ) DORMIR( )

```
classe ANIMAL
|       NOME, CLASSE, FAMILIA : literal
|       IDADE,CALORIA,FORCA: numérico
|       ESTADO:lógico
|   construtor ANIMAL (N, C, F: literal)
|   |       NOME ← N
|   |       CLASSE ← C
|   |       FAMILIA ← F
|   |       CALORIA ← 10
|   |       FORCA ← 10
|   |       ESTADO ← verdadeiro
|   |       IDADE ← 0
|   fim-construtor
|   construtor ANIMAL (N:literal)
|   |       NOME ← N
|   |       CLASSE ← "Mamífero"
|   |       FAMILIA ← "Canídeo"
|   |       CALORIA ← 10
|   |       FORCA ← 10
|   |       ESTADO ← verdadeiro
|   |       IDADE ← 0
|   fim-construtor
|   destruidor ANIMAL ( )
|   |       ESTADO ← falso
|   |       FORCA ← 0
|   |       escreva "Morto!"
|   fim-destruidor
|
```

```
        método COMER ( )
                se (ESTADO e FORCA > 10)
                    então CALORIA ← CALORIA + 20
                          FORCA ← FORCA – 10
                    senão se (ESTADO)
                              então escreva "O animal está morto e não
                              pode comer!"
                              senão escreva "O animal está exausto!Faça-
                              o dormir um pouco!"
                    fim-se
                fim-se
        fim-método
        método CORRER ( )
                se (ESTADO e FORCA > 10 e CALORIA > 10 )
                    então CALORIA ← CALORIA - 10
                          FORCA ← FORCA – 10
                    senão se (ESTADO)
                              então escreva "O animal está morto e não
                              pode correr!"
                              senão se (CALORIA < 10)
                                        então escreva "O animal está
                                        fraco!Faça-o comer!"
                                        senão escreva "O animal está
                                        exausto! Faça-o dormir!"
                                  fim-se
                          fim-se
                fim-se
        fim-método
        método DORMIR ( )
                se (ESTADO)
                    então CALORIA ← CALORIA - 5
                          FORCA ← FORCA +20
                    senão escreva "O animal está morto!"
                fim-se
        fim-método
fim-classe
```

O uso da Sobrecarga de Métodos serve para qualquer método da classe: construtor, destruidor ou um método comum.

Na pasta *Exercícios Propostos*, você encontrará sugestões de exercícios para assimilar os conteúdos abordados nesta atividade.

Atividade 3 – Criando vários métodos com o mesmo nome

Objetivo: • Fixar os conceitos Sobrecarga de Métodos e Métodos Construtor e Destruidor utilizando pseudocódigo.

Tarefa: • Exercitar a viabilidade de construir em pseudocódigo diferentes métodos com a mesma assinatura em uma classe.

Problema:

1. Viabilizar várias possibilidades ao abrir uma conta na classe CONTA codificada em pseudocódigo a seguir:

```
classe CONTA
|    NUMERO, NOME_AG,NUMERO_AG,NOME_BCO: literal
|    NUMERO_BCO,TIPO_CTA, SALDO: numérico{Valores
|    Tipo:Conta Corrente → 1, Conta Poupança → 2 }
|
|    método ABRIR  ( NUM, NOMAG, NUMAG,NOMBCO : literal ,
|    |       NUMBCO,TIPO: numérico)
|    |       NUMERO ← NUM
|    |       NOME_AG ← NOMAG
|    |       NUMERO_AG ← NUMAG
|    |       NOME_BCO ← NOMBCO
|    |       NUMERO_BCO ← NUMBCO
|    |       TIPO_CTA ← TIPO
|    |       SALDO ← 0,0
|    fim-método
|
|    método numérico ENCERRAR ( )
|    |       AUX: numérico
|    |       AUX ← SALDO
|    |       se (SALDO < 0)
|    |       |  então escreva "Não é possível encerrar esta conta!
|    |       |  Saldo Negativo!"
|    |       |  senão SALDO ← 0,0
|    |       fim-se
|    |       retorne AUX
|    fim-método
|    método numérico CONSULTAR_SALDO ( )
|    |  retorne SALDO
|    fim-método
|
|    método CREDITAR ( VALOR:numérico)
|    |  SALDO ← SALDO + VALOR
|    fim-método
|
|    método DEBITAR (VALOR:numérico)
|    |  SALDO ← SALDO - VALOR
|    fim-método
fim-classe
```

Solução:

1. Primeiramente, você precisa verificar quais as possibilidades de abrir uma conta. Imagine duas: uma na qual a pessoa necessita depositar um valor inicial e a outra em que este valor será dispensado.

Portanto, você terá dois métodos ABRIR( ).

2. A segunda questão estará relacionada ao seguinte: para que uma conta exista, será necessário executar o método ABRIR( ).

Se sim, isso o torna um método construtor, ou seja, baseado no item 1, dois métodos construtores.

```
construtor CONTA ( NUM, NOMAG, NUMAG,NOMBCO : literal ,
|               NUMBCO,TIPO: numérico)
|               NUMERO ← NUM
|               NOME_AG ← NOMAG
|               NUMERO_AG ← NUMAG
|               NOME_BCO ← NOMBCO
|               NUMERO_BCO ← NUMBCO
|               TIPO_CTA ← TIPO
|               SALDO ← 0,0
fim-construtor

construtor CONTA ( NUM, NOMAG, NUMAG,NOMBCO : literal ,
|               NUMBCO,TIPO,VALOR: numérico)
|               NUMERO ← NUM
|               NOME_AG ← NOMAG
|               NUMERO_AG ← NUMAG
|               NOME_BCO ← NOMBCO
|               NUMERO_BCO ← NUMBCO
|               TIPO_CTA ← TIPO
|               SALDO ← VALOR
fim-construtor
```

3. Você poderá transformar imediatamente o método ENCERRAR( ) em um método destruidor?

Neste caso não. Relembre que o método destruidor, assim como o método construtor, não deverá retornar nenhum valor e é utilizado especificamente, quando você quer destruir o objeto (desocupar a memória).

Porém, no método ENCERRAR( ), há a possibilidade de o objeto não poder ser destruído (caso da conta negativa).

Para realizar esse exercício, você poderá ter ou não um método destruidor.

Para exercitar esse conceito, será criado um método destruidor que avisará quando a conta for encerrada, antes que o objeto seja destruído.

```
destruidor CONTA ( )
|          escreva "A conta", NUMERO, " acaba de ser encerrada!"
fim-destruidor
```

Código final da classe CONTA

```
classe CONTA
|       NUMERO, NOME_AG,NUMERO_AG,NOME_BCO: literal
|       NUMERO_BCO,TIPO_CTA, SALDO: numérico{Valores
|       Tipo:Conta Corrente → 1, Conta Poupança → 2 }
|
|   construtor CONTA ( NUM, NOMAG, NUMAG,NOMBCO :
|   |       literal , NUMBCO,TIPO: numérico)
|   |       NUMERO ← NUM
|   |       NOME_AG ← NOMAG
|   |       NUMERO_AG ← NUMAG
|   |       NOME_BCO ← NOMBCO
|   |       NUMERO_BCO ← NUMBCO
|   |       TIPO_CTA ← TIPO
|   |       SALDO ← 0,0
|   fim-construtor
|
|   construtor CONTA ( NUM, NOMAG, NUMAG,NOMBCO :
|   |       literal , NUMBCO,TIPO,VALOR: numérico)
|   |       NUMERO ← NUM
|   |       NOME_AG ← NOMAG
|   |       NUMERO_AG ← NUMAG
|   |       NOME_BCO ← NOMBCO
|   |       NUMERO_BCO ← NUMBCO
|   |       TIPO_CTA ← TIPO
|   |       SALDO ← VALOR
|   fim-construtor
|
|   método numérico ENCERRAR ( )
|   |     AUX: numérico
|   |     AUX ← SALDO
|   |     se (SALDO < 0)
|   |     | então escreva "Não é possível encerrar esta conta!
|   |     | Saldo Negativo!"
|   |     | senão SALDO ← 0,0
|   |     fim-se
|   |     retorne AUX
|   fim-método
|
|   método numérico CONSULTAR_SALDO ( )
|   | retorne SALDO
|   fim-método
|
|   método CREDITAR ( VALOR:numérico)
|   | SALDO ← SALDO + VALOR
|   fim-método
|
|   método DEBITAR (VALOR:numérico)
|   | SALDO ← SALDO - VALOR
|   fim-método
```

```
    destruidor CONTA ( )
        escreva "A conta", NUMERO, " acaba de ser encerrada!"
    fim-destruidor
fim-classe
```

Na pasta *Exercícios Propostos*, você encontrará sugestões de exercícios para assimilar os conteúdos abordados nesta atividade.

Herança

Uma das principais características e vantagens da OO é a possibilidade de reutilização de código. Uma das propriedades que as classes podem ter que permite este reúso é a herança.

Assim como no mundo real, as gerações posteriores agregam características e conhecimento das gerações anteriores, a OO prevê que uma classe possa "passar" suas características e comportamentos para outras classes por meio do recurso da herança.

Baseado no exemplo do jogo Virtual PET para criar a simulação de um bicho de estimação virtual, imagine que fosse necessário implementar algumas características especiais para um grupo específico de animais doméstico como aves.

Essa implementação seria a inserção dos atributos COR_PENA (literal) e VOA(lógico) e o método VOAR (método que receberá um número entre 0 e 100 para especificar a distância em metros que será percorrida pela ave, bem como retirará 0,5 caloria, para cada metro, se ela puder voar além de 3 metros do atributo força).

Você poderá até se perguntar: não há outros bichos que voam? Sim, porém para ilustrar este exemplo, serão mencionados apenas animais que voam e são domésticos (apesar de algumas pessoas criarem morcegos, abelhas, etc.).

A partir daí, a primeira menção será inserir imediatamente na classe ANIMAL os atributos e o método solicitados.

Nesse caso, todos os animais passariam a ter essas características e esse método. Isso seria extremamente errado, pois um gato não possui COR_PENA e não pode VOAR.

A outra possibilidade seria criar outra classe chamada AVE e "copiar" todos os atributos e métodos para ela, acrescentando os já solicitados.

Nesse caso, apesar de parecer mais correto, haveria dois inconvenientes.

Primeiro, a necessidade de codificar novamente uma outra classe com toda codificação.

E o segundo, não haveria nenhuma ligação entre as classes. Isso faria com que qualquer alteração importante na classe ANIMAL não fosse refletida na classe AVE.

A herança entre classes resolveria esse problema, pois a Ave não deixou de pertencer à classe. Ela apenas terá a necessidade de especificar mais algumas características e ações. Observe o diagrama a seguir:

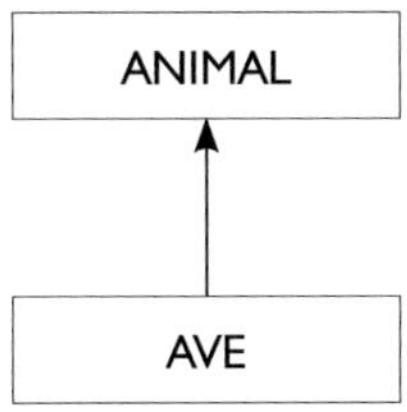

No diagrama, é possível observar que a classe AVE é uma subclasse (também chamada de classe derivada ou classe filha) da superclasse ANIMAL (também chamada de classe base ou classe mãe).

Isso fará com que a classe AVE *herde* todos os atributos e métodos da classe ANIMAL por meio do comando herda_de descrito a seguir nos trechos de códigos das classes.

```
classe ANIMAL
      :
      :
fim_classe

classe AVE herda_de ANIMAL
      :
      :
fim_classe
```

Este comando faz com que não seja necessária a codificação das partes em comum das classes, criando um vínculo entre elas de tal forma que toda alteração feita no código da classe ANIMAL afetará diretamente a classe AVE.

A classe ANIMAL permanecerá inalterada e, na classe AVE, serão inseridos os atributos e o método VOAR como mostra o exemplo a seguir.

```
classe AVE herda_de ANIMAL
|     COR_PENA: literal
|     VOA:lógico
|     método VOAR ( MTS:numérico )
|     |     se (super.ESTADO e VOA e FORCA > = 3 e CALORIA >
|     |     |  MTS*0,5)
|     |     |  então CALORIA ← CALORIA - MTS*0,5
|     |     |        FORCA ← FORCA – 3
|     |     |  senão se (super.ESTADO)
|     |     |     |  então escreva "A ave está morta e não pode
|     |     |     |  voar!"
```

```
|       |       |       |   senão se (não VOA)
|       |       |       |       |   então escreva "A ave não voa!"
|       |       |       |       |   senão escreva "A ave está exausta!
|       |       |       |       |   Faça-a dormir um pouco!"
|       |       |       |   fim-se
|       |       |   fim-se
|       |   fim-se
|   fim-método
fim-classe
```

Note que dentro do código do método VOAR existe uma palavra *super. ESTADO*. Para que isso foi inserido?

No método, é necessário saber se a ave está viva e se esse atributo está presente na codificação da superclasse (ANIMAL).

Portanto, sempre que for necessário inserir/usar um atributo ou método de uma classe superior em uma subclasse, o nome do atributo ou a chamada do método deverá ser precedida da palavra super.

Ainda na classe AVE, é necessária a redefinição do método construtor, pois, além dos atributos anteriores a essa modificação serem inseridos, será importante a inserção de mais dois atributos nesta classe.

Para não ter de repetir o método construtor de ANIMAL em AVE, basta invocar o método construtor de ANIMAL precedido de super. no método construtor de AVE, como mostra o exemplo a seguir.

```
classe AVE herda_de ANIMAL
|   COR_PENA: literal
|   VOA:lógico
|   construtor AVE (NA,CA,FA,CP,V:literal)
|   |   super.ANIMAL (NA, CA, FA)
|   |   COR_PENA ← CP
|   |   VOA ← V
|   fim-construtor
|   método VOAR ( MTS:numérico )
|   |   se (super.ESTADO e VOA e FORCA > = 3 e CALORIA >
|   |   |   MTS*0,5)
|   |   |   então CALORIA ← CALORIA - MTS*0,5
|   |   |         FORCA ← FORCA – 3
|   |   |   senão se (super.ESTADO)
|   |   |   |   então escreva "A ave está morta e não pode
|   |   |   |   voar!"
|   |   |   |   senão se (não VOA)
|   |   |   |   |   então escreva "A ave não voa!"
|   |   |   |   |   senão escreva "A ave está exausta!
|   |   |   |   |   Faça-a dormir um pouco!"
|   |   |   |   fim-se
|   |   |   fim-se
|   |   fim-se
|   fim-método
fim-classe
```

Portanto, ao ser criado um objeto da classe AVE, ele conterá todos os atributos e métodos herdados de ANIMAL, além dos atributos e métodos pertencentes à sua classe (AVE).

Lembre-se também de ressaltar que você poderá criar objetos da classe ANIMAL, que não sejam objetos da classe AVE. Porém, todo objeto pertencente à classe AVE, automaticamente será também um objeto da classe ANIMAL.

Como o objetivo deste livro não é explicar na totalidade os métodos de programação (OO e Estruturada), esses conceitos e aplicações serão abordados apenas para introduzir o assunto.

A seguir, serão mostrados dois diagramas de exemplos de heranças possíveis em OO: Herança Simples ou hierárquica e Herança Múltipla ou em Rede.

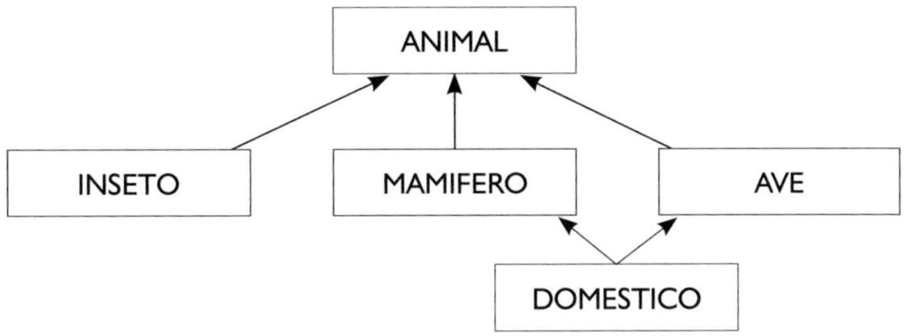

Tipos de herança

Com base no diagrama anterior, é possível verificar os dois tipos de herança. A Herança Simples está presente no fato das classes INSETO, MAMIFERO e AVE "receberem" (herdarem) atributos e/ou métodos da classe ANIMAL. Já a Herança Múltipla pode ser demonstrada com a subclasse DOMESTICO, que herda tanto da classe MAMIFERO quanto da classe AVE.

> Nem todas as linguagens que possibilitam o desenvolvimento utilizando OO suportam a implementação de Herança Múltipla. Porém, a Herança Simples, por ser um conceito fundamental em OO, deverá ser implementada em qualquer linguagem que queira desenvolver sistemas baseados em OO.

Classes abstratas e sobreposição de métodos

Baseado no diagrama anterior, imagine que fosse possível para o jogo Virtual PET criar apenas animais como insetos, mamíferos ou aves.

Como não haveria outros tipos de animais, provavelmente não existiria a classe ANIMAL, pois, se houvesse, o jogo teria a possibilidade de criar um animal que não fosse um desses três animais.

Um exemplo poderia ser aplicado a uma cobra, pois ela não é um inseto, não é um mamífero e tampouco uma ave.

Para achar uma solução para este problema, provavelmente alguns atributos e/ou métodos acabariam tendo de ser repetidos (reescritos) em todas as classes.

Baseado no conceito Abstração, visto no início deste capítulo, é possível criar classes abstratas, ou seja, classes que servirão de base comum (contendo atributos e métodos) a outras classes. Porém, sem a possibilidade de criar objetos (instâncias).

Veja a seguir como ficaria o diagrama, caso o jogo Virtual PET tivesse três classes:

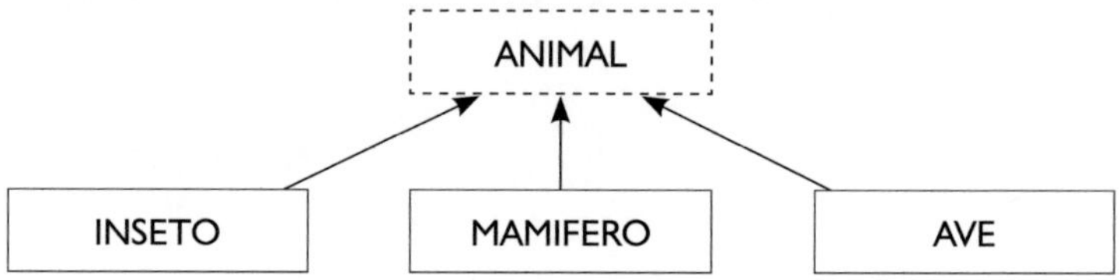

Herança com uso de classe abstrata

Dessa maneira, é possível "trazer" o conceito do mundo real (afinal todos são animais) e aproveitar os atributos e/ou métodos comuns por meio da herança de uma classe abstrata (superclasse) para outras classes concretas (subclasses).

Assim, a codificação da classe ANIMAL desse diagrama seria modificada apenas em dois itens:

1. A linha *classe ANIMAL* seria trocada por *classe abstrata ANIMAL* para indicar que a classe que será especificada após esta linha deverá ser uma classe abstrata.

2. Por não poder criar objetos, neste diagrama a classe abstrata ANIMAL, assim como qualquer classe abstrata, não poderá possuir em hipótese alguma um método construtor e destruidor.

Uma possibilidade de implementação em OO é a sobreposição de métodos. Para exemplificar, imagine que na classe ANIMAL houvesse um método chamado MOSTRA_DADOS.

Este método teria a função de mostrar o estado de todos os atributos da classe ANIMAL. Já na subclasse AVE este método não daria uma boa resposta, pois ela tem dois atributos a mais que a superclasse.

Para corrigir isso, a solução seria criar um método MOSTRA_DADOS para a subclasse AVE. Entretanto, essa saída não é interessante, pois, além de não manter uma assinatura padrão do método nas subclasses, a subclasse herdaria um método que não utilizaria, isto é, daria uma possibilidade de retorno errado, caso ele fosse fosse invocado.

A melhor solução para esse caso seria sobrepor o método MOSTRA_DADOS da superclasse nas subclasses. Para isso, é necessário codificar o método MOSTRA_DADOS nas subclasses, porém mantendo a mesma assinatura do método codificado na superclasse.

Ao fazer isso, o método MOSTRA_DADOS da subclasse AVE se sobreporia ao da superclasse. Dessa maneira, sempre que o sistema invocar esse método em um objeto da subclasse, ele será executado e não o método igual da superclasse que não será reconhecido.

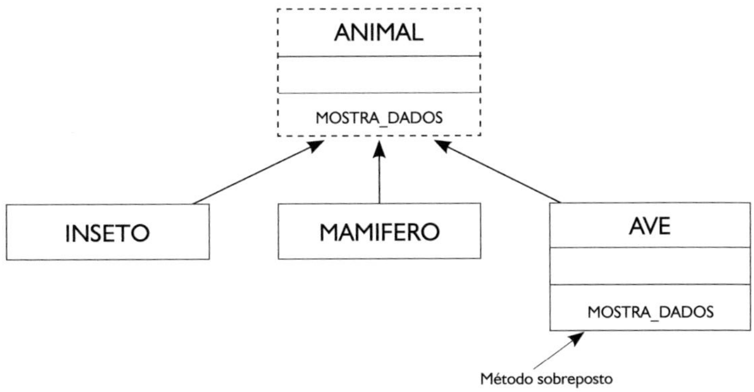

> A sobrecarga de método mantém o mesmo nome do método, porém a assinatura deve ser diferente. A sobreposição de método mantém o mesmo nome e assinatura do método na subclasse.

Atividade 4 – Criando várias classes-filhas

Objetivo: • Fixar os conceitos de Herança Simples, Classe Abstrata e Sobreposição de Métodos utilizando pseudocódigo.

Tarefa: • Exercitar a viabilidade de construir em pseudocódigo diferentes classes, porém com características e comportamentos comuns.

Problema:

Viabilizar a possibilidade de ter dois (e apenas dois) tipos de contas (conta-corrente e conta poupança) a partir da classe CONTA, sendo acrescentado o atributo limite às contas-correntes e o dia do aniversário às contas poupanças. Agora, codifique-as em pseudocódigo.

Solução:

Como há apenas dois tipos de contas bancárias e ambas possuem atributos e métodos em comum, você pode ter somente uma superclasse para elas.

Nesse caso, de acordo com o enunciado, essa superclasse seria abstrata, pois não há hipótese de que essa conta não seja corrente ou poupança.

Outras duas questões são:

1. Acréscimo dos atributos específicos nas subclasses.
2. Mudança do método construtor CONTA( ) para um método intermediário MONTA_CONTA( ) as subclasses, pois uma classe abstrata não pode conter métodos construtores e destruidores em razão de poder criar instâncias (objetos) e, em seguida, destruí-los. Portanto, o diagrama da classe ficaria da seguinte forma:

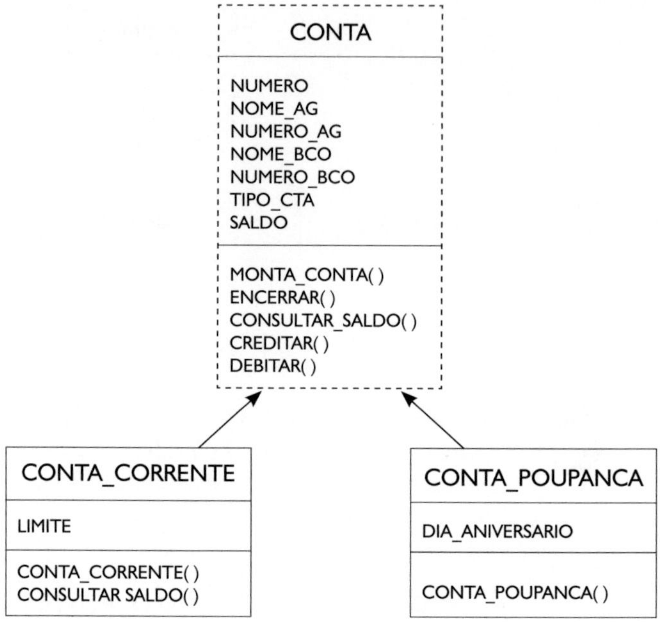

Outra questão para ser resolvida é a exibição do saldo nas contas-correntes, que deverão ser acrescidos do limite.

Porém, não seria interessante montar outro método para isso já que existe um na superclasse que dará o padrão de como chamar o método para mostrar o saldo em subclasses de CONTA.

Por outro lado, não é interessante ter dois métodos CONSULTAR_SALDO (um herdado da superclasse e outro construído para acrescentar o limite) na subclasse CONTA_CORRENTE.

No pseudocódigo da classe CONTA será necessário apenas alterar a linha classe CONTA para classe abstrata CONTA, bem como fazer a alteração do nome do método construtor para MONTA_CONTA( ).

```
classe abstrata CONTA
|      :
|      :
|      método MONTA_CONTA ( NUM, NOMAG,
|        |       NUMAG,NOMBCO : literal , NUMBCO,TIPO: numérico)
```

```
|       |  :
|       |  :
|       |  :
|   fim-método
|   método MONTA_CONTA( NUM, NOMAG, NUMAG,NOMBCO :
|       |      literal , NUMBCO,TIPO,VALOR: numérico)
|       |  :
|       |  :
|       |  :
|   fim-método
fim-classe
```

Essas subclasses ficarão com os seguintes pseudocódigos:

```
classe CONTA_CORRENTE herda_de CONTA
|   LIMITE: numérico

|   construtor CONTA_CORRENTE (NU, NOAG, NUAG,NOBCO :
|   |  literal, NUBCO,TCTA,LMTE: numérico)
|   |      super.MONTA_CONTA(NU,NOAG,NUAG,NOBCO,
|   |      NUBCO,TCTA)
|   |      LIMITE ← LMTE
|   fim-construtor

|   construtor CONTA_CORRENTE(NU, NOAG, NUAG,NOBCO :
|   |  literal, NUBCO,TCTA,VL,LMTE: numérico)
|   |      super.MONTA_CONTA(NU,NOAG,NUAG,NOBCO,
|   |      NUBCO,TCTA,VL)
|   |      LIMITE ← LTME
|   fim-construtor

|   método numérico CONSULTAR_SALDO ( )
|   |      AUX:numérico
|   |      retorne AUX
|   fim-método

|   destruidor CONTA_CORRENTE ( )
|   |      escreva "A conta corrente ", super.NUMERO, " acaba de
|   |      ser encerrada!"
|   fim-destruidor
fim-classe

classe CONTA_POUPANCA herda_de CONTA
|   DIA_ANIVERSARIO: numérico

|   construtor CONTA_POUPANCA (NU, NOAG, NUAG,NOBCO :
|   |  literal, NUBCO,TCTA,DIA: numérico)
|   |      super.MONTA_CONTA(NU,NOAG,NUAG,NOBCO,
|   |      NUBCO,TCTA)
|   |      DIA_ANIVERSARIO ← DIA
|   fim-construtor
```

```
    construtor CONTA_POUPANCA (NU, NOAG, NUAG,NOBCO :
        literal, NUBCO,TCTA,VL,DIA: numérico)
            super.MONTA_CONTA(NU,NOAG,NUAG,NOBCO,
            NUBCO,TCTA,VL)
            DIA_ANIVERSARIO ← DIA
    fim-construtor

    destruidor CONTA_POUPANCA ( )
            escreva "A conta poupança ", super.NUMERO, " acaba
            de ser encerrada!"
    fim-destruidor
fim-classe
```

> Na pasta *Exercícios Propostos*, você encontrará sugestões de exercícios para assimilar os conteúdos abordados nesta atividade.

Encapsulamento

Em OO as invocações de atributos e métodos entre objetos da mesma classe ou de classes diferentes é que fazem com que a solução tecnológica proposta seja realizada.

Entretanto, alguns atributos e métodos são muito importantes e precisam ser protegidos para evitar que sejam acessados ou usados diretamente pelo sistema, mas somente por meio de operações cuja finalidade seja a manipulação desses dados.

Para executar essa tarefa, a OO possui o conceito de Encapsulamento, que consiste em ocultar (encapsular – colocar em "cápsulas") dados – atributos ou métodos – dentro das classes, permitindo que eles sejam manipulados somente por operações (métodos) especializadas ou dedicadas a esse fim.

Voltando ao jogo Virtual PET, imagine que algum método de um objeto da classe ANIMAL ou de outra classe alterasse o atributo ESTADO (vivo ou morto) de um objeto ANIMAL sem executar o método destruidor.

Se isso ocorresse, causaria um erro enorme porque passaria a existir um animal morto-vivo, ou seja, passaria a existir o atributo ESTADO, indicando morto (falso) com valores nos atributos FORCA e CALORIA. Para que não ocorra este erro, basta encapsular o atributo. Os encapsulamentos prováveis em OO são:

- **Público**: o atributo ou método é visível em todas as classes, portanto toda e qualquer outra classe poderá visualizar ou modificar o valor do atributo ou invocar o método;
- **Privado**: o atributo ou método não é visível a nenhuma classe, somente aos métodos presentes na classe que o contenha;
- **Protegido**: o atributo ou método é visível a qualquer subclasse descente e aos métodos dela e dos seus descentes.

Para representar no diagrama de classes, a maioria das notações utilizam os caracteres + (público), - (privado) e * (protegido) na frente do atributo ou método que será encapsulado.

A ausência de qualquer desses sinais torna o atributo ou método público. No pseudocódigo, o encapuslamento é feito das seguintes maneiras:

Atributo:

<público / privado / protegido> <nome do atributo> : <tipo do atributo>

Exemplos:

público NOME:literal

privado SENHA:numérico

protegido VALOR:numérico

Método:

método <público / privado / protegido> <....restante da assinatura do método>

Exemplos:

método público IMPRIMIR( )

método privado numérico CALCULAR_SALARIO(ID:numérico)

método protegido VERIFICAR( )

> Em pseudocódigo também vale a seguinte regra: se o tipo de ocultação do método não estiver escrito, ele será considerado um método público.

No caso da classe ANIMAL, o pseudocódigo teria a linha a seguir alterada para solucionar o problema com o atributo ESTADO:

ESTADO:lógico   para   privado ESTADO:lógico

Geralmente os desenvolvedores que utilizam a OO têm como praxe colocar todos os atributos de uma classe como privados e o acesso a eles (iniciação/alteração ou exibição/recuperação) em métodos públicos, preservando-os, dessa maneira, do acesso direto.

Além disso, o código passa a ter fácil manutenção, pois, caso seja alterado o nome de algum atributo, não será necessário modificá-lo em todas as outras classes que o acessam diretamente, mas apenas o método presente na classe do atributo que é responsável por esta ação. Geralmente esses métodos são chamados de Método Modificador.

Veja a seguir como seria o uso deste recurso na classe ANIMAL.

```
classe ANIMAL
|   privado NOME, CLASSE, FAMILIA : literal
|   privado IDADE,CALORIA,FORCA: numérico
|   privadoESTADO:lógico
|   :
|   :
|   método público INSERIR_NOME(N:literal)
|   | NOME ← N
|   fim-método
|
|   método público INSERIR_CLASSE(C:literal)
|   | CLASSE ← C
|   fim-método
|
|   método público INSERIR_FAMILIA(F:literal)
|   | FAMILIA ← F
|   fim-método
|
|   método público  literal OBTER_NOME( )
|   | retorne NOME
|   fim-método
|
|   método público  literal OBTER_CLASSE( )
|   | retorne CLASSE
|   fim-método
|
|   método público literal OBTER_FAMILIA( )
|   | retorne FAMILIA
|   fim-método
|   :
|   :
fim-classe
```

O último conceito importante que será abordado neste capítulo é o Polimorfismo. A palavra significa: POLI (várias) e MORFISMO (formas), ou seja, é a possibilidade de realizar uma tarefa de diferentes maneiras.

Quando objetos de diferentes tipos (porém relacionados em uma mesma hierarquia de classe) são capazes de invocar um mesmo método, mas produzindo resultados diferentes. Uma das possibilidades de verificar a presença do polimorfismo é a sobrecarga de métodos que foi mostrado anteriormente.

Atividade 5 – Protegendo dados

Objetivo: • Revisar o conceito de Encapsulamento usando pseudocódigo.

Tarefa: • Exercitar a viabilidade de construir, em pseudocódigo, códigos que protejam atributos e/ou métodos de acessos externos.

Problema:

Proteger os dados das classes do Sistema de Controle de Contas bancárias de acesso externo. Codifique-as em pseudocódigo.

Solução:

A solução para este problema é a utilização do encapsulamento. Primeiramente, você declarará os métodos de acesso (público, protegido ou privado) dos atributos e, em seguida, criará os métodos modificadores dos mesmos.

```
classe abstrata CONTA
    | protegido NUMERO, NOME_AG,NUMERO_AG,NOME_BCO:
    | literal
    | protegido NUMERO_BCO,TIPO_CTA, SALDO: numérico
    |
    | método público MONTA_CONTA(NUM,NOMAG,NUMAG,
    |   | NOMBCO:literal,NUMBCO,TIPO: numérico)
    |   |       NUMERO ← NUM
    |   |       NOME_AG ← NOMAG
    |   |       NUMERO_AG ← NUMAG
    |   |       NOME_BCO ← NOMBCO
    |   |       NUMERO_BCO ← NUMBCO
    |   |       TIPO_CTA ← TIPO
    |   |       SALDO ← 0,0
    | fim-método
    |
    | método público MONTA_CONTA(NUM,NOMAG,NUMAG,NO
    |   | MBCO:literal,NUMBCO,TIPO,VALOR: numérico)
    |   |     NUMERO ← NUM
    |   |     NOME_AG ← NOMAG
    |   |     NUMERO_AG ← NUMAG
    |   |     NOME_BCO ← NOMBCO
    |   |     NUMERO_BCO ← NUMBCO
    |   |     TIPO_CTA ← TIPO
    |   |     SALDO ← VALOR
    | fim-método
    |
    | método público INSERIR_NUMERO( NUM:numérico)
    |   | NUMERO ← NUM
    | fim-método
    |
    | método público INSERIR_NOMEAG( NOMAG:numérico)
    |   | NOME_AG ← NOMAG
    | fim-método
    |
    | método público INSERIR_NUMEROAG( NUMAG:numérico)
    |   | NUMERO_AG ← NUMAG
    | fim-método
    |
    | método público INSERIR_NOMEBCO( NOMBCO:numérico)
    |   | NOME_BCO ← NOMBCO
    | fim-método
```

```
método público INSERIR_NUMEROBCO( NUMBCO:numérico)
  | NUMERO_BCO ← NUMBCO
fim-método

método público INSERIR_TIPOCTA (TIPO:numérico)
  | TIPO_CTA ← TIPO
fim-método

método público numérico OBTER_NUMERO( )
  | retorne NUMERO
fim-método

método público numérico OBTER_NOMEAG( )
  | retorne NOME_AG
fim-método

método público numérico OBTER_NUMEROAG( )
  | retorne NUMERO_AG
fim-método

método público numérico OBTER_NOMEBCO( )
  | retorne NOME_BCO
fim-método

método público numérico OBTER_NUMEROBCO( )
  | retorne NUMERO_BCO
fim-método

método público numérico OBTER_TIPOCTA ( )
  | retorne TIPO_CTA
fim-método

método público numérico ENCERRAR ( )
  | AUX: numérico
  | AUX ← SALDO
  | se (SALDO < 0)
  |   | então escreva "Não é possível encerrar esta conta! Saldo
  |   | Negativo!"
  |   | senão SALDO ← 0,0
  | fim-se
  | retorne AUX
fim-método

método público numérico CONSULTAR_SALDO ( )
  | retorne SALDO
fim-método

método público CREDITAR ( VALOR:numérico)
  | SALDO ← SALDO + VALOR
fim-método

método público DEBITAR (VALOR:numérico)
  | SALDO ← SALDO - VALOR
fim-método
```

```
    destruidor CONTA ( )
    |  escreva "A conta ", NUMERO, " acaba de ser encerrada!"
    fim-destruidor
fim-classe

classe CONTA_CORRENTE herda_de CONTA
    privado LIMITE: numérico

    construtor CONTA_CORRENTE (NU, NOAG, NUAG,NOBCO :
    |  literal, NUBCO,TCTA,LMTE: numérico)
    |       super.MONTA_CONTA(NU,NOAG,NUAG,NOBCO,
    |       NUBCO,TCTA)
    |       LIMITE ← LMTE
    fim-construtor

    construtor CONTA_CORRENTE(NU, NOAG, NUAG,NOBCO :
    |  literal, NUBCO,TCTA,VL,LMTE: numérico)
    |       super.MONTA_CONTA(NU,NOAG,NUAG,NOBCO,
    |       NUBCO,TCTA,VL)
    |       LIMITE ← LTME
    fim-construtor

    método público INSERIR_LIMITE ( LTME:numérico)
    |       LIMITE ← LTME
    fim-método

    método público numérico OBTER_LIMITE ( )
    |       retorne LIMITE
    fim-método

    método público numérico CONSULTAR_SALDO ( )
    |       AUX:numérico
    |       AUX ← super.SALDO + LIMITE
    |       retorne AUX
    fim-método

    destruidor CONTA_CORRENTE ( )
    |       escreva "A conta corrente ", super.NUMERO, " acaba
    |       de ser encerrada!"
    fim-destruidor
fim-classe

classe CONTA_POUPANCA herda_de CONTA
    privado DIA_ANIVERSARIO: numérico

    construtor CONTA_POUPANCA (NU, NOAG, NUAG,NOBCO :
    |  literal, NUBCO,TCTA,DIA: numérico)
    |       super.MONTA_CONTA(NU,NOAG,NUAG,NOBCO,
    |       NUBCO,TCTA)
    |       DIA_ANIVERSARIO ← DIA
    fim-construtor
```

```
    construtor CONTA_POUPANCA (NU, NOAG, NUAG,NOBCO :
        literal, NUBCO,TCTA,VL,DIA: numérico)
            super.MONTA_CONTA(NU,NOAG,NUAG,NOBCO,
            NUBCO,TCTA,VL)
            DIA_ANIVERSARIO ← DIA
    fim-construtor
    método público INSERIR_DIA_ANIVERSARIO ( DIA:numérico)
            DIA_ANIVERSARIO ← DIA
    fim-método

    método público numérico OBTER_DIA_ANIVERSARIO ( )
            retorne DIA_ANIVERSARIO
    fim-método

    destruidor CONTA_POUPANCA ( )
            escreva "A conta poupança" , super.NUMERO, "acaba
            de ser encerrada!"
    fim-destruidor
fim-classe
```

> Na pasta *Exercícios Propostos*, você encontrará sugestões de exercícios para assimilar os conteúdos abordados nesta atividade.

Sistema em OO

Para concluir este capítulo introdutório de OO, será mostrada a finalização do sistema Virtual PET. Porém, vale ressaltar que um exemplo simples e que pode ser largamente desenvolvido e melhorado, inclusive com a aplicação de mais recursos de OO que você poderá pesquisar e aprender.

Para finalizar, você será responsável pela criação de um animal. Neste caso, apenas como exemplo, você utilizará as duas classes ANIMAL e AVE.

Antes de mostrar o código do sistema, é necessário que você aprenda duas coisas:

1. Como criar objetos?
2. Como chamar (invocar) atributos ou métodos de um objeto?

Similar a uma variável do tipo registro, você terá uma referência para um objeto, ou seja, ao criar um objeto a partir de uma classe, é necessário "prendê-lo" a uma referência para que seja possível o acesso aos atributos ou à invocação dos métodos do objeto. É como se fosse um peso (referência) preso ao cordão de um balão (objeto).

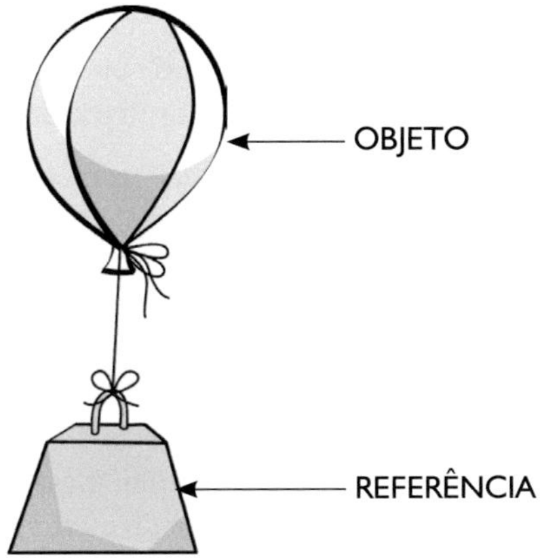

É importante frisar que você poderá ter várias referências (pesos) à espera de um objeto (balão), porém um objeto (balão) sempre necessitará de uma referência para não se perder na memória (o balão se perder no céu).

Para criar uma referência, siga o exemplo a seguir:

<Classe> <nome da referência>

Após criar a referência, é possível imaginar um objeto. Para isso, você utilizará o comando **novo**, associando a referência que será responsável por acionar os atributos ou métodos deste objeto.

<nome da referência> ← novo <método construtor da classe>

Você terá outra possibilidade para construir a referência e a ligação entre a mesma e o objeto em só comando. Veja:

<Classe> <nome da referência> : novo <método construtor da classe>

> As linhas de código para a criação da referência e do objeto, se forem feitas separadamente, podem estar perto ou longe, porém lembre-se sempre de que não se pode criar um objeto sem antes ter uma referência.

Caso a classe do objeto que será criado não tenha método construtor, basta você inserir o nome da classe precedido de parênteses, como, por exemplo: PESSOA VIZINHO : novo PESSOA( ).

Assim como uma variável, você poderá trocar as referências de objetos. Veja os códigos a seguir:

```
PESSOA X,Y
X ← novo PESSOA( )
Y ← novo PESSOA ( )
```

Na primeira linha foram criadas duas referências para objetos da classe Pessoa. Nas linhas 2 e 3 deste código, foram criados dois objetos distintos da classe e associados às referências X (objeto 1) e Y (objeto 2) cada um.

Entretanto, se na próxima linha houvesse o código Y ← X, as referências X e Y estariam associadas anteriormente ao objeto 1, que anteriormente era associado somente à referência X.

O objeto 2 seria "perdido" na memória, caso não fosse inserido em uma variável (como, por exemplo, vetor de objetos PESSOA) ou ligado à outra referência.

Como chamar (invocar) atributos ou métodos de um objeto?

Como você estudou no início deste capítulo, a execução das aplicações em OO ocorre pela troca de mensagens entre os objetos de classes.

Portanto, depois de criados referências e objetos, é necessário que você invoque os métodos e/ou acesse os atributos desses métodos.

Para chamar um método pertencente a um objeto ou acessar um atributo do mesmo, basta você colocar o nome da referência seguido de . (ponto) e o nome do atributo ou método.

Caso seja um método, você não deverá esquecer de inserir entre parênteses os dados de entrada necessários para a sua execução, ou parênteses em branco para indicar que é um método sem entrada de dados.

Observe os exemplos a seguir:

```
    PESSOA X = novo PESSOA( )
          :
    escreva X.NOME    {escrevendo o estado do atributo NOME do
objeto referenciado por X}
    X.INSERIR_FONE("3236-2200"){acionando o método modificador
do atributo FONE do objeto referenciado por X }
    escreva X.MOSTRA_FONE( ) {escrevendo o valor retornado pelo
método MOSTRA_FONE( ) do objeto referenciado por X}
```

Agora que você já conhece os últimos conceitos sobre o uso de OO no desenvolvimento de sistemas, continuará a aprender como descrever o sistema Virtual PET.

O sistema que você criará a seguir será simples e servirá apenas para demonstrar o conceito de OO.

O sistema Virtual PET poderá ser confeccionado em uma ou mais classe, ou seja, se você tiver na classe Animal o método principal que gera a aplicação, dirá que essa classe é uma classe de definição e aplicação (possui as definições – atributos e métodos – e a aplicação – o método principal que tem a responsabilidade de executar o sistema).

Porém, você poderá ter duas classes: Animal e Virtual PET, sendo a primeira uma classe de definição e a segunda de aplicação.

No exemplo a seguir serão mostradas ambas as possibilidades.

Primeira possibilidade: três classes, duas de definição (ANIMAL e AVE) e uma de aplicação (VIRTUAL PET). Veja o exemplo a seguir:

```
classe ANIMAL
|   protegido NOME, CLASSE, FAMILIA : literal
|   protegido IDADE,CALORIA,FORCA: numérico
|   protegido ESTADO:lógico
|   construtor ANIMAL (N, C, F: literal)
|   |       NOME ← N
|   |       CLASSE ← C
|   |       FAMILIA ← F
|   |       CALORIA ← 10
|   |       FORCA ← 10
|   |       ESTADO ← verdadeiro
|   |       IDADE ← 0
|   fim-construtor
|   destruidor ANIMAL ( )
|   |       ESTADO ← falso
|   |       FORCA ← 0
|   |       escreva "Morto!"
|   fim-destruidor
|   método público INSERIR_NOME (N: literal)
|   | NOME ← N
|   fim-método
|   método público INSERIR_CLASSE (C: literal)
|   | CLASSE ← C
|   fim-método
|   método público INSERIR_FAMILIA (F: literal)
|   | FAMILIA ← F
|   fim-método
|   método público literal OBTER_NOME ( )
|   | retorne NOME
|   fim-método
|   método público literal OBTER_ESTADO ( )
|   | retorne ESTADO
|   fim-método
|   método público literal INSERIR_CLASSE ( )
|   | retorne CLASSE
|   fim-método
|   método público literal INSERIR_FAMILIA ( )
|   | retorne FAMILIA
|   fim-método
|   método público COMER ( )
|   | se (ESTADO e FORCA > 10)
|   | | então CALORIA ← CALORIA + 20
|   | |       FORCA ← FORCA – 10
|   | | senão se (ESTADO)
|   | |       | então escreva "O animal está morto e não pode
|   | |       | comer!"
|   | |       | senão escreva "O animal está exausto!Faça-o
|   | |       | dormir um pouco!"
|   | |   fim-se
|   | fim-se
|   fim-método
```

```
        método público CORRER ( )
            se (ESTADO e FORCA > 10 e CALORIA > 10 )
                então CALORIA ← CALORIA - 10
                      FORCA ← FORCA – 10
                senão se (ESTADO)
                        então escreva "O animal está morto e não pode
                        correr!"
                        senão se (CALORIA < 10)
                                então escreva "O animal está
                                fraco!Faça-o comer!"
                                senão escreva "O animal está exausto!
                                Faça-o dormir!"
                        fim-se
                fim-se
            fim-se
        fim-método
        método público DORMIR ( )
            se (ESTADO)
                então CALORIA ← CALORIA - 5
                      FORCA ← FORCA +20
                senão escreva "O animal está morto!"
            fim-se
        fim-método
fim-classe

classe AVE herda_de ANIMAL
        privado COR_PENA: literal
        privado VOA:lógico
        construtor AVE (NA,CA,FA,CP,V:literal)
            super.ANIMAL (NA, CA, FA)
            COR_PENA ← CP
            VOA ← V
        fim-construtor
        método público INSERIR_COR_PENA(CP:literal)
            COR_PENA ← CP
        fim-método
        método público literal OBTER_COR_PENA( )
            retorne COR_PENA
        fim-método
        método público INSERIR_VOA(V:lógico)
            VOA ← V
        fim-método
        método público lógico OBTER_VOA( )
            retorne VOA
        fim-método
        método público VOAR ( MTS:numérico )
                se (super.ESTADO e VOA e FORCA > = 3 e CALORIA >
                MTS*0,5)
                então CALORIA ← CALORIA - MTS*0,5
                      FORCA ← FORCA – 3
```

```
|    |         | senão se (super.ESTADO)
|    |         |       então escreva "A ave está morta e não pode
|    |         |                     voar!"
|    |         |       senão se (não VOA)
|    |         |             |  então escreva "A ave não voa!"
|    |         |             |  senão escreva "A ave está exausta!
|    |         |             |  Faça-a dormir um pouco!"
|    |         |       fim-se
|    |         fim-se
|    |    fim-se
|    fim-método
fim-classe

classe VIRTUAL_PET
  | início
  |     | OPCAO,ACAO,N,CL,FM :literal
  |     | ANIMAL ANIMALVIRTUAL
  |     | AVE AVEVIRTUAL
  |     | escreva "Você quer cuidar de uma ave ou outro animal? Digite
  |     |         1 → Ave, 2→ Outro animal  ou 0→ Encerrar"
  |     | leia OPCAO
  |     | enquanto (OPCAO <> 0) faça
  |     |   | se (OPCAO = 1)
  |     |   |   | então escreva "Qual o nome da sua ave?"
  |     |   |   |       leia N
  |     |   |   |       escreva "Qual a classe da sua ave?"
  |     |   |   |       leia CL
  |     |   |   |       escreva "Qual a família da ave?"
  |     |   |   |       leia FM
  |     |   |   |       escreva "Qual  a cor da pena da ave?"
  |     |   |   |       leia CP
  |     |   |   |       escreva "A sua ave voa?"
  |     |   |   |       leia V
  |     |   |   |       AVEVIRTUAL ← novo AVE (N,CL,FM,CP,V)
  |     |   |   |       escreva "Sua ave ",AVEVIRTUAL.OBTER_
  |     |   |   |               NOME( ), "nasceu!"
  |     |   |   | senão escreva "Qual o nome do seu animal?"
  |     |   |   |       leia N
  |     |   |   |       escreva "Qual a classe do seu animal?"
  |     |   |   |       leia CL
  |     |   |   |       escreva "Qual a família do seu animal?"
  |     |   |   |       leia FM
  |     |   |   |       ANIMAL VIRTUAL ← ANIMAL(N,CL,FM)
  |     |   |   |       escreva "Seu animal ",ANIMAL.OBTER_
  |     |   |   |               NOME( ), "nasceu!"
  |     |   | fim-se
  |     |   | repita
  |     |   |   | se (OPCAO = 1)
  |     |   |   |   | então se (ANIMAL VIRTUAL.OBTER_ESTADO( ) )
  |     |   |   |   |      | então escreva "Digite a ação você quer ?"
  |     |   |   |   |      |     escreva "C → Comer, R → correr ou
  |     |   |   |   |      |             D → Dormir ou E → Encerrar"
```

```
                leia ACAO
              senão ACAO ← "MORTO"
            fim-se
            caso ACAO
                seja "C" faça ANIMAL VIRTUAL.COMER( )
                seja "R" faça ANIMAL VIRTUAL.CORRER( )
                seja "D" faça ANIMAL VIRTUAL.DORMIR( )
                seja "E" faça escreva "Você está
                        abandonando seu animal!"
                seja "MORTO" faça escreva "Seu animal
                        morreu! Não há mais chance!"
                senão escreva "Ação inválida!"
          fim-caso
        senão se (AVEVIRTUAL.OBTER_ESTADO( ) )
              então escreva "Digite a ação você quer ?"
                    escreva "C → Comer, R → correr,
                             V→ Voar,  D → Dormir ou
                             E → Encerrar"
                    leia ACAO
              senão ACAO ← "E"
          fim-se
          caso ACAO
              seja "C" faça AVEVIRTUAL.COMER( )
              seja "R" faça AVEVIRTUAL.CORRER( )
              seja "V" faça AVEVIRTUAL.VOAR ( )
              seja "D" faça AVEVIRTUAL.DORMIR ( )
              seja "E" faça escreva "Você está
                      abandonando seu animal!"
              seja "MORTO" faça escreva "Seu animal
                      morreu! Não há mais chance!"
              senão escreva "Ação inválida!"
          fim-caso
        fim-se
      até que (ACAO = "E")
      escreva "Você quer cuidar de uma ave ou outro animal?
              Digite 1 → Ave, 2→ Outro animal  ou 0→ Encerrar"
      leia OPCAO
    fim-enquanto
  fim
fim-classe
```

Segunda possibilidade: duas classes, uma somente de definição (ANIMAL) e outra contendo definição e aplicação (AVE). Como mostra o exemplo a seguir:

```
classe ANIMAL
        protegido NOME, CLASSE, FAMILIA : literal
        protegido IDADE,CALORIA,FORCA: numérico
        protegido ESTADO:lógico
    construtor ANIMAL (N, C, F: literal)
        NOME ← N
        CLASSE ← C
```

```
|       FAMILIA ← F
|       CALORIA ← 10
|       FORCA ← 10
|       ESTADO ← verdadeiro
|       IDADE ← 0
   fim-construtor
   destruidor ANIMAL ( )
|       ESTADO ← falso
|       FORCA ← 0
|       escreva "Morto!"
   fim-destruidor
   método público INSERIR_NOME (N: literal)
|       NOME ← N
   fim-método
   método público INSERIR_CLASSE (C: literal)
|       CLASSE ← C
   fim-método
   método público INSERIR_FAMILIA (F: literal)
|       FAMILIA ← F
   fim-método
   método público literal OBTER_NOME ( )
|       retorne NOME
   fim-método
   método público literal OBTER_ESTADO ( )
|       retorne ESTADO
   fim-método
   método público literal INSERIR_CLASSE ( )
|       retorne CLASSE
   fim-método
   método público literal INSERIR_FAMILIA ( )
|       retorne FAMILIA
   fim-método
   método público COMER ( )
|       se (ESTADO e FORCA > 10)
|           então CALORIA ← CALORIA + 20
|                 FORCA ← FORCA – 10
|           senão se (ESTADO)
|                     então escreva "O animal está morto e não pode
|                                   comer!"
|                     senão escreva "O animal está exausto!Faça-o
|                                   dormir um pouco!"
|               fim-se
|       fim-se
   fim-método
   método público CORRER ( )
|       se (ESTADO e FORCA > 10 e CALORIA > 10 )
|           então CALORIA ← CALORIA - 10
|                 FORCA ← FORCA – 10
|           senão se (ESTADO)
|                     então escreva "O animal está morto e não pode
|                                   correr!"
```

```
|   |   |       |   senão se (CALORIA < 10)
|   |   |       |       |   então escreva "O animal está fraco!
|   |   |       |       |                  Faça-o comer!"
|   |   |       |       |   senão escreva "O animal está exausto!
|   |   |       |       |                  Faça-o dormir!"
|   |   |       |   fim-se
|   |   |   fim-se
|   |   fim-se
|   fim-método
|   método público DORMIR ( )
|   |   se (ESTADO)
|   |   |   então CALORIA ← CALORIA - 5
|   |   |         FORCA ← FORCA +20
|   |   |   senão escreva "O animal está morto!"
|   |   fim-se
|   fim-método
fim-classe

classe AVE herda_de ANIMAL
|   privado COR_PENA: literal
|   privado VOA:lógico
|   construtor AVE (NA,CA,FA,CP,V:literal)
|   |       super.ANIMAL (NA, CA, FA)
|   |       COR_PENA ← CP
|   |       VOA ← V
|   fim-construtor
|   método público INSERIR_COR_PENA(CP:literal)
|   |       COR_PENA ← CP
|   fim-método
|   método público literal OBTER_COR_PENA( )
|   |       retorne COR_PENA
|   fim-método
|   método público INSERIR_VOA(V:lógico)
|   |       VOA ← V
|   fim-método
|   método público lógico OBTER_VOA( )
|   |       retorne VOA
|   fim-método
|   método público VOAR ( MTS:numérico )
|   |       se (super.ESTADO e VOA e FORCA > = 3 e CALORIA
|   |       |   > MTS*0,5)
|   |       |   então CALORIA ← CALORIA -  MTS*0,5
|   |       |         FORCA ← FORCA – 3
|   |       |   senão se (super.ESTADO)
|   |       |       |   então escreva "A ave está morta e não
|   |       |       |                  pode voar!"
|   |       |       |   senão se (não VOA)
|   |       |       |       |   então escreva "A ave não voa!"
|   |       |       |       |   senão escreva "A ave está
```

```
|   |   |   |   |  exausta! Faça-a dormir um
|   |   |   |   |  pouco!"
|   |   |   |  fim-se
|   |   |  fim-se
|   |  fim-se
|  fim-método
início
|  OPCAO,ACAO,N,CL,FM :literal
|  ANIMAL ANIMAL VIRTUAL
|  AVE  AVEVIRTUAL
|  escreva "Você quer cuidar de uma ave ou outro animal? Digite 1 →
|          Ave, 2→ Outro animal  ou 0→ Encerrar"
|  leia OPCAO
|  enquanto (OPCAO <> 0) faça
|  |  se (OPCAO = 1)
|  |  |  então escreva "Qual o nome da sua ave?"
|  |  |        leia N
|  |  |        escreva "Qual a classe da sua ave?"
|  |  |        leia CL
|  |  |        escreva "Qual a família da ave?"
|  |  |        leia FM
|  |  |        escreva "Qual  a cor da pena da ave?"
|  |  |        leia CP
|  |  |        escreva "A sua ave voa?"
|  |  |        leia V
|  |  |        AVEVIRTUAL ← novo AVE (N,CL,FM,CP,V)
|  |  |        escreva "Sua ave ",AVEVIRTUAL.OBTER_NOME( ),
|  |  |                "nasceu!"
|  |  |  senão escreva "Qual o nome do seu animal?"
|  |  |        leia N
|  |  |        escreva "Qual a classe do seu animal?"
|  |  |        leia CL
|  |  |        escreva "Qual a família do seu animal?"
|  |  |        leia FM
|  |  |        ANIMALVIRTUAL ← ANIMAL(N,CL,FM)
|  |  |        escreva "Seu animal ",ANIMAL.OBTER_NOME( ),
|  |  |                "nasceu!"
|  |  fim-se
|  |  repita
|  |  |  se (OPCAO = 1)
|  |  |  |  então se (ANIMALVIRTUAL.OBTER_ESTADO( ) )
|  |  |  |  |  então escreva "Digite a ação você quer ?"
|  |  |  |  |        escreva "C → Comer, R → correr ou D
|  |  |  |  |                → Dormir ou E → Encerrar"
|  |  |  |  |        leia ACAO
|  |  |  |  |  senão ACAO ← "MORTO"
|  |  |  |  fim-se
|  |  |  |    caso ACAO
|  |  |  |    |  seja "C" faça ANIMALVIRTUAL.COMER( )
|  |  |  |    |  seja "R" faça ANIMALVIRTUAL.CORRER( )
|  |  |  |    |  seja "D" faça ANIMALVIRTUAL.DORMIR ( )
```

```
                        seja "E" faça escreva "Você está abandonando
                                              seu animal!"
                        seja "MORTO" faça escreva "Seu animal
                                                  morreu! Não há
                                                  mais chance!"
                        senão escreva "Ação inválida!"
                    fim-caso
                senão se (AVEVIRTUAL.OBTER_ESTADO( ) )
                        então escreva "Digite a ação você quer ?"
                              escreva "C → Comer, R → correr, V
                                       → Voar, D → Dormir ou E
                                       → Encerrar"
                              leia ACAO
                        senão ACAO ← "E"
                    fim-se
                      caso ACAO
                        seja "C" faça AVEVIRTUAL.COMER( )
                        seja "R" faça AVEVIRTUAL.CORRER( )
                        seja "V" faça AVEVIRTUAL.VOAR ( )
                        seja "D" faça AVEVIRTUAL.DORMIR ( )
                        seja "E" faça escreva "Você está abandonando
                                              seu animal!"
                        seja "MORTO" faça escreva "Seu animal
                                                  morreu! Não há
                                                  mais chance!"
                        senão escreva "Ação inválida!"
                    fim-caso
                fim-se
            até que (ACAO = "E")
                escreva "Você quer cuidar de uma ave ou outro animal?
                Digite 1 → Ave, 2 → Outro animal ou 0 → Encerrar"
                leia OPCAO
        fim-enquanto
    fim
fim-classe
```

Esse sistema poderia ainda ser aprimorado utilizando o vetor para armazenar objetos da classe ANIMAL. Assim, seria possível criar uma espécie de zoológico ou armazenar objetos da classe ANIMAL em arquivo.

Dessa maneira, você aprendeu que existem inúmeras possibilidades de executar diversas aplicações na programação destinada a Orientação a Objetos.

> Na pasta *Exercícios Propostos*, você encontrará sugestões de exercícios para assimilar os conteúdos abordados nesta atividade.

Atividade 6 – Desenvolvendo uma aplicação orientada a objeto

Objetivo: • Praticar o desenvolvimento de uma aplicação em pseudocódigo utilizando os conceitos de orientação a objetos.

Tarefa: • Exercitar as possibilidades de desenvolvimento de uma aplicação em pseudocódigo com orientação a objeto.

Problema

Desenvolva uma aplicação simples, que permita ao usuário criar uma conta bancária, corrente e poupança, e movimentá-la de várias formas. Codifique a aplicação em pseudocódigo e utilize as classes do Sistema de Controle de Contas bancárias montadas na Atividade 5.

> Está sendo solicitada uma aplicação simples para o entendimento dos conceitos abordados. Para que a solução fosse verossímil, teríamos que acrescentar várias classes, usar arquivos, gerar muitas linhas de pseudocódigo, ou seja, teríamos de elaborar outro livro para atender somente a essa resposta (como ocorre com a maioria dos manuais voltados para o mercado bancário), porém esse não é o objetivo nesta atividade.

Solucionando o problema

As soluções para esta atividade poderiam ser duas. A primeira, usando as classes de definição (CONTA_CORRENTE e CONTA_POUPANCA) e acrescentando uma classe contendo a aplicação (por exemplo, classe BANCO). A segunda solução seria inserir a aplicação em uma das classes de definição, desde que não seja uma classe abstrata. Apesar de ser uma opção, a segunda alternativa não seria usual, pois teríamos uma aplicação que manipularia a classe CONTA_POUPANCA inserida na classe CONTA_CORRENTE. Em função disso, optaremos pela primeira proposta.

Iniciaremos com as classes criadas na Atividade 5, que não serão alteradas.

```
classe abstrata CONTA
|    protegido NUMERO,NOME_AG,NUMERO_AG,NOME_BCO:
|            literal
|    protegido NUMERO_BCO,TIPO_CTA, SALDO:numérico
|
|    método público MONTA_CONTA(NUM,NOMAG,NUMAG,
|    |             NOMBCO:literal,NUMBCO,TIPO:numérico)
|    |  NUMERO ← NUM
|    |  NOME_AG ← NOMAG
|    |  NUMERO_AG ← NUMAG
```

```
    NOME_BCO ← NOMBCO
    NUMERO_BCO ← NUMBCO
    TIPO_CTA ← TIPO
    SALDO ← 0,0
fim-método

método público MONTA_CONTA(NUM,NOMAG,NUMAG,
            NOMBCO:literal,NUMBCO,TIPO,VALOR:numérico)
    NUMERO ← NUM
    NOME_AG ← NOMAG
    NUMERO_AG ← NUMAG
    NOME_BCO ← NOMBCO
    NUMERO_BCO ← NUMBCO
    TIPO_CTA ← TIPO
    SALDO ← VALOR
fim-método

método público INSERIR_NUMERO(NUM:numérico)
    NUMERO ← NUM
fim-método

método público INSERIR_NOMEAG(NOMAG:numérico)
    NOME_AG ← NOMAG
fim-método

método público INSERIR_NUMEROAG(NUMAG:numérico)
    NUMERO_AG ← NUMAG
fim-método

método público INSERIR_NOMEBCO(NOMBCO:numérico)
    NOME_BCO ← NOMBCO
fim-método

método público INSERIR_NUMEROBCO(NUMBCO:numérico)
    NUMERO_BCO ← NUMBCO
fim-método

método público INSERIR_TIPOCTA(TIPO:numérico)
    TIPO_CTA ← TIPO
fim-método

método público numérico OBTER_NUMERO( )
    retorne NUMERO
fim-método

método público numérico OBTER_NOMEAG( )
    retorne NOME_AG
fim-método

método público numérico OBTER_NUMEROAG( )
    retorne NUMERO_AG
fim-método
```

```
    método público numérico OBTER_NOMEBCO( )
        retorne NOME_BCO
    fim-método

    método público numérico OBTER_NUMEROBCO( )
        retorne NUMERO_BCO
    fim-método

    método público numérico OBTER_TIPOCTA( )
        retorne TIPO_CTA
    fim-método

    método público numérico ENCERRAR( )
        AUX: numérico
        AUX ← SALDO
        se (SALDO < 0)
            então escreva "Não é possível encerrar esta conta! Saldo
                          Negativo!"
            senão SALDO ← 0,0
        fim-se
        retorne AUX
    fim-método

    método público numérico CONSULTAR_SALDO( )
        retorne SALDO
    fim-método

    método público CREDITAR(VALOR:numérico)
        SALDO ← SALDO + VALOR
    fim-método

    método público DEBITAR (VALOR:numérico)
        SALDO ← SALDO - VALOR
    fim-método

    destruidor CONTA( )
        escreva "A conta ", NUMERO, " acaba de ser encerrada!"
    fim-destruidor
fim-classe

classe CONTA_CORRENTE herda_de CONTA
    privado LIMITE:numérico

    construtor CONTA_CORRENTE (NU, NOAG, NUAG,NOBCO:
              literal,NUBCO,TCTA,LMTE:numérico)
        super.MONTA_CONTA(NU,NOAG,NUAG,NOBCO,
              NUBCO,TCTA)
        LIMITE ← LMTE
    fim-construtor
```

```
    construtor CONTA_CORRENTE(NU,NOAG,NUAG,NOBCO:
            literal,NUBCO,TCTA,VL,LMTE:numérico)
        super.MONTA_CONTA(NU,NOAG,NUAG,NOBCO,
            NUBCO,TCTA,VL)
        LIMITE ← LTME
    fim-construtor

    método público INSERIR_LIMITE(LTME:numérico)
        LIMITE ← LTME
    fim-método

    método público numérico OBTER_LIMITE( )
        retorne LIMITE
    fim-método

    método público numérico CONSULTAR_SALDO( )
        AUX:numérico
        AUX ← super.SALDO + LIMITE
        retorne AUX
    fim-método

    destruidor CONTA_CORRENTE( )
        escreva "A conta corrente ", super.NUMERO, " acaba de ser
            encerrada!"
    fim-destruidor
fim-classe

classe CONTA_POUPANCA herda_de CONTA
    privado DIA_ANIVERSARIO:numérico

    construtor CONTA_POUPANCA(NU,NOAG,NUAG,NOBCO:
            literal,NUBCO,TCTA,DIA:numérico)
        super.MONTA_CONTA(NU,NOAG,NUAG,NOBCO,
            NUBCO,TCTA)
        DIA_ANIVERSARIO ← DIA
    fim-construtor

    construtor CONTA_POUPANCA(NU,NOAG,NUAG,NOBCO:
            literal,NUBCO,TCTA,VL,DIA:numérico)
        super.MONTA_CONTA(NU,NOAG,NUAG,NOBCO,
            NUBCO,TCTA,VL)
        DIA_ANIVERSARIO ← DIA
    fim-construtor

    método público INSERIR_DIA_ANIVERSARIO(DIA:numérico)
        DIA_ANIVERSARIO ← DIA
    fim-método

    método público numérico OBTER_DIA_ANIVERSARIO( )
        retorne DIA_ANIVERSARIO
    fim-método
```

```
    destruidor CONTA_POUPANCA ( )
        escreva "A conta poupança",
                super.NUMERO, "acaba de ser encerrada!"
    fim-destruidor
fim-classe

classe BANCO
    início
        CC: CONTA_CORRENTE
        CP: CONTA_POUPANCA
        NUMERO,NOMEAG,NUMAG,NOMEBCO:literal
        OPCAO,OPCONTA,NUMBCO,LIMCTA,VALORINIC,NOVODIA:
            numérico
        repita
            escreva "Qual tipo de conta você quer abrir? Digite 1 → Conta
                    Corrente 2 → Conta Poupança ou 0 → Encerrar"
            leia OPCAO
        até que ((OPCAO = 1) ou (OPCAO = 2) ou (OPCAO = 0))
        enquanto (OPCAO < > 0) faça
            escreva "Digite o número da conta a ser aberta:"
            leia NUMERO
            escreva "Digite o nome da agência da conta a ser aberta:"
            leia NOMEAG
            escreva "Digite o número da agência da conta a ser aberta:"
            leia NUMAG
            escreva "Digite o nome do banco da conta a ser aberta:"
            leia NOMEBCO
            escreva "Digite o número do banco da conta a ser aberta:"
            leia NUMBCO
            caso OPCAO
                seja 1 faça escreva "A conta terá limite? Se sim, digite o
                                valor. Se não, digite 0:"
                        leia LIMCTA
                        escreva "Se vc. quiser depositar um valor,
                                digite-o senão, digite 0:"
                        leia VALORINIC
                        se (VALORINIC > 0)
                            então CC ← novo CONTA_CORRENTE
                                (NUMERO,NOMEAG,NUMAG,
                                NOMEBCO,NUMBCO,1,VALORINIC,
                                LIMCTA)
                            senão CC ← novo CONTA_CORRENTE
                                (NUMERO,NOMEAG,NUMAG,
                                NOMEBCO,NUMBCO,1,VALORINIC,
                                LIMCTA)
                        fim-se
                        repita
                            escreva "Operação a ser feita: Digite
                                1 → Creditar/Depositar 2 →
                                Debitar/Sacar 3 → Consultar saldo
                                4 → Aumentar o limite 5 →
```

```
                                Encerrar a conta ou 0 → Voltar ao
                                menu principal"
                          leia OPCONTA
                     até que ((OPCONTA = 0) ou (OPCONTA = 1)
                          ou (OPCONTA = 2) ou (OPCONTA =
                          3) ou (OPCONTA = 4) ou (OPCONTA
                          =5))
                     enquanto (OPCONTA < > 0) faça
                          caso OPCONTA
                             seja 1 faça se (CC.OBTER_
                                         TIPOCONTA( ) < > 0)
                                         então escreva "Digite
                                              o valor que
                                              será creditado/
                                              depositado na
                                              conta ",CC.
                                              OBTER_
                                              NUMERO( ),":")
                                              leia VALOR
                                              CC.CREDITAR
                                              (VALOR)
                                         senão escreva "Conta
                                              já encerrada! A
                                              operação não é
                                              possível!"
                                    fim-se
                             seja 2 faça se (CC.OBTER_TIPOCON-
                                         TA( ) < > 0)
                                         então escreva "Digite o
                                              valor que será
                                              Debitado/sacado
                                              na conta ",
                                              CC.OBTER_
                                              NUMERO( ),":")
                                              leia VALOR
                                              CC.DEBITAR
                                              (VALOR)
                                         senão escreva "Conta
                                              já encerrada! A
                                              operação não é
                                              possível!"
                                    fim-se
                             seja 3 faça se (CC.OBTER_TIPOCON-
                                         TA( ) < > 0)
                                         então escreva "Saldo atual:",
                                              CC.CONSULTAR_
                                              SALDO( )
                                         senão escreva "Conta
                                              já encerrada! A
                                              operação não é
                                              possível!"
                                    fim-se
```

```
seja 4 faça se (CC.OBTER_TIPOCONTA
        ( ) < > 0)
        então escreva "Limite
                atual: ",CC.OB-
                TER_LIMITE( )
        escreva "Digite o novo
                valor do limite:"
                leia VLRLIMITE
                CC.INSERIR_
                LIMITE(VLRLIMITE)
        senão escreva "Conta
                já encerrada! A
                operação não é
                possível!"
    fim-se
seja 5 faça se (CC.OBTER_TIPOCONTA
        ( ) < > 0)
        então escreva "Valor
                sacado no
                encerramento:",
                CC.ENCERRAR( )
                CC.INSERIR_
                TIPOCTA(0)
        senão escreva "Conta
                já encerrada! A
                operação não é
                possível!"
    fim-se
senão escreva "Operação inexistente!"
fim-caso
repita
    escreva "Operação a ser feita: Digite
        1 → Creditar/Depositar 2 →
        Debitar/Sacar 3 → Consultar
        saldo 4 → Aumentar o limite
        5 → Encerrar a conta ou
        0 → Voltar ao menu principal"
    leia OPCONTA
até que ((OPCONTA = 0)ou(OPCONTA
        = 1)ou(OPCONTA = 2)
        ou(OPCONTA = 3) ou
        (OPCONTA = 4) ou (OPCONTA
        =5))
fim-enquanto
seja 2 faça escreva "Digite o dia do aniversário da Conta:"
        leia ANIV
        escreva "Se vc. quiser depositar um valor,
                digite-o senão, digite 0:"
        leia VALORINIC
```

```
                    se (VALORINIC > 0)
                       então CP ← novo CONTA_POUPANCA
                             (NUMERO,NOMEAG,NUMAG,
                             NOMEBCO,NUMBCO,2,VALORINIC,
                             ANIV)
                       senão CP ← novo CONTA_POPANCA
                             (NUMERO,NOMEAG,NUMAG,
                             NOMEBCO, NUMBCO,2,ANIV)
                    fim-se
                    repita
                       escreva "Operação a ser feita: Digite 1 →
                               Creditar/Depositar 2 → Debitar/
                               Sacar 3 → Consultar saldo 4 →
                               Alterar data de aniversário 5 →
                               Encerrar a conta ou 0 → Voltar ao
                               menu principal"
                       leia OPCONTA
                    até que ((OPCONTA = 0) ou (OPCONTA
                            = 1) ou (OPCONTA = 2) ou
                            (OPCONTA = 3) ou (OPCONTA = 4)
                            ou (OPCONTA =5))
                enquanto (OPCONTA < > 0) faça
                   caso OPCONTA
                      seja 1 faça se (CP.OBTER_TIPOCONTA( ) <
                                  > 0)
                                  então escreva "Digite o valor que
                                                será creditado/
                                                depositado
                                                na conta ",CP.
                                                OBTER_
                                                NUMERO( ),":")
                                                leia VALOR
                                                CP.CREDITAR
                                                (VALOR)
                                  senão escreva "Conta já
                                                encerrada! A
                                                operação não é
                                                possível!"
                               fim-se
                      seja 2 faça se (CP.OBTER_TIPOCONTA( ) <
                                  > 0)
                                  então escreva "Digite o valor que
                                                será Debitado/
                                                sacado na conta ",
                                                CP.OBTER_
                                                NUMERO( ),":")
                                                leia VALOR
                                                CP.DEBITAR
                                                (VALOR)
                                  senão escreva "Conta já
                                                encerrada! A
                                                operação não é
```

```
                        possível!"
          fim-se
       seja 3 faça se (CP.OBTER_TIPOCONTA( ) <
                       > 0)
                       então escreva "Saldo atual: ",CP.
                                  CONSULTAR_
                                  SALDO( )
                       senão escreva "Conta já
                                  encerrada! A
                                  operação não é
                                  possível!"
          fim-se
       seja 4 faça se (CP.OBTER_TIPOCONTA( ) <
                       > 0)
                       então escreva "Dia de aniversário
                                  atual: ",CC.
                                  OBTER_DIA_
                                  ANIVERSARIO( )
                       escreva "Digite o novo dia de
                                  aniversário:"
                                  leia NOVODIA
                                  CC.INSERIR_
                                  DIA_
                                  ANIVERSARIO
                                  (NOVODIA)
                       senão escreva "Conta já
                                  encerrada! A
                                  operação não é
                                  possível!"
          fim-se
       seja 5 faça se (CP.OBTER_TIPOCONTA( ) <
                       > 0)
                       então escreva "Valor sacado no
                                  encerramento:",
                                  CP.ENCERRAR( )
                                  CP.INSERIR_
                                  TIPOCTA(0)
                       senão escreva "Conta já
                                  encerrada! A
                                  operação não é
                                  possível!"
          fim-se
       senão escreva "Operação inexistente!"
    fim-caso
    repita
       escreva "Operação a ser feita: Digite 1 →
               Creditar/Depositar 2 → Debitar/Sacar
               3 → Consultar saldo 4 → Alterar data
               de aniversário 5 → Encerrar a conta
               ou 0 → Voltar ao menu principal"
```

```
|  |   |   |   |   | leia OPCONTA
|  |   |   |   até que ((OPCONTA = 0)ou(OPCONTA = 1)
|  |   |   |          ou(OPCONTA = 2)ou(OPCONTA = 3)
|  |   |   |          ou (OPCONTA = 4) ou (OPCONTA =5))
|  |   |   fim-enquanto
|  |   |   senão escreva "Tipo de conta inexistente!"
|  |   fim-caso
|  |   repita
|  |   |   escreva "Qual tipo de conta você quer abrir? Digite 1 →
|  |   |          Conta Corrente 2 → Conta Poupança ou 0 →
|  |   |          Encerrar"
|  |   |   leia OPCAO
|  |   até que ((OPCAO =1) ou (OPCAO = 2) ou (OPCAO = 0))
|  fim-enquanto
fim
fim-classe
```

Na pasta *Exercícios Propostos*, você encontrará sugestões de exercícios para assimilar os conteúdos abordados nesta atividade.

Resumo do capítulo

Termo	**Explanação**
Abstração	Técnica de análise de um contexto do mundo real para criar representações no desenvolvimento de soluções informatizadas.
Classe	Conjunto de um ou mais objetos com as mesmas características e comportamentos, porém distintos entre si.
Objeto	Representação de um elemento, concreto ou abstrato, do mundo real, modelado para ser implementado em um sistema informatizado.
Atributo	Característica de um objeto que é definida em uma classe.
Estado	Valor atual de um atributo.
Método	Operação realizada por um objeto que é definido em uma classe.
Assinatura	Cabeçalho de um método que indica como deve ser invocado. É composto por cinco partes: **método** *tipo_de_encapsulamento tipo_de_retorno nome_do_método* (*parâmetros_de_entrada*).
Método construtor	Método definido em uma classe que é executado automaticamente no momento de criação de um objeto dessa classe. Tem o mesmo nome da classe e sua assinatura deve ser feita da seguinte maneira: **construtor** *nome_da_classe* (*parâmetros_de_entrada*).
Método destruidor	Método definido em uma classe que é executado automaticamente no momento de destruição de um objeto dessa classe. Tem o mesmo nome da classe e sua assinatura deve ser feita da seguinte maneira: **destruidor** *nome_da_classe* (*parâmetros_de_entrada*).
Sobrecarga de método	Possibilidade de um mesmo método ter assinaturas e codificações diferentes, porém com o mesmo nome. Pode ser usado por qualquer método: construtor, destruidor ou método comum.
Herança	Possibilidade de uma classe (superior ou superclasse) repassar atributos e/ou métodos a outras classes (inferiores ou subclasses), que indicarão logo após os seus nomes as palavras **herda_de** precedido do nome da classe superior.
Super	Modo de acessar o estado de um atributo ou invocar um método da classe superior em uma classe inferior.
Classe *Abstrata*	Classe que contém atributos e/ou métodos que servem de base para outras classes, porém sem a possibilidade de criar objetos.

Encapsulamento	Possibilidade de ocultar dados – atributos ou métodos – dentro de classes, permitindo que sejam manipulados somente por métodos específicos para esse fim. As possibilidades de encapsular um dado são: público (é visível a todas as classes), privado (não é visível a nenhuma classe, somente aos métodos da própria classe) e protegido (visível somente às subclasses descentes da classe e aos seus próprios métodos).
Polimorfismo	Possibilidade de invocar um método de diversas maneiras.
Novo	Comando para relacionar uma referência a uma instância (objeto) de uma classe. Exemplo: *referência* ← **novo** *métodoConstrutor* (*parâmetro*).
Classe *Definição*	Classe que contém somente a especificação dos atributos e métodos dos objetos a serem criados.
Classe *Aplicação*	Classe que contém ou não a especificação dos atributos e métodos dos objetos a serem criados, mas que, obrigatoriamente, contém o método principal a ser executado quando invocada a classe.

Sobre o autor

Gley Fabiano Cardoso Xavier – mestre em engenharia da computação pelo Instituto de Pesquisas Tecnológicas (IPT), especialista em gestão da educação tecnológica pelo Centro Universitário Senac e tecnólogo em processamento de dados pelo Instituto de Ensino Superior Objetivo. Coordenador-geral de pós-graduação e extensão das faculdades da Fundação Armando Álvares Penteado (Faap). Professor dos cursos de sistema de informação e ciência da computação da Universidade Paulista (Unip). Criador da Metodologia Spider para criação, produção e gestão de cursos a distância. Membro do conselho de qualidade da Associação Brasileira de Educação a Distância (Abed). Consultor em gestão educacional, tecnologia educacional e educação presencial e a distância.

Agradecimentos

Na concepção, no desenvolvimento e na atualização deste livro, as pessoas a seguir foram de extrema importância:

- minha esposa, Sheila, minha filha, Carolina, e minha família, pelo apoio e estímulo constantes;
- Ozeas, Marcos Serafim, Marcus Vinicius, Bertelli, Stela, Jussara, Ivone, Léia e Fabiana, pela confiança e pelo auxílio para a concretização e atualização do livro;
- aos professores e alunos do Senac São Paulo, que sempre indicam e enviam sugestões de melhorias;
- aos meus alunos de todas as turmas de lógica de programação, que foram importantes para criar uma didática simples e provar que não é impossível aprender lógica.

A essas e outras pessoas, que porventura tenha me esquecido de citar, muito obrigado!

Gley Fabiano Cardoso Xavier

Índice geral